国家出版基金项目
NATIONAL PUBLICATION FOUNDATION

中国共产党百年奋进研究丛书

上海市哲学社会科学规划办公室
上海市中国特色社会主义理论体系研究中心 组编

航标

引领中华民族复兴伟业的国际观研究

陈东晓 等 著

上海人民出版社

丛书前言

“领导我们事业的核心力量是中国共产党。”自中国共产党诞生以来，中国大地经历了翻天覆地的历史性变化。中国人民选择了中国共产党，并在党的领导下选择了社会主义。经过长期艰苦卓绝的奋斗，完成了新民主主义革命和社会主义革命，实现了中华民族从“任列强欺凌”到站起来的伟大飞跃；新中国成立以来，特别是改革开放以来，中国共产党带领人民建设中国特色社会主义，使中国大踏步赶上时代，实现了中华民族从站起来到富起来的伟大飞跃；在新时代，中国共产党团结带领人民坚持和发展中国特色社会主义，推动中华民族伟大复兴取得历史性成就，迎来了从富起来到强起来的伟大飞跃。正是中国共产党的领导，中国人民走社会主义道路，从根本上解决了中华民族复兴和中国现代化面临的历史性课题。有了中国共产党，中国人民就有了思想上、政治上的“主心骨”，就有了团结奋斗、勇往直前的指路明灯、核心力量。各族人民跟着中国共产党就能凝聚成不可战胜的磅礴力量，朝着中华民族伟大复兴的奋斗目标奋勇前进。100年来，中国共产党为了实现中华民族伟大复兴的历史使命，无论是顺境还是逆境，无论是弱小还是强大，都初心不改，矢志不渝。历史和现实雄辩地证明，没有中国共产党就没有中国劳苦大众的翻身解放，就没有社会主义新中国，就没有中华民族的伟大复兴。一百年来，中国共产党为实现国家富强、民族振兴、人民幸福和人类文明进步事业作出的伟大历史贡献永远铭记史册。

站在历史的交汇点，中国共产党带领中国各族人民以习近平新时代中国特色社会主义思想为指导，统筹社会革命和自我革命，始终坚持马克思主义在意识形态领域的指导地位、勇担民族复兴历史大任、扎根广大人民群众、坚持以人民为中心、依靠人民从容应对面临的复杂严峻的挑战和问题。在带领人民进行伟大社会革命的同时，不断进行伟大的自我革命，引导党自身在具有许多新的历史特点的伟大斗争中经受住执政考验、改革开放考验、市场经济考验和外部环境考验，化解精神懈怠、能力不足、脱离群众、消极腐败的危险，始终保持党的先进性和纯洁性，始终与人民心连心，始终走在时代前列，赢得新时代执政党自我净化、自我完善、自我革新、自我提高的新胜利，再次创造出人类发展史上划时代的发展奇迹。

为隆重庆祝中国共产党成立100周年，表达上海理论界对中国共产党领导人民创造的丰功伟绩和宝贵精神财富的高度认同，以及对中国共产党无比深厚的情感；为帮助广大干部群众深入学习中国共产党历史，深入学习贯彻中国共产党宝贵历史经验，深入学习领会中国共产党人不倦探索取得的理论创新成果，在中共上海市委宣传部领导下、上海市哲学社会科学规划办公室以委托课题方式，与上海市中国特色社会主义理论体系研究中心联合组织了“人民至上·中国共产党百年奋进研究丛书”（以下简称“丛书”）的研究和撰写。参加“丛书”研究撰写的是本市哲学社会科学相关领域的著名专家学者。“丛书”由上海人民出版社编辑出版。

“丛书”围绕的主题是系统研究、深刻阐释、正确总结中国共产党领导中国人民百年奋斗历程、伟大成就、历史经验和光辉思想。“丛书”分领域、分战线总结论述中国共产党在领导中国人民夺取新民主主义革命胜利、建立新中国，进行“一化三改造”、建立社会主义经济制度和社会主义赖以发展的物质基础，实行改革开放，开创、坚持和发展中国特色社会主义，全面建成小康社会、开启全面建设社会主义现代化国家新征程形成的理论、路线、重大方针政策和重大战略部署。其中涉及中国共产党的现代化建设思想、治国理政思想、法治思想、制度建设思想、统一战线理论、宣传思想、理论创新、革命精神、群众观和群众路线，涉及党的经济建设思想、政治建设思想、文化建设思想、社会建设思想、生态文明建设思想、科学技术思想、教育思想、“三农”思想、军队和国防建设思想、自身建设思想、国际观等。“丛书”主要有以下特点：

第一，注重以史为据、史论紧密结合，论从史出。“丛书”的每一部论著研究的历史跨度都是百年，每一部论著都努力把历史思维贯彻在整个研究撰写工作中，力求呈现厚重的历史感，做到真正熟悉并实事求是对待所承担研究撰写领域的党的百年历史。研究者首先致力于学习历史、熟悉历史、梳理历史，钻研党的理论、方针、政策的发展史，广泛收集和整理文献，大量地、充分地掌握历史资料，认真总结百年取得的弥足珍贵的历史经验，把握历史进程和规律。在对历史的认真学习、梳理中，去做好中国共产党百年研究系列课题这篇大文章。

第二，注重阐释中国共产党所坚守的以人民为中心的根本立场。中国共产党为人民而生、因人民而兴，始终坚持以人民为中心，把为中国人民谋幸福、为中华民族谋复兴作为初心使命，坚持全心全意为人民服务的根本宗旨，始终代表最广大人民利益。“丛书”作者牢记人民立场是马克思主义的根本政治立场。人民至上、一切为了人民、一切依靠人民是中国共产党的价值理念和认识世界、改造世界的根本要求。可以说，“丛书”的每一种，都致力于揭示中国共产党之所以能历经百年始终保持先进性、始终走在时代前列、团结带领人民创造历史伟业的真谛，这就是中国共产党始终把人民立场作为根本立场，把为人民谋幸福作为根本使命，坚持全心全意为人民服务的根本宗旨，始终保持同人民群众的血肉联系。无论是革命、建设，还是改革，奋进新时代，归根到底都是为了让人民过上好日子。正如习近平总书记强调：“为人民谋幸福，是中国共产党人的初心。我们要时刻不忘这个初心，永远把人民对美好生活的向往作为奋斗目标。”研究、撰写“丛书”的专家学者领悟了这一精神，紧紧把握中国共产党全心全意为人民服务的根本宗旨，致力于生动诠释中国共产党的使命之所在、价值之所在、生命之所在，生动诠释新时代中国共产党领导人民建设中国特色社会主义的根本追求。

第三，注重历史逻辑与理论逻辑相统一、思想性与现实针对性相统一。以高度的理论自觉和理论自信研究分析中国共产党百年历史，自觉把习近平新时代中国特色社会主义思想引领贯穿于研究撰写的全过程，用马克思主义立场观点方法观察和解读中国共产党百年历史各种现象，回应现实提出的重大理论和实践问题，揭示蕴含其中的规律，从总结、提炼与升华历史经验中加深对中国共产党理论创新成果的认识，对中国革命、建设、改革的规律性认识，对中国共产党坚持真理、修正错误的政治思想品格的认识。坚持问题导向，立足解决今天的问题去回顾总结历史，注入新的认识、新的观点、新的内容。在理论逻辑与历史逻辑相统一、思想性与现实针对性相统一上进行新探索，取得新成绩。

第四，注重把握时代需求、聆听时代声音、回应时代呼唤。“丛书”坚持问题导向，认真研究相关领域中国共产党执政面临的重大而紧迫的理论和实践问题，用联系的发展的眼光看历史、看现实、看问题，增强时代性、战略性、系统性思维。历史是时代的产物，百年系列研究的成果也是时代产物，“丛书”的研究撰写不是就历史讲历史，不是停留在历史叙述层面，而是努力体现新时代的新要求，回答新问题。

第五，注重以宽广的世界眼光观察研究中国共产党百年发展历史。百年来，中国共产党的每个时期都与世界有千丝万缕的关系，都是在特定的国际环境和国际形势下的历史活动。因此，“丛书”每一种的研究撰写都力求体现宽广的世界眼光，都力求紧密联系特定历史时期世界形势和变化特点研究并展示中国共产党的思想及实践。特别是世界正经历百年未有之大变局，“丛书”作者研究中国共产党百年历史经验，力求放在中国共产党历史活动的世界背景中分析考察。

在这方面，“丛书”做出了可喜的努力。

第六，注重追求读者喜欢的呈现形式。从众多鲜活的事实以及历史和现实的比较中，把中国共产党在领导革命、建设和改革历史长河中为中国人民谋幸福、为中华民族谋复兴、为人类社会谋大同的马克思主义政党品格和初心使命写充分，使其跃然纸上。以“观点鲜明、逻辑严谨、文风朴实、形式清新”的风格，呈现思想，贡献智慧，也是“丛书”努力的方向和探索解决的问题。理论读物如何在保证内容正确的前提下写得清新活泼，吸引广大读者，使广大读者看得懂、用得上，“丛书”研究撰写在这方面也进行了有益的尝试。

“丛书”组织者、作者满怀对中国共产党的无限深情，深刻认识到，中国共产党百年来，领导人民创造了伟大历史，铸就了伟大精神，形成了宝贵经验，创造了中华民族发展史的伟大奇迹，开辟了人类社会进步史上的新纪元，伟大成就举世瞩目，无与伦比。他们把写好“丛书”看成是一种崇高的责任，表示要笔力奋起，写出充分反映中国从站起来、富起来迈向强起来这一历史进程中中国共产党坚强领导的绚丽书篇，为以史明理、以史增信、以史崇德、以史育人、以史咨政做有益的工作。帮助读者深刻认识历史和人民选择中国共产党、选择社会主义道路、选择改革开放、选择马克思主义的客观必然性；深刻认识坚持党的全面领导、坚持和发展中国特色社会主义的极端重要性；深刻认识中国共产党坚持马克思主义在我国意识形态领域指导地位的极端重要性；深刻认识中国共产党百年之后的历史方位、历史使命和对世界历史发展的重要作用，为庆祝中国共产党百年华诞留下浓墨重彩的一笔。

“丛书”的问世，离不开时任中共上海市委常委、宣传部部长，上海市习近平新时代中国特色社会主义思想研究中心主任，上海市中国特色社会主义理论体系研究中心主任周慧琳的关心和支持；离不开时任市委宣传部副部长、上海市习近平新时代中国特色社会主义思想研究中心常务副主任、上海市中国特色社会主义理论体系研究中心常务副主任徐炯的具体指导。市委宣传部理论处陈殷华、薛建华、俞厚未，上海市哲学社会科学规划办公室李安方、吴诤、王云飞、徐逸伦、张师慧、徐冲、董卫国，上海市中国特色社会主义理论体系研究中心李明灿等具体策划、组织；上海人民出版社的领导和编辑同志为“丛书”出版付出了辛勤劳动。

“现在，我们比历史上任何时期都更接近中华民族伟大复兴的目标，比历史上任何时期都更有信心、有能力实现这个目标。”希望“丛书”的问世，能够使广大读者对领导我们事业前进的核心力量中国共产党，对我们正在推进的中国特色社会主义伟大事业，对指导我们思想的理论基础马克思主义，对新中国创造彪炳史册的人间奇迹、大踏步赶上时代的壮丽史诗，对我们生活的时代和世界，认识得更加深入，领悟得更加准确，更加坚定道路自信、制度自信、理论自信、文化自信。这是“丛书”组织者、作者的心愿。

目　录

绪　论

中国共产党诞生于半殖民地半封建的近代中国，自成立之日起就有着强烈的民族自救、复兴意识和广阔的国际视野。在建党百年的时间里，中国共产党形成了一套具有鲜明特色的观察、分析、运筹和应对国际问题的立场、观点和方法，即中国共产党的国际观。1949 年中国共产党领导人民建立新中国后，党中央坚持对外事工作的集中统一领导，保持党的国际观对中国人民的主流国际意识引领。作为国家总体外交的重要组成部分，党的对外工作与政府外交统一于国家总的内外战略目标之下。①

一、国际观是中国共产党思想理论的有机组成部分

中国共产党在建党百年的时间里走过了中国革命、建设、改革多个历史时期，对国际局势和国际关系、党际关系的认识不断深化。国际观是中国共产党思想理论的有机组成部分，为党和国家制定重大方针政策提供了重要依据。在日益丰富的对外工作实践和同国际思想的交流、交锋和交融中，党的国际观也在不断创新发展。

国际观内涵丰富，通常是指关于国际局势的分析判断，以及关于国际社会

① 戴秉国：《邓小平外交思想与新时期中国共产党对外工作的历史性调整与开拓》，《求是》1999 年第 1 期。

发展演变规律的认识。针对不同的研究主体，国际观包含的具体内容会有所差异。例如有学者将马克思的国际观界定为观察和分析国际社会历史变迁和发展规律的立场、方法和观点的集合体，集中体现为对世界历史变迁和世界交往演变规律的基本认知、对国际社会制度变迁和主体力量关系矛盾运动的价值判断，以及追求国际关系和国际秩序伦理正义的文化向度。① 也有学者提出，国际观是指某个阶段一个国家的主流人群对外部世界的共同认识，包括特定的集体心态、对外部世界的知识水平、与外部世界互动的热情等。② 此外，还有学者将国际观定义为一个国家对世界形势、国际关系和国际事务的基本看法、态度和理念，是国家确定对外政策、开展对外交流的基本依据。③

综合已有的概念认识，我们认为，中国共产党的国际观是指，中国共产党人特别是党的中央领导集体和主要领导人关于国际形势、国际关系的发展演变规律以及中国和世界互动联系的总体立场、观点和方法，主要包括：国际体系的历史变迁和发展规律，特定时期国际格局和国际秩序的基本特征、驱动因素和演变趋势，国际关系及党际关系的基本准则，中国的国际定位和作用等。

国际观是中国共产党思想理论的有机组成部分，内涵相当丰富，理论上来说，举凡中国共产党关于国际和地区局势、国际热点问题、国际关系、党际关系等方面的立场和观点都应包括在其中。然而，就其重要性和影响力而言，尤其应重点关注时代主题、国际格局、国际秩序、国际关系准则、党际关系原则五个方面。

一是关于时代主题。时代不是一般的历史发展时期或阶段，而是一个以生产方式、社会经济制度、社会阶级关系的变革为标志的大的历史时代。④ 在国

① 姜安：《马克思的国际观及其当代价值》，《中国社会科学》2017 年第 11 期。

② 金灿荣：《我们需要什么样的国际观》，《新华每日电讯》2012 年 12 月 14 日。

③ 张建：《俄罗斯国际观的新变化及其特点、原因和影响分析》，《国际观察》2017 年第 1 期。

④ 腾藤主编：《邓小平理论与世纪之交的中国国际战略》，人民出版社 2001 年版，第 9 页。

际层面，时代主题是指在一定时期内在世界上具有全局性、战略性的重大问题，它反映时代的基本特征，揭示世界基本矛盾的本质内容，并预示时代发展的总体趋势。[①] 科学判断时代主题是制定国内发展战略与国际战略的基础和依据。

二是关于国际格局。国际格局是指主要国际力量或主要国际行为体在一定历史时期内相互联系、相互作用乃至相互制约所形成的一种较为稳定的结构状态和力量对比态势，一般指综合实力的对比。[②] 国际格局反映的是对国际关系总体力量对比态势及其发展演变的判断。那些能够对全球重大事态发展发挥作用的单位被称为“极”。从国际体系演变的一般规律来看，国际格局既有相对的稳定性，也处于不断的运动变化中，新格局的形成一般都会有一个从量变到质变的过程。分析国际格局的基本特征是判断国际形势的必要出发点。

三是关于国际秩序。国际秩序通常被理解为一定历史条件下各种国际力量对比和在特定行为规范指导下相互作用所形成的一种相对稳定的状态或安排，既包含着力量对比的客观要素，又包括社会要素。[③] 国际秩序可以区分为由国际体系中的实力结构所决定的国际体系秩序，以及以国际社会中的规则、制度、规范和认同为基础的国际社会秩序。[④] 中国共产党关于国际秩序的看法，是影响中国的崛起模式及中国与世界的关系的一个重要因素，也是国际社会普遍关注的问题。有学者提出，这需要解释和回答建立什么样的国际秩序、如何建立，以及它与现存国际秩序的关系等重要方面。[⑤]

四是关于国际关系准则。国际关系准则界定国家间交往和互动的模式，是

---

① 陆卫明、李秀芳、沈沛著：《中国现代化思想史论》，陕西人民出版社 2008 年版，第 203 页。

② 杨洁勉：《当前国际大格局的变化、影响和趋势》，《现代国际关系》2019 年第 3 期。

③ 阮宗泽：《中国崛起与东亚国际秩序的转型：共有利益的塑造与拓展》，北京大学出版社 2007 年版，第 61 页。

④ 秦亚青：《全球视野中的国际秩序》，载秦亚青主编：《中国学者看世界：国际秩序卷》，新世界出版社 2007 年版，第 16 页。

⑤ 郑永年：《中国的国际观》，载《为中国辩护》，浙江人民出版社 2012 年版，第 166—167 页。

国际关系形态的基本依据。作为国际行为体的交往规范，国际关系准则本质上是国际社会秩序的组成部分，但它更加强调国家在对外交往中所应遵循的行为规范和原则。和平共处五项原则是中国共产党处理国与国关系的基本准则。自1954年提出以来，和平共处五项原则已经被国际社会普遍接受，它是中国为促进世界和平与发展作出的一项巨大贡献。随着改革开放和社会主义建设事业深入发展，中国共产党人相继提出并积极倡导国际关系民主化，把相互尊重、公平正义、合作共赢作为处理国家间关系的基本准则，提出同周边国家地区发展关系的“亲、诚、惠、容”的指导原则，与非洲国家发展关系的“真、实、亲、诚”理念和正确利义观等指导原则，都得到国际社会的积极反响和高度赞誉。

五是关于党际关系原则。党际关系原则是指中国共产党同世界其他国家政党开展交往时所遵循的规范和原则。党际关系和国际关系分属两个不同性质的范畴，但两者之间相互影响、相互作用。通常而言，与各国政党之间的关系发展得好，有利于并促进彼此间的国与国关系；反之，则会影响和损害国与国的关系。①党际交往是我国总体外交的重要组成部分，从历史经验来看，这主要涉及中国共产党同共产国际的关系，同其他国家的共产党和工人党的交往，以及同世界其他政党的交往等。

二、国际观是中国共产党制定对内对外政策的重要依据

马克思主义坚持物质第一性的原理，同时强调思想观念对物质条件产生作用。中国共产党国际观的产生和发展立足于所处的客观历史环境，同时经由理论思考和实践总结而形成的国际观又反过来对党和国家的政策实践产生影响。无论是革命战争年代，还是社会主义建设发展时期，中国共产党都始终极其重视对世界历史和国际问题的研究，强调“坚持用宽广的眼界观察世界，提高科

① 谭荣邦：《世界社会主义运动中国际联合问题研究》，人民出版社2009年版，第107页。

学判断国际形势和进行战略思维的水平”①。国际观是党和国家制定国内国际政策的重要依据。

第一，国际观对确定国家所处的历史方位和国际定位具有重要意义。准确把握人类历史发展规律，认清世界历史发展阶段的突出特点，是确定中国所处的历史方位和形成合理的国际定位的必要条件。中国共产党很早就从国际的视角来审视中国的历史方位和国际定位。1940 年 1 月，毛泽东在《新民主主义论》一文中就从十月革命具有的划时代意义出发，提出中国革命的历史进程分为新民主主义革命和社会主义革命两个阶段，并作出“中国革命是世界革命的一部分”的重要论断。②

从 20 世纪 70 年代后期开始，中国共产党基于国际形势发生的巨大变化，认识到社会主义和资本主义将长期处于并存和竞争的状态，形成了中国处于社会主义初级阶段的国家发展定位，并逐步确立了不以政治制度和意识形态划分国家阵营和开展国际交往的立场。20 世纪 80 年代末，在苏东剧变、社会主义陷入低潮的背景下，中国共产党相信，社会主义制度作为一种新的先进的社会制度，将最终取代旧的落后的资本主义制度，这是人类历史发展的必然趋势，然而这一过程也将经历波折和反复。邓小平就深刻地指出：“我坚信，世界上赞成马克思主义的人会多起来的，因为马克思主义是科学。它运用历史唯物主义揭示了人类社会发展的规律。”③他还指出：“封建社会代替奴隶社会，资本主义代替封建主义，社会主义经历一个长过程发展后必然代替资本主义。这是社会历史发展不可逆转的总趋势，但道路是曲折的”。④这一科学的论断有力地驳斥了那种认为马克思主义失败了的观点，从而坚定了中国走社会主义道路的决心和信心。

---

① 中共中央文献研究室编：《十六大以来重要文献选编》(中)，中央文献出版社 2006 年版，第 288 页。

② 《毛泽东选集》第 2 卷，人民出版社 1991 年版，第 666—667 页。

③ 中共中央文献研究室编：《十六大以来重要文献选编》(中)，中央文献出版社 2006 年版，第 151 页。

④ 《邓小平文选》第 3 卷，人民出版社 1993 年版，第 382—383 页。

进入新世纪以来，国际格局变迁和国际秩序转型明显加快。经过不懈奋斗，特别是中国特色社会主义发展进入新时代，中国的国际地位和国际影响力得到历史性提升，前所未有地走近世界舞台中央，前所未有地接近实现中华民族伟大复兴的目标，前所未有地具有实现这个目标的能力和信心。这一重要论断标示出当代中国在世界发展大势和民族复兴进程中的新的历史方位和国际定位。

第二，国际观对科学制定国内国际政策具有基础性作用。理念引领行动，方向决定出路。认识世界和改造世界相结合是马克思主义的鲜明特色。① 马克思就指出："哲学家们只是用不同的方式解释世界，问题在于改变世界。"② 科学的国际观对党和国家制定合理的国内国际政策具有重要作用。只有准确把握世界发展大势，才能够更好地科学决策，实现因势利导、趋利避害。习近平总书记就强调指出："战略问题是一个政党、一个国家的根本性问题。战略上判断得准确，战略上谋划得科学，战略上赢得主动，党和人民事业就大有希望。"③

中国共产党领导全国人民进行新民主主义革命、开展社会主义建设和改革均不能脱离客观的外部环境。在革命战争时期，中国共产党就高度重视国际形势发展对中国革命和抗日战争的影响。1938 年 10 月，在中国抗日战争已经全面爆发而欧洲战场尚未最终形成之时，毛泽东就强调，"全中国人都关心世界与中国的关系，尤其关心目前欧洲时局的变动"；"中国已紧密地与世界联成一体，中日战争是世界战争的一部分，中国抗日战争的胜利不能离开世界而孤立起来"。基于这一分析，毛泽东提出了"以自力更生为主同时不放松争取外援"的抗战方针。④

新中国成立后，中国共产党对国际局势的判断对其在政治、经济、国防、

① 中共中央文献研究室编：《毛泽东思想年编：1921—1975》，中央文献出版社 2011 年版，第 921 页。
② 《马克思恩格斯选集》第 1 卷，人民出版社 2012 年版，第 136 页。
③ 《习近平谈治国理政》第 2 卷，外文出版社 2017 年版，第 10 页。
④ 《毛泽东外交文选》，中央文献出版社、世界知识出版社 1994 年版，第 16 页。

社会等领域的重要决策产生了重大影响。经过不懈的努力和艰苦探索，中华民族以独立自主的形象屹立在世界民族之林。其间，党对国际形势特别是战争形势的判断也曾出现失误。对此，1985 年 6 月，邓小平在军委扩大会议上就表示："过去我们的观点一直是战争不可避免，而且迫在眉睫。我们好多的决策，包括一、二、三线的建设布局，'山、散、洞'的方针，都是从这个观点出发的。"①

党的十一届三中全会后，党准确认识到世界和平的力量在不断壮大，谋发展已经成为各国的普遍共识。在此基础上，和平与发展是时代主题的重要论断，为我国实施和不断推进改革开放政策奠定了基础。习近平总书记就曾深刻地指出："改革开放是怎么搞起来的？很关键的一条是我们党正确判断世界大势。由于对世界大势作出了正确判断，我们党确立了和平与发展是时代主题的认识，才有了党和国家工作中心的转移，才有了改革开放历史新时期的开启。"②

20 世纪 80 年代以来，世界多极化趋势持续推进、经济全球化浪潮迅猛发展，中国与世界之间的相互联系越加紧密。开拓国际视野、增强对外交往能力成为新的重要的任务。邓小平多次强调"要从大局看问题，放眼世界，放眼未来"③。江泽民要求全党同志特别是党的高级干部"一定要眼界开阔，用马克思主义的立场、观点、方法分析问题，对世界政治经济的大背景、大格局、大趋势有一个全面准确的认识"。他强调指出："只有了解天下大势，才能谋好国内大局，集中力量把自己的事情办好。"④ 2001 年中国加入世界贸易组织，开启了中国融入国际体系的新进程。胡锦涛尤其强调统筹国内国际两个大局、把握政治外交和经济外交辩证关系的重要性。他对中央从事外事工作的同志指出："在

① 《邓小平文选》第 3 卷，人民出版社 1993 年版，第 126—127 页。

② 《习近平在新进中央委员会的委员、候补委员学习贯彻党的十八大精神研讨班开班式上发表重要讲话》，《人民日报》2013 年 1 月 6 日，第 1 版。

③ 《邓小平文选》第 3 卷，人民出版社 1993 年版，第 299—300 页。

④ 中共中央文献研究室编：《改革开放三十年重要文献选编》，中央文献出版社 2008 年版，第 1057 页。

我国全方位对外开放的形势下，国际问题可能引发国内问题，国内问题也可能造成国际影响。要总结和深化对内政外交互动规律的认识，提高依法处理涉外事务能力，增强驾驭复杂局面、应对突发事件本领。”①

党的十八大以来，以习近平同志为核心的党中央深刻认识到，当今世界正处于大发展大变革大调整的时期，世界多极化、经济全球化、社会信息化、文化多样化深入发展。我国以更大的热情和更大的能力参与全球治理，积极推动构建人类命运共同体和新型国际关系。站在新的历史起点，习近平高度重视国际问题研究的意义，在2014年11月召开的中央外事工作会议上指出：“认识世界发展大势，跟上时代潮流，是一个极为重要并且常做常新的课题。”② 在我国实现“两个一百年”奋斗目标的历史交汇期，所面临的外部环境更加复杂多变。在2018年6月召开的中央外事工作会议上，习近平总书记再次强调指出，“我们要深入分析世界转型过渡期国际形势的演变规律，准确把握历史交汇期我国外部环境的基本特征，统筹谋划和推进对外工作。”③ 因此，对国际形势的准确分析对我国科学制定国内国际政策，应对复杂局面，确保顺利实现“两个一百年”奋斗目标，具有重要的意义。

第三，加强国际观的沟通交流有助于争取国内外的支持。中国需要更多地了解世界，世界也需要更多地了解中国。④ 中国共产党对于世界的看法，既是国际社会关心的议题，也是沟通中国与世界的桥梁。加强国际观的沟通交流对于世界更好地认识中国发挥着不可或缺的作用。新中国成立以来，中共中央先后提出了和平共处五项原则、“三个世界划分”理论、和平与发展时代主题论断，世界多样性理念、和谐世界理念、和平发展理论、新型国际关系和人类命

① 《胡锦涛文选》第2卷，人民出版社2016年版，第511页。

② 《习近平谈治国理政》第2卷，外文出版社2017年版，第442页。

③ 《习近平谈治国理政》第3卷，外文出版社2020年版，第428页。

④ 《习近平谈治国理政》第1卷，外文出版社2018年版，第5页。

运共同体理念等一系列重要的思想和理论。这些思想和理论是不同历史时期中国共产党国际观的集中体现。

全面梳理和阐释党的百年国际观，并在与世界的交汇中加强思想交流，是引导世界客观和正面认识中国的必要路径。特别是在中国经济持续增长、国际影响力日益扩大的背景下，西方长期把持着国际话语权，其敌对势力对社会主义中国取得的成就采取敌视和防范的态度，中国需要更加积极、全面地向国际社会传达自身对未来世界秩序及中国角色看法，推动构建人类命运共同体。围绕中国共产党的国际观加强国际思想交流，将有利于世界更好地了解中国选择走和平发展道路、致力于维护世界和平与发展的决心和信心，也有利于为中国特色社会主义建设争取更广泛的国际认可与支持。

此外，中国民众受“先天之忧而忧”和“天下大同”等思想文化的熏陶，加之近代以来受外部世界冲击，以及同外部世界斗争、交往的历史经验的激发，更加关注国际形势及其对中国的影响。党和政府通过加强与民众在国际观方面的沟通和引领，有助于发扬民众关心国际和国家大事的热情，培育开放、包容和互学互鉴等健康的国际人格，从而能够把基于爱国主义的民族精神与基于推动构建人类命运共同体的天下大同精神更有机地统一起来。总之，加强同国际社会关于中国共产党国际观的交流，同时加强对国内民众国际观的引领和塑造，既有助于世界“读懂中国”，也有助于中国“读懂世界”。

三、全书概要

第一章主要讨论中国共产党国际观的理论渊源、实践基础和主要特点。中国共产党的国际观具有深厚的理论渊源，尤其是继承了马克思列宁主义基本原理，汲取了中华优秀传统文化精髓，借鉴了世界优秀文明成果。在实践基础方面，中国共产党的国际观扎根于中华民族的历史遭遇和现实处境，并在争取中华民族的独立和复兴的伟大实践中逐步形成和不断发展。中国共产党百年国际观随着时代变迁而不断创新发展，并总体保持了继承性和一贯性，形成了鲜明的特点。

第二章主要分析1921年中国共产党建党至1949年新中国成立期间中国共产党人关于国际形势和对外工作的理论探索与实践。中国共产党诞生于积贫积弱的旧中国，这一时期，党的国际观服从和服务于推翻三座大山、争取民族独立的主要任务。这一时期，中国共产党的国际观主要包括：关于中共与共产国际的关系的认识，抗日国际统一战线思想，以及抗战胜利后提出的“中间地带”理论等。这一时期，党的国际观处于初步形成阶段，为新中国独立自主和平外交奠定了基础。

第三章主要研究1949年新中国成立至1978年十一届三中全会前中国共产党的国际观及其对外工作实践。面对西方国家的封锁和孤立，以毛泽东为主要代表的中国共产党人坚定维护国家主权独立，加强与社会主义国家和第三世界国家团结合作推进社会主义建设。这一时期党的国际观主要内容包括：对两极格局背景下革命与战争形势的研判，确立“一边倒”战略，倡导把和平共处五项原则作为国际关系基本准则，提出“三个世界划分”理论等。

第四章主要分析党的十一届三中全会至党的十七大改革开放新时期中国共产党的国际观及其对外工作实践。中国共产党根据国际国内形势变化调整了对国际形势的判断，逐步确立“和平与发展”是时代主题的重要论断。中国共产党支持世界多极化进程，坚定维护世界和平与发展，积极推动建立国际政治经济新秩序，主张维护世界多样性和构建和谐世界。这一时期，中国共产党倡导在独立自主、完全平等、互相尊重、互不干涉内部事务四项原则的基础上发展与世界各政党的关系。

第五章主要研究十八大以来中国共产党的国际观及其对外工作实践。中国特色社会主义进入新时代，中国共产党的国际观具有鲜明的全球视野和国际担当。以习近平同志为核心的党中央，坚持和平与发展是时代主题，提出世界处于百年未有之大变局的重要论断，推动构建人类命运共同体和建设新型国际关系，提出共建“一带一路”倡议，坚定维护多边主义和主张完善全球治理体系。中国已经成为世界和平的建设者、全球发展的贡献者、国际秩序的维护者。

第六章总结了中国共产党百年国际观及其实践的历史使命和国际意义，并结合百年大变局下的国际形势发展，简要分析对外工作所面临的挑战，展望国际观的创新发展和努力方向。

第一章　中国共产党百年国际观的来源和特点

中国共产党将辩证唯物主义和历史唯物主义作为自己的世界观和方法论，在观察和分析国际问题时遵循了马克思列宁主义的基本原理，汲取了中华优秀传统文化精髓，同时借鉴了世界优秀文明成果。中国共产党是为中国人民谋幸福的政党，也是为人类进步事业而奋斗的政党。中国共产党在争取民族独立和民族复兴的伟大实践中，不断从世界历史和中华民族对外交往史中获得启示，从党和国家对外工作中汲取经验，经提炼总结后形成科学的国际观。中国共产党的百年国际观随着时代变迁，既保持良好的继承性和一贯性，又能不断创新发展，在坚持国家主权平等原则、坚定维护国际公平正义、认同和支持世界多极化和经济全球化、积极为人类进步事业贡献力量、倡导新型党际关系等方面，展现了一系列鲜明的特点。

第一节　理论渊源

中国共产党在领导中国人民进行革命、建设和改革的过程中经由理论思考和实践总结形成了独特的国际观。马克思主义及其中国化是中国共产党国际观的哲学基础和根本指导；中华优秀传统文化尤其是关于大同世界和国家间关系的理解和期望，为中国共产党国际观提供了深厚的文化基础；同时，在与世界文明的交流、交汇中，中国共产党借鉴和吸收了世界各国的优秀文明成果，国际观得到不断丰富和发展。只有充分理解和把握中国共产党国际观的理论渊源，才能准确地认识其鲜明特色，更好地推动创新发展和国际交流。

一、遵循马克思列宁主义基本原理

“十月革命一声炮响，给我们送来了马克思列宁主义。俄国十月革命帮助了全世界的同时也帮助了中国的先进分子，用无产阶级的宇宙观作为观察国家命运的工具，重新考虑自己的问题。”① 中国共产党以马克思主义理论为思想武器和根本指导，并将马克思主义基本原理与世情、国情、党情相结合，形成中国共产党国际观的理论基础。

（一）马克思主义经典作家关于国际问题的基本观点

国际政治理论是马克思主义科学体系的重要组成部分，思想深刻且内容非常丰富。② 马克思、恩格斯、列宁等马克思主义经典作家关于国际问题的论述，以辩证唯物主义和历史唯物主义为世界观和方法论，以世界交往、国际阶级斗争和世界革命为主要关注点，将国际政治置于更深厚的世界范围的生产力、生产关系和上层建筑的互动关系中加以把握，注重剖析现象背后的经济社会根源。这一部分主要从世界观和方法论，阶级利益分析方法，世界历史变迁的内在逻辑，战争和革命，无产阶级国际大联合等五个方面加以总结和概括。

---

① 《毛泽东选集》第 4 卷，人民出版社 1991 年版，第 1471 页。

② 马克思主义国际政治理论内容丰富，主要包括国际政治同经济条件和政治条件的关系，各国家间的相互依赖，国家体系，时代观，国家间相互关系的基本原则等。相关系统研究参见张中云、林德山、赵绪生：《马克思主义国际政治理论发展史研究》，重庆出版社 2011 年版；李延明、刘青建、杨海蛟：《马克思恩格斯政治学说研究》，人民出版社 2002 年版。

1. 世界观和方法论

世界观是人们对人生、客观外在世界本原的根本价值取向和基本观点。辩证唯物主义和历史唯物主义是马克思主义的世界观和方法论，奠定了马克思主义国际观的立论基础和哲学基石，也是马克思主义与其他国际政治学派的根本区别。①

其一，在物质和意识的关系上，辩证唯物主义坚持物质第一性、意识第二性的原则。物质第一性原理是辩证唯物主义的核心。马克思和恩格斯就指出："思想、观念、意识的生产最初是直接与人们的物质活动，与人们的物质交往，与现实生活的语言交织在一起的。"②同时，思想和观念一旦形成，就反过来对物质条件产生作用，即"虽然物质生活条件是原始的起因，但是这并不排斥思想领域也反过来对这些物质条件起作用，然而是第二性的作用"③。

其二，在事物发展的内在动力方面，辩证唯物主义认为，物质世界发展和变化的根本原因在于事物内部的矛盾性，事物矛盾双方既统一又斗争，促使事物不断由低级向高级发展。对立统一是唯物辩证法的实质和核心规律。恩格斯指出，辩证法是自然界和人类社会发展及人类思维本身的最一般规律，可以归结为三个规律，即"量转化为质和质转化为量的规律；对立的相互渗透的规律；否定的否定的规律"。④

其三，历史唯物主义是辩证唯物主义向社会的展开和延伸，也是辩证唯物主义认识论观察人类社会所得出的基本结论。唯物主义历史观是马克思的两大发现之一，其核心观点包括：一是由一定发展阶段的生产力所决定的生产关系的总和构成社会的经济结构，是法律、政治、社会意识的现实基础。二是社会

① 姜安：《马克思的国际观及其当代价值》，《中国社会科学》2017年第11期；张中云、林德生、赵绪生：《马克思主义国际政治理论发展史研究》，重庆出版社2011年版，第13页。

② 《马克思恩格斯选集》第1卷，人民出版社2012年版，第151页。

③ 《马克思恩格斯选集》第4卷，人民出版社1995年版，第691页。

④ 《马克思恩格斯选集》第3卷，人民出版社2012年版，第901页。

存在决定社会意识，社会意识又反作用于社会存在。三是生产力和生产关系之间，经济基础和上层建筑之间特别是阶级与阶级之间的矛盾和斗争，是推动一切社会发展的基本动力。

2. 阶级利益分析方法

维护无产阶级利益和实现人类共同解放，是马克思主义经典作家观察和分析国际问题的重要出发点。马克思确立国际观的基本主旨是为工人阶级“洞悉国际政治的秘密，监督本国政府的外交活动”提供思想指导。① 阶级利益分析方法是马克思主义经典作家分析国际问题的重要立足点，这尤其反映在三个方面。

其一，从阶级利益的角度解释国家的对外政策。国家在本质上是占统治地位的阶级的利益代表，不同时代的国家的国际行为方式虽有所不同，但其目的总是为统治阶级的利益服务。为此，列宁认为，在评价和对待战争时，“主要的问题是要弄清楚这个战争是由什么引起的，它是由哪些阶级准备和进行的”②。

其二，从阶级划分的角度解释国际政治格局。在国际政治格局的划分上，马克思主义从根本上说是按照阶级，而不是按照国家划分的，因为阶级的划分比国家的划分更加深刻。③

其三，从阶级对立的角度解释国家间战争的原因。关于战争根源及消除战争的根本方法，列宁分析指出：“只要生产资料私有制还存在，在上述这样的经济基础上，帝国主义战争是绝对不可避免的。”④“只要社会还分成阶级，只要人剥削人的现象还存在，战争是不可避免的。”⑤ 马克思也预言：“同那个经济贫困和政治昏聩的旧社会相对立，正在诞生一个新社会，而这个新社会的国际原

---

① 姜安：《马克思的国际观及其当代价值》，《中国社会科学》2017 年第 11 期。

② 《列宁选集》第 3 卷，人民出版社 1972 年版，第 70 页。

③ 赵可金、倪世雄：《中国国际关系理论研究》，复旦大学出版社 2007 年版，第 30 页。

④ 《列宁选集》第 2 卷，人民出版社 1995 年版，第 578 页。

⑤ 《列宁全集》第 8 卷，人民出版社 1959 年版，第 531 页。

则将是和平，因为每一个民族都将有同一个统治者——劳动。”①

3. 国际体系的演进逻辑

马克思主义经典作家运用历史唯物主义解释国际体系的形成和演进，这尤其反映在世界历史、国际社会矛盾运动等方面。

马克思提出“世界交往”理论，强调生产方式变革、分工发展和大工业革命等是导致人类历史真正成为世界历史的主要因素，是国际体系重大变迁的内在动力。② 马克思和恩格斯在《共产党宣言》中就指出：“随着资产阶级的发展，随着贸易自由的实现和世界市场的建立，随着工业生产以及与之相适应的生活条件的趋于一致，各国人民之间的民族分隔和对立日益消失。”③ 马克思和恩格斯深刻阐述了大工业对世界历史的推动作用，他们指出：“大工业创造了交通工具和现代的世界市场，控制了商业，把所有的资本都变为工业资本，从而使流通加速（货币制度得到发展）、资本集中。……它首次开创了世界历史，因为它使每个文明国家以及这些国家中的每一个人的需要的满足都依赖于整个世界，因为它消灭了各国以往自然形成的闭关自守的状态。”④

马克思主义认为，生产方式变革和人类交往实践的不断深化和矛盾运动，是人类文明和国际社会不断发展进步的基本动力。马克思主义经典作家认为，应从人类社会发展的客观条件认识国际政治现象，从人们的生产物质生活资料的基本方式以及在这个过程中起决定作用的经济利益中去寻找。⑤ 社会主义革命的任务就是打破资本主义生产关系对生产力的束缚，实现人类的彻底解放。生产力发展对人类社会政治制度的必然要求，体现在世界历史的趋势是不断打破资本主义生产关系对于生产力的束缚，从而超越资本主义发展阶段，进而进

① 《马克思恩格斯选集》第3卷，人民出版社1995年版，第19页。

② 姜安：《马克思的国际观及其当代价值》，《中国社会科学》2017年第11期。

③ 《马克思恩格斯选集》第1卷，人民出版社2012年版，第491页。

④ 同上书，第194页。

⑤ 赵可金、倪世雄：《中国国际关系理论研究》，复旦大学出版社2007年版，第26—34页。

入到更高的共产主义阶段。① 因此，社会主义取代资本主义是促进生产力发展的必然要求，是历史发展不可阻挡的趋势。

4. 帝国主义的阶段特征

列宁首次系统阐释马克思主义时代理论，即帝国主义时代的特征。列宁认为，“只有了解了某一时代的基本特征，才能在这一基础上去考虑这个国家或那个国家的更具体的特点”②。列宁的国际观的基本贡献之一就在于：基于世界发展的宏观视野，强调世界经济政治发展不平衡和资本主义垄断逻辑是构成世界矛盾和国际冲突的基本前提，帝国主义必然引起战争，战争引起革命。③

列宁将资本主义社会发展演变划分为三个阶段：1789—1871 年是资产阶级崛起的阶段，1871—1914 年是资产阶级取得完全统治而走向衰落的阶段，1914 年后是资本主义进入帝国主义的阶段。④ 列宁提出的帝国主义论，坚持把国际政治看作国内政治的延续，把资本主义国家的对外政策体系与其国内政策联系起来。帝国主义阶段的重要特征是资本主义国家对世界的瓜分，是帝国主义发生动荡和由帝国主义引起动荡的时代。斯大林进一步提出“帝国主义和无产阶级革命”时代观，认为帝国主义时代的主题是战争和革命，资本主义总危机是分析战争与革命的时代主题的逻辑起点。斯大林时代观的主要特征包括：资本主义总危机是时代的基本特征；社会主义是时代发展的主要方向；无产阶级是推动时代进步的、主导性的革命力量；“帝国主义阵营”和“社会主义阵营”之间的斗争是时代的轴心。⑤

5. 无产阶级国际主义和各国工人阶级政党关系

正如《共产党宣言》所号召的“全世界无产者，联合起来”，马克思主义经

---

① 吕世荣：《马克思经济全球化的哲学阐释逻辑》，《中国社会科学》2015 年第 4 期。

② 《列宁全集》第 26 卷，人民出版社 1990 年版，第 143 页。

③ 姜安：《马克思的国际观及其当代价值》，《中国社会科学》2017 年第 11 期。

④ 《列宁全集》第 26 卷，人民出版社 1990 年版，第 144 页。

⑤ 张中云、林德生、赵绪生：《马克思主义国际政治理论发展史研究》，重庆出版社 2011 年版，第 149 页。

典作家认为，世界社会主义运动相互联系，无产阶级解放是一项国际事业。马克思和恩格斯领导创立的国际工人协会（第一国际）为整个工人运动创造出共同的理论纲领。为此，恩格斯就曾指出：马克思创立的理论“已经成功地把欧美绝大多数社会主义者团结在统一的战士队伍中”①。

在各国工人阶级政党关系方面，马克思和恩格斯提倡国际主义原则，主张维护各国工人间的团结一致并履行由这种团结所带来的义务。列宁进一步提出：“先进国家的无产阶级能够也应该帮助落后国家的劳动群众，只要各苏维埃共和国胜利了的无产阶级向这些群众伸出手来，并且能够支持他们，落后国家的发展就能够突破它们目前所处的阶段。”②同时，马克思和恩格斯认为要尊重各国工人阶级政党在内部事务上的自主和独立。恩格斯就指出：“无产阶级的国际运动只有在独立民族的范围内才有可能”，“国际合作只有在平等者之间才有可能，甚至平等者中间居首位者也只有在直接行动的条件下才是需要的”。③正因为如此，国际主义与工人党的爱国主义之间是一种相融的关系。“工人党对‘爱国主义’采取的新立场就其本身而言是很有道理的。国际联合只能存在于国家之间，因而这些国家的存在、它们在内部事务上的自主和独立也就包括在国际主义这一概念本身之中。”④

二、汲取中华优秀传统文化精髓

文化是一个国家、一个民族的灵魂。⑤习近平总书记指出，中华传统文化源远流长、博大精深，中华民族形成和发展过程中产生的各种思想文化，记载

---

①《马克思恩格斯全集》第37卷，人民出版社1971年版，第4页。

②《列宁选集》第4卷，人民出版社2012年版，第278页。

③《马克思恩格斯全集》第35卷，人民出版社1971年版，第261页。

④《马克思恩格斯全集》第39卷，人民出版社1974年版，第84页。

⑤ 习近平：《决胜全面建成小康社会　夺取新时代中国特色社会主义伟大胜利——在中国共产党第十九次全国代表大会上的报告》，人民出版社2017年版，第40页。

了中华民族在长期奋斗中开展的精神活动、进行的理性思维、创造的文化成果，反映了中华民族的精神追求，其中最核心的内容已经成为中华民族最基本的文化基因。①

中国共产党从成立之日起，既是中国先进文化的积极引领者和践行者，又是中华优秀传统文化的忠实传承者和弘扬者。② 由于传统文化在其形成和发展过程中不可避免地会受到当时人们的认识水平、时代条件、社会制度的局限性的制约和影响，中国共产党在继承传统文化的同时注重结合新的实践和时代要求进行正确取舍。2016 年 7 月，习近平总书记在庆祝中国共产党成立 95 周年大会的讲话中强调指出："文化自信，是更基础、更广泛、更深厚的自信。在 5000 多年文明发展中孕育的中华优秀传统文化，在党和人民伟大斗争中孕育的革命文化和社会主义先进文化，积淀着中华民族最深层的精神追求，代表着中华民族独特的精神标识。"③2017 年 1 月，中共中央办公厅、国务院办公厅联合印发《关于实施中华优秀文化传统传承发展工程的意见》，再次肯定了中华优秀传统文化对于当代中国的价值和意义。意见指出，中华文化积淀了中华民族最深沉的精神追求，代表着中华民族独特的精神标识，是当代中国发展的突出优势，对延续和发展中华文明、促进人类文明进步，发挥着重要作用。④

中国共产党的国际观及其外交实践有着深厚的优秀传统文化的底蕴，并因此形成了一套观察、分析和处理国际问题的独特的方式方法。1942 年秋，毛泽东针对统战工作指出，"不但要有马列主义唯物辩证法的理论基础，还应有中国

---

① 习近平：《牢记历史经验历史教训历史警示　为国家治理能力现代化提供有益借鉴》，《人民日报》2014 年 10 月 14 日。

② 习近平：《决胜全面建成小康社会　夺取新时代中国特色社会主义伟大胜利——在中国共产党第十九次全国代表大会上的报告》，人民出版社 2017 年版，第 44 页。

③ 《习近平在庆祝中国共产党成立 95 周年大会上的讲话》（2016 年 7 月 1 日），《人民日报》2016 年 7 月 2 日，第 1 版。

④ 中共中央办公厅、国务院办公厅：《关于实施中华优秀文化传统传承发展工程的意见》（2017 年 1 月 25 日），http: //www.gov.cn/zhengce/2017-01/25/content_5163472.htm。

古代哲学的方法论”。①1963 年 4 月，周恩来会见埃及部长执行委员会主席阿里·萨布里时也指出，中国人办外事的哲学思想不仅受到马列主义影响，而且还有来自中国的民族传统。他说：“我们中国人办外事，就是根据这样一些哲学思想。这些哲学思想，来自我们的民族传统，不全是马列主义的教育。”②在 5000 多年的发展历程中，中华文化形成了天人合一的宇宙观、协和万邦的国际观、和而不同的社会观、人心和善的道德观。③中华文化博大精深，概而言之，中华优秀传统文化对中国共产党国际观的影响集中体现在思维方式、和合理念、世界大同思想等三个方面。中华优秀传统文化是中国共产党国际观及其实践的文化基础，其与当代现实相结合也为中国共产党推动建设美好世界提供了启迪和指引。

（一）传统哲学整体观塑造了独特的思维方式

中国传统哲学蕴含广博精深的世界观和宇宙观。注重万物联系、追求宇宙统一，是这一哲学传统的基本特征。从内在逻辑上讲，中国传统哲学“重视关系整体性的倾向决定了它对整体和谐的强烈要求”；“执两用中”的中庸之道这一在矛盾中求调和的方法，是中国人求统一斥分离的基本思想原则。④中国传统的注重整体性的哲学思想，对中国共产党分析国际问题的视角和方法产生了深远影响。

首先，中国共产党对国际秩序的理解更加注重共生性。中国传统哲学整体观“接近于辩证思维和系统思维的原则”，“是一种带有系统性特征的有机整体观”。⑤对此，有学者用关联思维指称中国的传统思维方式，认为“中国人之关

① 范明：《毛主席批准赵寿山入党》，《党的文献》1995 年第 4 期。

② 崔奇主编：《周恩来政论选》下册，中央文献出版社、人民日报出版社 1998 年版，第 907 页。

③ 中华人民共和国国务院新闻办公室：《新时代的中国与世界》，人民出版社 2019 年版，第 35 页。

④ 彭越：《一元和合与二元分立——中西哲学整体观的一个比较》，《内蒙古社会科学》1993 年第 1 期。

⑤ 高晨阳：《中国传统哲学整体观模式及其评价》，《文史哲》1988 年第 6 期。

联式思考或联想式思考的概念结构，与欧洲因果式或法则式的思考方式，在本质上根本就不同”①。还有学者将中西两个社会的思维特征概括为因果思维和关系思维。这两种思维对国际观具有重大的影响。因果思维倾向于把世界中的各个部分视为从属的关系，而关系思维更多地把世界视为由各种关系构成的；秩序在前者很容易被视为一种人为设计的人工物，而在后者看来，秩序更应该是一个各个部分并列而又关联、并行而又相互代理所组合成的共生体。②概而言之，中国将世界视为一个有机整体，更加注重世界各部分之间的联系和不可分割性。1997 年 11 月，江泽民在美国哈佛大学发表演讲时指出，中国在历史长河中形成了包括天人合一的宇宙观在内的众多优良文化传统，对当代中国人的价值观念、生活方式和发展道路具有深刻影响。③

其次，中国共产党的国际观更加注重系统性和长远性。中国传统哲学具有的重视整体、强调关注大势的思维方式，使得中国无论是在理念上还是在具体政策上，都强调国际国内整体局势和整体变化。④相比于许多受选举驱动和党争制约的国家，中国在外交思维上更具全局和长远视野，在基本原则和价值观上更能经受住时间的考验，在解决重点和难点问题上更加和平与彻底。⑤

最后，中国传统哲学思维中的辩证法对党和国家研究国际形势有很强的借鉴意义。⑥正如《道德经》所记载的，“有无相生，难易相成，长短相形，高下相倾，音声相和，前后相随”，中国传统哲学强调辩证地对待差异，并认为在

---

① 李约瑟著、陈立夫主译：《中国古代科学思想史》，江西人民出版社 1990 年版，第 382—387 页。

② 苏长和：《从关系到共生：中共大国外交理论的文化和制度阐释》，《世界经济与政治》2016 年第 1 期。

③ 《江泽民文选》第 2 卷，人民出版社 2006 年版，第 59—60 页。

④ 孙吉胜：《传统文化与十八大以来中国外交话语体系构建》，《外交评论》2017 年第 4 期。

⑤ 杨洁勉：《中国外交哲学的探索、建设和实践》，《国际观察》2015 年第 6 期。

⑥ 《戴秉国同志在中法关系研讨会开幕式上的致辞》（2016 年 12 月 1 日），外交部网站，http: //new.fmprc.gov.cn/web/zyxw/t1420433.shtml。

一定条件下矛盾对立双方可以相互转化。中国共产党在分析国际问题时就尤其重视机遇和挑战的并存性和相互转化性，即“机遇和挑战，利和弊都是相对的，在一定的条件下可以相互转化”。[①] 为此，在面对重大国际事件时，中国共产党能够客观全面地作出分析，并善于通过主动工作把握机遇和规避风险。例如，面对加入世贸组织所带来的巨大不确定性，江泽民要求“对加入世界贸易组织后的利和弊、机遇和挑战，要科学分析和全面认识。对于有利的一面，要抓住机遇，积极加以运用；对于不利的一面，要抓紧工作，努力规避风险”[②]。

（二）和合理念促成了和平主义外交本质

中华文明起源于内陆和农耕，是内敛、防御的文明。作为中华传统文化的重要组成部分，和合理念承认个体之间存在差异，但同时秉持“和而不同”，主张“己所不欲，勿施于人”，反对将意志强加于他人之上。

和合理念不仅是中国人自古以来处理人际关系和民族关系的基本价值取向，而且成为国与国之间的交往原则。在历史长河中，中华文明形成了“以和为贵”的精神特质，推崇不同国家和文化“美美与共”，倡导“协和万邦”“亲仁善邻”“强不执弱，富不侮贫”的道义价值标准和国际交往原则。早在先秦时期，思想家老子就提出“大者宜为下”的观点，孟子也主张“交邻国以道”“仁者为能以大事小”。秦汉以后，和合理念通过中国更加频繁的对外交往得到进一步发展。西汉哲学家、政治家董仲舒主张“洽四国”；唐高祖李渊提出对周边邻国应“尽抚育之方”“宏仁恕之道”；明洪武初年曾任左丞相的李善长建言，对东西洋诸国“凡日月所照，无有远迩，一视同仁”；至近代，民主主义革命先行者孙中山更加明确主张，对外关系应“持和平主义”，“国家之间，立约遣使，誓以永好，即无约无使之国，亦以礼相处，不复相凌”。[③] 这些思想都反映

① 《江泽民文选》第 3 卷，人民出版社 2006 年版，第 455 页。

② 同上书，第 451 页。

③ 李慎明：《习近平新时代中国特色社会主义外交思想与中华优秀传统文化》，《毛泽东研究》2018 年第 2 期。

了自古以来中国人民就希望天下太平、同各国人民友好相处。

和合理念对中华民族的对外关系产生了深远影响。爱好和平、反对压迫，已经成为中国的外交传统。英国著名哲学家罗素早在20世纪20年代就提出，中国传统文化中的美德使得“中国虽然人口众多、资源丰富，但却不会对外国造成威胁”。①日本宗教家池田大作在与英国著名历史学家汤因比的对谈中也明确指出：“与其说中国人是有对外推行征服主义野心的民族，不如说是在本质上希望本国和平与安泰的稳健主义者。实际上，只要不首先侵犯中国，中国是从不先发制人的。”②

中国共产党继承和发展了中华文化中的和合理念。这集中体现在中国共产党坚持以求同存异的原则处理国际争端，坚定走和平发展道路。

求同存异是中国共产党秉持和合理念处理国际争端的重要原则。1955年4月，国务院总理兼外交部长周恩来率中国代表团出席第一次亚非会议。针对会议上出现的所谓“共产主义威胁”“新殖民主义”等不和谐音符，周恩来发表了一份补充发言，集中体现了求同存异原则。他说：“中国代表团是来求同而不是来立异的。在我们中间有无求同的基础呢？有的，那就是亚非绝大多数国家和人民自近代以来都经受着殖民主义所造成的灾难和痛苦，这是我们大家都承认的。”他还强调：“我们的会议应该求同而存异。……我们并不要求个人放弃自己的见解，因为这是实际存在的反映。但是不应该使它妨碍我们在主要问题上达成共同的协议。我们还应在共同的基础上来相互了解和尊重彼此的不同见解。”③作为和合理念在实践中的体现，求同存异原则已经成为中国致力于化解国际矛盾、扩大友好交往的一个重要方针。中国共产党从求同存异原则出发提出“搁置争议，共同开发”等重要的解决争端的新方法，维护国际和地区的和

① ［英］罗素：《中国问题》，秦悦译，学林出版社1996年版，第151页、第167页。

② 王存刚：《中华人民共和国外交的内质与追求》，《世界经济与政治》2019年第6期。

③ 崔奇主编：《周恩来政论选》，中央文献出版社、人民日报出版社1998年版，第784—785页。

平与稳定。

和合理念滋养了新中国外交的和平主义本质和对世界和平的不懈追求。正如习近平总书记多次强调的，“和为贵、和而不同、协和万邦等理念在中国代代相传，和平的基因深植于中华民族的血脉之中”①；“走和平发展道路，是中华民族优秀文化传统的传承和发展，也是中国人民从近代以后苦难遭遇中得出的必然结论”②。走和平发展道路已经成为中国共产党的战略决策。党的十九大报告明确指出：“中国将高举和平、合作、共赢的旗帜，恪守维护世界和平、促进共同发展的外交政策宗旨，坚定不移在和平共处原则基础上发展同各国的友好合作，推动建设相互尊重、公平正义、合作共赢的新型国际关系。”③《中国共产党党章》鲜明地指出：“中国共产党坚持独立自主的和平外交政策，坚持和平发展道路，坚持互利共赢的开放战略，统筹国内国际两个大局，积极开展对外关系，努力为我国的改革开放和现代化建设争取有利的国际环境。”为此，和合理念为中国坚定走和平发展道路奠定了深厚的文化基础。

（三）世界大同理念奠定了美好世界的蓝图

世界大同是千百年来中国人民为之不懈奋斗的理想和信念。2500多年前，老子就勾勒了一幅没有欺压、人人劳动、人人“甘其食，美其服，安其居，乐其俗”的理想社会蓝图。孔子更是提出：“大道之行也，天下为公……是谓大同。”到了近代，中华民族的世界大同思想不同程度地与西方的自由、平等、博爱观念及空想社会主义思想相结合。近代资产阶级改良主义政治家、思想家康有为在《大同书》中提出破除国、级、种、形、家、产、乱、类、苦九界，实现“天下为公，无有阶级，一切平等，既无专职之君主，亦无民选之总统”的

① 习近平：《共倡开放包容　共促和平发展——在伦敦金融城市长晚宴上的演讲》（2015年10月21日），人民出版社2015年版，第8页。

② 《习近平谈治国理政》，外文出版社2014年版，第247页。

③ 习近平：《决胜全面建成小康社会　夺取新时代中国特色社会主义伟大胜利——在中国共产党第十九次全国代表大会上的报告》，人民出版社2017年版，第58页。

“大同之世”。孙中山将世界大同作为人类进化的最高目标。[①]他提出，中国扩充自由、平等、博爱于全人类，大同盛世则不难到来。正如当代学者李慎明所概括的：“中国传统文化中的大同思想虽有局限性，但是，浸润在中国传统‘大同’思想中的全人类之间那种不分贫富贵贱，充满真正的公正、公平和天下大同的崇高理念与精神，则体现了人类社会发展的最终必然归宿。”[②]

中华传统文化中的世界大同思想，激励中国共产党人为人民谋幸福、为民族谋复兴、为世界谋大同而不懈奋斗。早在1939年，周恩来就阐释了中国共产党的奋斗目标：“人人尽力，人人享受，人人快乐，这是大同世界！”[③]1956年9月，宋庆龄副主席在中国共产党第八次全国代表大会上表示：“我深信将来，社会主义和共产主义终将会成为全世界的一种通行的社会制度。到那时，无疑地，无阶级无剥削的社会就更要普遍，人类也就要进入真正的大同世界。”[④]

进入社会主义建设新时代，中国共产党继承和发展了大同世界理念，将之作为中国参与和完善全球治理体系的重要文化基础和思想指引。2015年10月，习近平指出：“要推动全球治理理念创新发展，积极发掘中华文化中积极的处世之道和治理理念同当今时代的共鸣点，继续丰富打造人类命运共同体等主张，弘扬共商共建共享的全球治理理念。”[⑤]2017年12月，习近平更加明确地提出：“中华民族历来讲求‘天下一家’，主张民胞物与、协和万邦、天下大同，憧憬‘大道之行，天下为公’的美好世界。我们认为，世界各国尽管有这样那样的分歧矛盾，也免不了产生这样那样的磕磕碰碰，但世界各国人民都生活在同一片

---

① 王业兴：《孙中山与中国近代化研究》，人民出版社2005年版，第348页。

② 李慎明：《习近平新时代中国特色社会主义外交思想与中华优秀传统文化》，《毛泽东研究》2018年第2期。

③ 中共中央文献研究室第二编研部：《周恩来题词集解》，中央文献出版社2012年版，第45页。

④ 《宋庆龄选集》，人民出版社1966年版，第366页。

⑤ 《习近平在中共中央政治局第二十七次集体学习时强调推动全球治理体制更加公正更加合理，为我国发展和世界和平创造有利条件》，http: //www.gov.cn/xinwen/2015-10/13/content_2946293.htm。

蓝天下、拥有同一个家园，应该是一家人。世界各国人民应该秉持‘天下一家’理念，张开怀抱，彼此理解，求同存异，共同为构建人类命运共同体而努力。”①

三、借鉴世界优秀文明成果

中国共产党国际观的形成和发展也离不开对世界其他优秀文明成果的学习和借鉴。世界文明间的交流互鉴，是文明发展的本质要求，是人类进步的推动力。世界的发展和进步离不开不同文明间的交流互鉴。中国共产党历来强调树立世界眼光，积极学习借鉴世界各国人民创造的文明成果，并结合中国实际加以运用。② 2019 年 5 月，国家主席习近平在亚洲文明对话大会开幕式上强调指出：交流互鉴是文明发展的本质要求，文明因多样而交流，因交流而互鉴，因互鉴而发展，我们要加强世界上不同国家、不同民族、不同文化的交流互鉴，夯实共建亚洲命运共同体、人类命运共同体的人文基础。③ 在坚持马克思主义理论和坚守中华优秀文化内核的基础上，加强不同文明间的交流互鉴，积极吸收借鉴国外优秀成果，已经成为中国共产党丰富和发展国际观的重要路径。

（一）马克思主义的传播及其中国化是加强文明交流互鉴的突出成果

俄国十月革命一声炮响，给中国送来了马克思列宁主义。在马克思主义进入中国后，中国共产党人结合中国的国情创造性地发展了马克思主义学说，不断推动马克思主义中国化。正如习近平总书记指出的，马克思主义就是中国共产党人从国外学来的科学真理，而后结合中国实际，不断推进马克思主义中国化、时代化和大众化，使之成为指导中国共产党行动的科学理论。④ 同时，马

---

① 习近平：《携手建设更加美好的世界——在中国共产党与世界政党高层对话会上的主旨讲话》（2017 年 12 月 1 日），人民出版社 2017 年版，第 3 页。

② 同上书，第 10 页。

③ 《习近平谈治国理政》第 3 卷，外文出版社 2020 年版，第 468 页。

④ 习近平：《携手建设更加美好的世界——在中国共产党与世界政党高层对话会上的主旨讲话》（2017 年 12 月 1 日），人民出版社 2017 年版，第 10 页。

克思列宁主义也是在批判吸收多种思想学说的基础的形成的，尤其是康德、黑格尔、费尔巴哈等人的哲学思想，圣西门、傅立叶、欧文等人的空想社会主义思想，亚当·斯密、大卫·李嘉图等人的古典政治经济学思想。1939年8月，毛泽东在《矛盾论》中就指出，无产阶级运动的伟大活动家马克思和恩格斯综合了人类认识史的积极成果，特别是批判地吸取了黑格尔的辩证法的合理部分，创造了辩证唯物论和历史唯物论，才在人类认识史上掀起了一个空前的大革命。① 为此，无产阶级文化绝不是在世界文明发展的大道之外产生的，而是人类各种先进思想发展的继续，是历史上一切优秀文化成果之集大成。②

（二）加强文明交流互鉴是中国共产党的重要工作方针

自诞生之日起，中国共产党便把学习马克思列宁主义作为思想理论建设的重要内容。新中国成立后，中国共产党努力打破外部封锁，积极开展经贸、文化等领域的对外交流。改革开放以来，中国积极顺应全球化浪潮，坚持对外开放基本国策，各领域各层次的人文交流取得丰硕成果。

第一，吸收借鉴世界优秀文明成果是我国在国际竞争中取得胜利的重要保障。新中国成立初期，尽管受到西方世界的孤立和封锁，中国始终坚持加强与世界各国交流的方针，并向全国人民发出“向一切国家的长处学习”的口号。1956年4月，毛泽东在中央政治局扩大会议上论及中国与外国的关系时就表示：“我们的方针是，一切民族、一切国家的长处都要学，政治、经济、科学、技术、文学、艺术的一切真正好的东西都要学。”③ 同年5月，周恩来总理在国务院司局长以上干部会议上进一步提出：“敢于向一切国家的长处学习，就是最有自信心和自尊心的表现，这样的民族也一定是能够自强的民族。”周恩来还强调：社会主义制度具有优越性，并不是说“社会主义国家什么都好，非社会

① 《毛泽东选集》第1卷，人民出版社1991年版，第303—304页。

② 肖前、李秀林、汪永祥主编：《历史唯物主义原理》，人民出版社1983年版，第284页。

③ 《毛泽东外交文选》，人民出版社1990年版，第236页。

主义国家什么都不好”，“一切国家和民族，都有长处和短处，有优点也有缺点，有短处才比出长处来，有缺点才比出优点来”。为此，他明确指出：“我们不仅要向苏联学习，向兄弟国家学习，而且要向世界上一切国家学习。”①十一届三中全会后，中国共产党带领全国人民走上以经济建设为中心的改革开放道路，更加重视吸收借鉴国外优秀文明成果。改革开放总设计师邓小平就指出：“中国要谋求发展，摆脱贫穷和落后，就必须开放。开放不仅是发展国际间的交往，而且要吸收国际的经验。”②他在1992年的南方谈话中进一步表达了学习世界优秀文明成果的重要性，认为社会主义要赢得与资本主义相比较的优势，就必须大胆吸收和借鉴人类社会的一切文明成果。③而且，中国共产党强调发展中国家不仅应通过南北合作，吸收发达国家的优秀文明成果，而且应加强南南合作，发展中国家之间相互交流和学习。1982年会见印度社会科学理事会代表团时，邓小平就表示：“这些年来第三世界有一些发展，各国都有一些好的东西，可以相互交流和合作。”④

第二，中国共产党坚持对外国文化采取扬弃的科学态度。中国共产党重视吸收借鉴世界优秀文明成果，同时坚决抵制那些不符合中国特色社会主义核心价值观的思想和文化产品。毛泽东同志就曾指出：“中国应该大量吸收外国的进步文化，作为自己文化食粮的原料”，“但是一切外国的东西，如同我们对于食物一样，必须经过自己的口腔咀嚼和胃肠运动，送进唾液胃液肠液，把它分解为精华和糟粕两部分，然后排泄其糟粕，吸收其精华”。⑤在《论十大关系》的讲话中，毛泽东进一步指出，对待外国文明成果，“必须有分析有批判地学，不

① 崔奇主编：《周恩来政论选》下册，中央文献出版社、人民日报出版社1998年版，第800—804页。

② 《邓小平文选》第3卷，人民出版社1993年版，第266页。

③ 同上书，第373页。

④ 同上书，第20页。

⑤ 《毛泽东选集》第2卷，人民出版社1991年版，第706、707页。

能盲目地学，不能一切照抄，机械搬用。他们的短处、缺点，当然不要学”①。这一科学态度得到党和国家领导人的继承和发展。习近平就指出：“对丰富多彩的世界，我们应该秉持兼容并蓄的态度，虚心学习他人的好东西，在独立自主的立场上把他人的好东西加以消化吸收，化成我们自己的好东西，但决不能囫囵吞枣、决不能邯郸学步。”② 他还指出：“解决中国的问题，提出解决人类问题的中国方案，要坚持中国人的世界观、方法论。如果不加分析把国外学术思想和学术方法奉为圭臬，一切以此为准绳，那就没有独创性可言了。如果用国外的方法得出与国外同样的结论，那也就没有独创性可言了。”③

第三，中国共产党将人文交流作为推动文明交流互鉴的重要形式。人文交流是消除隔阂和误解、促进民心相知相通的重要途径。中国共产党主张促进和而不同、兼收并蓄的文明交流对话，在竞争比较中取长补短，在交流互鉴中共同发展，使文明交流互鉴成为增进各国人民友谊的桥梁、推动人类社会进步的动力、维护世界和平的纽带。④ 加强人文交流是党和国家对外工作的重要组成部分，也是夯实中外友好交往的民意基础及提高我国对外开放水平的重要途径。党的十九大报告中强调：“加强中外人文交流，以我为主、兼收并蓄。”2017 年 12 月，习近平强调指出，中国共产党将以开放的眼光、开阔的胸怀对待世界各国人民的文明创造，愿意同世界各国人民和各国政党开展对话和交流合作，支持各国人民加强人文往来和民间友好。他特别提出，未来 5 年，中国共产党将向世界各国政党提供 1.5 万名人员来华交流的机会。⑤

---

① 《毛泽东文集》第 7 卷，人民出版社 1999 年版，第 41 页。

② 《习近平谈治国理政》第 2 卷，外文出版社 2017 年版，第 286 页。

③ 同上书，第 341 页。

④ 杨洁篪：《推动构建人类命运共同体》，载《党的十九大报告辅导报告》，人民出版社 2017 年版，第 93 页。

⑤ 习近平：《携手建设更加美好的世界——在中国共产党与世界政党高层对话会上的主旨讲话》（2017 年 12 月 1 日），人民出版社 2017 年版，第 10 页。

（三）中国共产党的国际观在文明交流互鉴中不断发展

中国共产党历来重视文明间的交流互鉴，注重从世界优秀文明成果中汲取有益养分，在与世界文明的交汇中，中国共产党的国际观得到不断丰富和发展。与此同时，随着国力提升及与世界的联系越来越紧密，中国也开始向世界提供越来越丰富的中国智慧和中国方案。

第一，通过交流互鉴提升中国的国际政治研究水平。中国参与国际体系和与世界各行为体进行交往，需要了解和掌握国外的外交和战略思想的研究动态，并在此基础上形成用于指导本国外交实践的具有中国特色的国际关系理论。建国后，中国的国际政治研究一度发展缓慢，大大滞后于中国外交实践的需要。为此，1979 年春，邓小平在党的理论务虚会议上就专门指出："要加强对世界政治的研究，我们过去忽视多年了，现在也需要补补课。"① 为此，中国哲学社会科学研究人员做了大量的工作来引介、评析国外尤其是西方的国际政治理论研究成果。美国国际关系理论、英国学派、北欧学派、拉美学派以及日本、法国、德国、加拿大等国家的国际关系理论陆续进入中国学术研究和政策制定的视野之中。当代西方国际关系理论，也与马克思列宁主义国际关系经典理论以及中国传统文化和外交实践，一并成为中国国际关系理论的三个主要来源。② 中国在吸收借鉴国外理论研究成果的基础上也不断发展出中国自己的外交话语体系，并从中国的文化和外交传统重新阐释了全球治理、国际制度、多边主义等概念和思想，不仅极大地拓展了国际视野和研究方法，也为世界政治的发展贡献了智慧。

第二，兼容并蓄地吸收借鉴他国战略思想和外交实践的长处。他山之石，可以攻玉。世界各国的战略思想和外交实践各有千秋，并在国际舞台上展现出独特的外交智慧。例如，美国的忧患意识、欧洲的规范思想、俄罗斯的大国气

① 《邓小平文选》第 2 卷，人民出版社 1994 年版，第 180—181 页。

② 赵可金、倪世雄:《中国国际关系理论研究》，复旦大学出版社 2007 年版，第 58 页。

派、印度和巴西的平衡战略等，均可以为中国的外交理论和实践提供参考。① 在国际交流互鉴中，中国通过观察和分析他国看待和处理国际问题的观点和方法，丰富了本国的国际观并促进了与世界的思想交汇。

第三，在交流互鉴中提升中国特色社会主义文化国际影响力。增强文化软实力、提高在国际上的话语权，是中国特色社会主义建设的重要组成部分。正如习近平指出的，“文明交流互鉴应该是对等的、平等的，应该是多元的、多向的，而不应该是强制的、强迫的，不应该是单一的、单向的”②。当今世界处于各种思想文化交流交融交锋的新时期，中国在与世界文明的互动中不是单向地引进国外文明成果，而是注重不同文明在平等基础上的双向互动。近年来，中国积极实施哲学社会科学“走出去”战略，重点培育和向国外推介有关马克思主义中国化、中华传统文化、治国理政经验等方面的成果。中国在与世界其他文明的交流互鉴中不仅将大量世界优秀文明成果引入到中国，而且推动中国文化走向世界，为国际社会的发展积极贡献中国智慧和思想。

第二节　实践基础

时代是思想之母，实践是理论之源。人们的认识水平归根结底是受实践的限制，有什么样的实践水平就会有什么样的认识水平；反过来，认识的真伪对错，归根结底要通过实践进行检验。③ 中国共产党从世界历史和中华民族对外交往史，以及建党以来特别是新中国成立以来的对外工作实践中，总结经验、

① 杨洁勉：《中国外交哲学的探索、建设和实践》，《国际观察》2015 年第 6 期。

② 《习近平出席亚洲文明对话大会开幕式并发表主旨演讲》（2019 年 5 月 16 日），人民网，http://cpc.people.com.cn/n1/2019/0516/c64094-31087248.html。

③ 王荣栓：《重读马克思》，人民出版社 2007 年版，第 146 页。

寻找思路、升华思想和获取动力。

一、从世界历史和中华民族对外交往史中获得启示

正如习近平总书记所强调的："历史是一个民族、一个国家形成、发展及其盛衰兴亡的真实记录，是前人的'百科全书'，即前人各种知识经验和智慧的总汇。"① 世界历史以及中华民族数千年的对外交往史，特别是近代反抗列强欺侮的历史，为中国共产党国际观的形成和发展提供了智慧和经验。

对世界历史的总结。人类在历史长河和20世纪经历了惨烈的劫难和灾祸，也进行了伟大的斗争和创造，对世界历史的总结是中国共产党关于建立国际新秩序和发展国家间关系的一系列主张的重要来源。2000年9月，江泽民在联合国千年首脑会议上就明确指出：历史和现实都告诉我们，各国相互尊重独立和主权，对维护世界和平极为重要；彻底抛弃冷战思维，营造共同安全，是防止冲突和战争的可靠前提；各国应坚持独立自主，各国的相互合作及各种形式的伙伴关系，不应针对第三方。②

中国共产党重视从世界发展史中总结规律性认识，从而指导本国的政策实践。2016年1月，习近平在省部级主要领导干部专题研讨班上集中论述了中国为什么要坚持新发展理念。其中关于形成对外开放新体制的部分，他对经济全球化所经历的三个阶段进行了深入分析。这三个阶段分别是：殖民扩张和世界市场形成阶段，西方国家基本完成对世界的瓜分，世界各地区各民族被卷入资本主义世界体系之中；两个平行世界市场阶段，世界形成社会主义和资本主义两大阵营，在经济上则形成两个平行的市场；经济全球化阶段，各国相互依存大幅加强，经济全球化快速发展演化。在此基础上，习近平论述了中国与世界

① 习近平：《领导干部要读点历史——在中央党校2011年秋季学期开学典礼上的讲话》，《学习时报》2011年9月5日。

② 《江泽民文选》第3卷，人民出版社2006年版，第107—108页。

关系相应经历的三个阶段，从而得出结论："实践告诉我们，要发展壮大，必须主动顺应经济全球化潮流，坚持对外开放，充分运用人类社会创造的先进科学技术成果和有益管理经验。"① 中国共产党还善于从世界历史演变中形成关于人类社会发展趋势的规律性认识。2017 年 1 月 18 日，习近平在联合国日内瓦总部的演讲中，精辟论述了不同历史时期世界各国人民对美好世界的期望。他指出："回首最近 100 多年的历史，人类经历了血腥的热战、冰冷的冷战，也取得了惊人的发展、巨大的进步。上世纪上半叶以前，人类遭受了两次世界大战的劫难，那一代人最迫切的愿望，就是免于战争、缔造和平。上世纪五六十年代，殖民地人民普遍觉醒，他们最强劲的呼声，就是摆脱枷锁、争取独立。冷战结束后，各方最殷切的诉求，就是扩大合作、共同发展。"② 正是对人类历史发展演变的深刻认识，奠定了推动构建人类命运共同体思想的基础。

对中华民族对外交往史的总结。中华民族有着 5000 多年连绵不断的历史，在天文、历法、数学、农学、医学、地理学等众多科技领域曾经取得辉煌的成就，发展水平长期处于世界领先地位，在思想文化、社会制度、经济发展、科学技术以及其他许多方面对周边发挥了重要辐射和引领作用。中华民族的对外交往是中国历史的重要组成部分。早在汉朝时期，我国已经与朝鲜半岛及日本有着密切交往，并通过陆上及海上丝绸之路与中亚、西亚、南亚、东南亚等诸国建立了联系。至隋唐时期，中外交往已经非常频繁，亚非地区与唐王朝通使交好的国家达到 70 多个。各国使节、贵族、商人、学者、艺术家、僧侣、旅游者人数众多。唐王朝设有鸿胪寺接待各国使节宾客，在各地设商馆招待外商，并设互市监、市舶司掌管对外贸易。③ 中华文明具有的强大吸引力和中原王朝崇尚亲仁善邻的对外政策，催生了东亚地区以中国为核心的朝贡体系。

---

① 《习近平谈治国理政》第 2 卷，外文出版社 2017 年版，第 211 页。

② 同上书，第 537—538 页。

③ 李杰、杨妮妮主编：《社会科学基础知识》，西北工业大学出版社 2017 年版，第 118 页。

然而，到明、清时期，封建统治者对世界大势茫然不知，仍然自诩为“天朝上国”，把西方先进的科技成果斥为“奇技淫巧”，不屑一顾。自身的经济、政治、军事、文化全面滞后，却又虚骄、傲慢、冥顽不化。闭关锁国政策导致中国与世界相隔绝，在随后发生的工业革命中彻底落后于西方世界，最终在西方列强的枪炮下被迫重新卷入世界体系。1840 年，急于向海外扩张的英国发动侵略中国的鸦片战争，用炮舰轰开了中国的大门。鸦片战争开启了中国的近代史，然而对于中国而言，这是一段屡遭列强欺凌的屈辱史，民族尊严遭受严重践踏，国家和人民利益受到巨大损害。对此，1949 年 11 月 8 日，周恩来在中华人民共和国外交部成立大会上就指出：“清朝的西太后，北洋政府的袁世凯，国民党的蒋介石，哪一个不是跪倒在地上办外交呢？中国一百年来的外交史是一部屈辱的外交史。我们不学他们。我们不要被动、怯懦，而要认清帝国主义的本质，要有独立的精神，要争取主动，没有畏惧，要有信心。”①

中国共产党重视从中华民族对外交往史中总结经验，并将之应用于对外工作之中。2001 年，中央外办主任刘华秋就对旧中国屈辱外交的启示总结道：“第一，没有中国共产党领导下的人民政权，就没有真正维护国家、民族和人民利益的外交。”“第二，没有国家的强盛和团结，就不会有独立自主的外交。”“在一定意义上说，落后就要挨打，弱国无外交。旧中国的屈辱外交史反复证明了这个道理。”“第三，人民，只有人民，才是创造世界历史的动力。”“历史充分说明，没有人民的积极参与和支持，就没有强有力的外交。”②

中华民族对外交往史在一定程度上已经成为中国人的集体记忆，也为中国共产党国际观的形成提供了深刻的历史经验，其中有三个方面尤为突出。

第一，维护国家独立，珍视世界和平。维护国家独立自主，是中国共产党从近代中国屈辱外交中吸取的重要经验，也是中国共产党处理中国与世界关系

① 《周恩来外交文选》，中央文献出版社 1990 年版，第 4—6 页。

② 刘华秋：《中国百年外交的启示》，《求是》2001 年第 1 期。

的首要出发点。1944 年 8 月 18 日，中共中央发出的第一份关于外交工作的指示就强调：共产党人办外交，“首先必须站稳我们的民族立场”，反对近百年中国外交史上“排外”与“惧外、媚外”的错误观念。①“中国近代以来的全部历史告诉我们，中国的事情必须按照中国的特点、中国的实际来办，这是解决中国所有问题的正确之道。”②新中国成立后，党和国家领导人在国内国际场合多次强调，遭受帝国主义侵略的历史经历使得中国人民格外尊重国家主权和十分珍视和平。习近平就指出：“中国是经历了深重苦难的国家。中国人民对被侵略、被奴役的历史记忆犹新，尤其珍惜今天的生活。中国人民希望和平、反对战争，始终奉行独立自主的和平外交政策，坚持不干涉别国内政，也不允许别人干涉中国内政。”③

第二，反对霸权主义，维护国际公平正义。霸权主义的实质是以大欺小、以强凌弱、以富压贫，侵犯别国主权和干涉他国内政。中华民族在其悠久的对外交往中主流的政策始终是秉持协和万邦的理念。鸦片战争后，中国逐步沦为列强的半殖民地，国家在政治、经济、思想文化、对外关系等领域的权益几乎丧失殆尽。这一历史遭遇，使得中国人民强烈反对霸权主义，渴望维护国际公平正义。此外，中国共产党还从近代中国积贫积弱、遭受列强欺侮的遭遇中总结出“落后就要挨打”的沉痛教训，为此将和平的力量和制约战争的力量的增长作为抑制霸权主义的首要因素。

第三，坚持开放发展。中华民族在其悠久的历史长河中以开放包容、兼容并蓄的胸怀与世界各地区开展频繁的商贸和文化交流，激发了科技创新的活力，促进了生产力水平的提高。然而，在近代明、清封建王朝“长期闭关自守，把

① 中央档案馆编：《中共中央文件选集》第 12 册（1942—1944），中共中央党校出版社 1986 年版，第 573—576 页。

② 《习近平谈治国理政》第 2 卷，外文出版社 2017 年版，第 13 页。

③ 《观察和认识中国，历史和现实都要看，物质和精神也都要看：习近平在欧洲学院发表重要演讲》（2014 年 4 月 1 日），新华网，http: //www.xinhuanet.com/world/2014-04/01/c_1110054295.htm。

中国搞得贫穷落后、愚昧无知”，并迅速衰落下去。中央领导同志曾多次分析近代中国衰落的原因，强调指出封闭必然带来落后，并由此坚定了走开放发展道路的信念。例如，邓小平就指出：“总结历史经验，中国长期处于停滞和落后状态的一个重要原因是闭关自守。经验证明，关起门来搞建设是不能成功的，中国的发展离不开世界。”[①] 2016 年 1 月，习近平总结了中国同世界的关系的三个阶段。一是从闭关锁国到半殖民地半封建阶段，中国先是在鸦片战争之前隔绝于世界市场和工业化大潮，接着在鸦片战争及以后的数次列强侵略战争中屡战屡败，成为积贫积弱的国家。二是“一边倒”和封闭半封闭阶段，新中国成立后，我们在向苏联“一边倒”和相对封闭的环境中艰辛探索社会主义建设之路，“文革”中基本同世界隔绝。三是全方位对外开放阶段，改革开放以来，充分运用经济全球化带来的机遇，不断扩大对外开放，实现了我国同世界关系的历史性变革。[②] 中华民族的发展史证明了，坚持对外开放和构建开放型世界经济体系的重要意义。

二、从党和国家对外工作中总结经验

中国共产党的国际观，是从领导全国人民为争取民族独立和实现民族复兴而进行的艰苦卓绝的斗争中不断形成和完善的。

新民主主义革命时期，对外交往是中国共产党历史的重要组成部分。党的早年对外联系的对象仅限于苏联和共产国际。从 20 世纪 30 年代中期开始，党在继续同苏联、共产国际保持联系的同时，在建立反法西斯国际统一战线的指导下，开始同西方人士和官方机构开展交往，逐渐发展出“半独立”外交。[③]

1949 年新中国成立后，我国奉行独立自主的和平外交政策，党的对外工作

---

① 习近平：《在纪念邓小平同志诞辰 110 周年座谈会上的讲话》，人民出版社 2014 年版，第 18 页。

② 《习近平谈治国理政》第 2 卷，外文出版社 2017 年版，第 211 页。

③ 王家瑞主编：《中国共产党对外交往 90 年》，当代世界出版社 2013 年版，第 1 页。

同政府外交共同属于国家总体外交。党和国家的对外工作在探索中发展，既有辉煌成就，也有深刻教训。新中国成立初期，世界处于以苏联为首的社会主义阵营同以美国为首的帝国主义阵营严重对峙的冷战格局，美国对新中国进行政治孤立、经济封锁、军事威胁。党和国家面临的主要任务是，确保社会主义新政权，维护国家主权独立，以及打破国际封锁。为此，党中央制定了“另起炉灶”“打扫干净屋子再请客”“一边倒”三大方针。通过1954年同印度、缅甸共同倡导和平共处五项原则以及1955年参加万隆会议，中国加深了同广大亚非国家的相互了解和信任，国际影响力开始显现。

然而，从20世纪50年代末开始，中苏关系迅速恶化，苏联在中苏边境陈兵百万、制造事端，甚至挑起武装冲突，从北面威胁中国。与此同时，美国继续敌视中国，保持在中国台湾和台湾海峡的军事存在，发对侵略越南的战争，从东面和南面威胁中国。新中国面临美苏两霸夹击的险恶外部环境。在这一背景下，中共中央强化了世界进入战争和革命时代的基本看法，即认为世界战争不可避免，和平是两次大战期间的间隙和战争准备，革命包括世界革命是制止战争的主要力量。① 同时，毛泽东在70年代初提出“两个中间地带”的论断，依靠和争取亚非拉广大经济落后国家组成的第一个中间地带以及欧洲为代表的发达资本主义国家组成的第二个中间地带，反对美、苏霸权主义。

20世纪60年代末至70年代初，面对苏联霸权主义成为我国安全的直接和主要威胁，以及苏攻美守的争霸态势，中共中央审时度势，果断调整对美政策。1972年美国总统尼克松访问中国，两国发表《上海公报》，重新打开了中美关系的大门。1974年，毛泽东提出“三个世界”划分理论，提出应对苏联霸权主义挑战的“一条线”“一大片”战略。此外，1971年，新中国恢复在联合国的合法席位，对国际事务的参与力度迅速提升。这些事件和举措为

---

① 梁守德：《浅谈中国的新国际观和外交战略的新思维》，《国际政治研究》2004年第2期。

我国赢得了相对安定的国际环境，也为实现全党工作重心的转移创造了有利条件。

1978 年 12 月，党的十一届三中全会重新确立了实事求是思想路线，提出“全党工作的着重点应该从一九七九年转移到社会主义现代化建设上来”[①]，由此拉开了中国改革开放的帷幕。党中央纠正了“文革”时期国家间关系和党际交往中的一系列“左”的错误观点和做法。

从国际局势来看，这一时期也发生了有利于中国政策调整的变化。尤其是 1979 年中美建立外交关系后，中国同西方世界的交往更加频繁；以及从 20 世纪 80 年代中期开始，美苏、中苏关系都有所改善，国际形势明显趋于缓和。中共中央根据变化了的国际环境认识到社会主义与资本主义将长期竞争共处，并改变了关于世界战争不可避免而且迫在眉睫的看法，提出“在较长时间不发生大规模的世界战争是有可能的，维护世界和平是有希望的”。[②] 邓小平立足于新的历史条件提出和平与发展是当今世界两大问题的重要论断。从 1987 年党的十三大开始，党的历届全国代表大会报告都重申和平与发展是时代主题的论断，显示了这一认识经受住了时间的考验，具有极强的生命力。和平与发展是时代主题的论断已成为改革开放以来中国共产党国际观的核心内容，对中国的外交理念和外交实践产生着深远的影响。

苏东剧变、两极格局瓦解后，中国经受住了严峻考验，坚定不移地推行独立自主和平外交政策，形成了“大国是关键，周边是首要，发展中国家是基础，多边外交是重要舞台”的外交格局。进入 21 世纪后，中国更加积极地融入国际社会和参与国际事务，中国与国际社会的融合跨入了一个具有长远历史意义的大发展时期，正逐步全面地融入国际社会，走上与国际体系互相契合、共同

---

① 中共中央文献研究室编：《十一届三中全会以来党的历次全国代表大会中央全会重要文件选编》，中央文献出版社 1997 年版，第 17 页。

② 《邓小平文选》第 3 卷，人民出版社 1993 年版，第 127 页。

发展的轨道。① 这一时期，中国共产党国际观的突出特点是：坚持和平与发展是时代主题的重要论断，认同和支持世界多极化和经济全球化，确立“韬光养晦，有所作为”的战略方针，致力于为国家社会主义现代化建设争取有利的国际环境。

党的十八大以来，国际形势发生复杂深刻变化，当今世界正处于大发展大变革大调整的时期。世界局势不稳定性突出，世界经济增长动能不足，贫富分化日益严重，保护主义、单边主义抬头，经济全球化遭遇波折，地区热点问题此起彼伏，恐怖主义、网络安全、重大传染性疾病、气候变化等非传统安全威胁持续蔓延。这些新的共同挑战彼此相互关联，要求各国合力加以应对。

这一时期，中国与世界的关系也在发生深刻变化，中国与世界的同频共振更加突出。一方面，中国人民的梦想同世界各国人民的梦想息息相通，实现中国梦离不开和平的国际环境和稳定的国际秩序。另一方面，中国日益成为国际社会中的一支重要力量，对世界和平发展的贡献和影响不断提升。2015 年 9 月 28 日，习近平主席在联合国第七十届大会上发表演讲时就指出：“实现中国梦，离不开和平的国际环境和稳定的国际秩序，离不开各国人民的理解、支持、帮助。中国人民圆梦必将给各国创造更多机遇，必将更好促进世界和平与发展。”②

科学把握当今世界的现实发展是我们提出思想和战略的历史前提。在新的历史背景下，中共中央坚持和平发展道路，倡导构建人类命运共同体，积极推动全球治理体系和国际秩序朝着更加公正合理的方向变革。构建人类命运共同体的重要思想，是新时代中国共产党国际观的集中表述，也是对马克思主义国际观的创新发展。

---

① 颜声毅：《当代中国外交》，复旦大学出版社 2004 年版，第 344 页。

② 《习近平谈治国理政》第 2 卷，外文出版社 2017 年版，第 525 页。

第三节 主要特点

中国共产党百年国际观在保持一贯性的基础上不断创新发展。国际观的形成和发展受到主客观因素的影响。客观因素主要是指党所处的历史方位和主要任务，这界定了党的国际观形成的客观环境和实践基础。主观因素则主要包括：党所秉持的哲学思想和政治理论，这是中国共产党区别于其他政治实体的鲜明特色；中国的历史遭遇所形成的经验和记忆；党对国际形势和中国国际定位的认知水平等。一百年来，党的国际观一方面随着客观的物质环境的变化而发生转变，也由于党对时代特征和国际局势的认知变化而作出调整，但另一方面因其思想理论、文化基础、历史记忆的稳定性而始终具有较强的继承性。

一、世界观和方法论

中国共产党继承和发展了马克思主义的基本原理，并始终强调把马克思主义的普遍真理同我国的具体实际相结合。2017 年 9 月，习近平总书记在中共中央政治局第 43 次集体学习时明确强调："时代在变化，社会在发展，但马克思主义基本原理依然是科学真理。"他还指出："尽管我们所处的时代同马克思所处的时代相比发生了巨大而深刻的变化，但从世界社会主义 500 年的大视野来看，我们依然处于马克思主义所指明的历史时代。"①

辩证唯物主义和历史唯物主义是中国共产党的世界观和方法论。中国共产党始终坚持用辩证唯物主义和历史唯物主义分析国际局势和制定对外政策，并形成了注重分析世界发展大势、辩证看待国际局势演变、立足新的国际政治经

① 《习近平谈治国理政》第 2 卷，外文出版社 2017 年版，第 66 页。

济条件分析国际问题等一系列科学的国际观。

（一）强调历史性，注重把握世界发展大势

透过历史的望远镜观察国际问题是马克思主义国际观的重要方法论特征。马克思在《十八世纪外交史内幕》一文中就强调，研究国际关系的历史事实必须进行长时段的考察与辨识，即“要了解一个限定的历史时期，必须跳出它的局限，把它与其他历史时期相比较”①。列宁也提出：“在社会科学问题上有一种最可靠的方法”；“那就是不要忘记基本的历史联系，考察每个问题都要看某种现象在历史上怎样产生、在发展中经过了哪些主要阶段，并根据它的这种发展去考察这一事物现在是怎样的”。②

中国共产党的国际观就突出地表现在注重总结和运用历史规律，强调把握世界发展大势。这一方法使得中国共产党不以一时一事孤立地看问题，而是强调历史性地、系统性地分析国际问题。毛泽东和邓小平等党的老一辈领导人具有深厚的理论修养和丰富的革命斗争经验，对人类历史发展规律和世界发展大势有着准确的把握。江泽民、胡锦涛、习近平等党的领导人以宏观历史视野剖析国际事件，重视对党员领导干部历史知识、历史方法、历史眼光的培养。江泽民就要求党的领导干部多学点历史知识，“目的就是为了认识历史发展和社会兴亡的规律，更加自觉更加紧迫地做好我们自己的工作”。③ 胡锦涛多次强调学习历史的重要性，他指出：“不仅要学习中国历史，还要学习世界历史；不仅要有深远的历史眼光，而且要有宽广的世界眼光”，“站在世界文明发展的历史高度，进一步认清当今世界风云变幻的规律性趋势，进一步认清我国的基本国情和发展大势，更好地掌握加快我国发展的主动权”。④ 习近平强调：“把握国

---

① 《马克思恩格斯全集》第 44 卷，人民出版社 1982 年版，第 287 页。

② 《列宁选集》第 4 卷，人民出版社 2012 年版，第 26 页。

③ 《江泽民论有中国特色社会主义》（专题摘编），中央文献出版社 2002 年版，第 696—697 页。

④ 胡锦涛：《在中共中央政治局第九次集体学习时的讲话》（2003 年 11 月 24 日），《人民日报》2003 年 11 月 26 日第 1 版。

际形势要树立正确的历史观、大局观、角色观。”所谓的正确的历史观，就是不仅要看现在国际形势什么样，而且要端起历史望远镜回顾过去、总结历史规律，展望未来、把握历史前进大势。① 他指出：“人类社会发展的历史证明，无论会遇到什么样的曲折，历史都总是按照自己的规律向前发展，没有任何力量能够阻挡历史前进的车轮。”②2018 年 5 月，习近平总书记在纪念马克思诞辰 200 周年大会上进一步指出：“我们要站在世界历史的高度审视当今世界发展趋势和面临的重大问题。”③

“与时偕行”“顺势而为”是中国共产党处理中国与世界关系问题时遵循的基本原则。习近平在国内国际场合多次强调：“凡益之道、与时偕行”；“中国要发展，必须顺应世界发展潮流”；“世界潮流，浩浩荡荡，顺之则昌，逆之则亡”。2016 年 1 月，习近平总书记在省部级主要领导干部学习贯彻党的十八届五中全会精神专题研讨班上就指出：“只要主动顺应世界发展潮流，不但能发展壮大自己，而且可以引领世界发展潮流。”④ 在世界大发展大变革大调整的重要时期，中国共产党积极倡导各国人民同心协力，构建人类命运共同体，建设持久和平、普遍安全、共同繁荣、开放包容、清洁美丽的世界。2017 年 12 月，中国共产党举行与世界政党的高层对话会，习近平深刻地指出：“人类有两种选择。一种是，人们为了争权夺利恶性竞争甚至兵戎相见，这很可能带来灾难性危机。一种是，人们顺应时代发展潮流，齐心协力应对挑战，开展全球性协作，这就将为构建人类命运共同体创造有利条件。”⑤

---

① 习近平：《坚持以新时代中国特色社会主义外交思想为指导，努力开创中国特色大国外交新局面》（2018 年 6 月 22 日），《论坚持推动构建人类命运共同体》，中央文献出版社 2018 年版，第 539 页。

② 《习近平谈治国理政》第 1 卷，外文出版社 2018 年版，第 273 页。

③ 习近平：《在纪念马克思诞辰 200 周年大会上的讲话》，《人民日报》2018 年 5 月 4 日。

④ 《习近平谈治国理政》第 2 卷，外文出版社 2017 年版，第 212 页。

⑤ 习近平：《携手建设更加美好的世界——在中国共产党与世界政党高层对话会上的主旨讲话》（2017 年 12 月 1 日），人民出版社 2017 年版，第 2—3 页。

（二）强调辩证性，注重全面地分析国际形势

辩证唯物主义重视把握现象和本质、形式和内容、原因和结果、偶然和必然、可能和现实、内因和外因、共性和个性的关系。中国共产党坚持运用辩证唯物主义分析和应对国际问题，重视化挑战为机遇，强调以大统小和小中见大，平衡处理局部和全局、当前和长远、国家和世界等关系，不仅重视事物对立统一的“两点论”，而且强调“重点论”，即抓住主要矛盾和矛盾的主要方面。①

毛泽东继承和发展了马克思主义唯物论和辩证法。他在革命战争年代和社会主义建设时期完成的《反对本本主义》《实践论》《矛盾论》《论十大关系》等经典作品，灵活运用辩证唯物主义世界观和方法论，形成具有鲜明中国特色的马克思主义哲学思想。20 世纪 70 年代，毛泽东提出“三个世界划分”理论，正是运用辩证唯物主义分析国际力量对比和阵营划分而得出的结论。

改革开放后，邓小平敏锐地观察到国际政治经济发展的新变化。他提出：“国际上有两大问题非常突出，一个是和平问题，一个是南北问题。还有其他许多问题，但都不像这两个问题关系全局，带有全球性、战略性的意义。”②

对于冷战后国际格局的发展趋势及演变过程中的复杂性，中国共产党保持着清醒的认识。江泽民在 1992 年 10 月召开的党的十四大上所作的报告就指出：“当今世界正处于大变动的历史时期。两极格局已经终结，各种力量重新分化组合，世界正朝着多极化方向发展。新格局的形成将是长期、复杂的过程。”③这一认识在之后的时间里成为中国关于国际形势的主流判断。胡锦涛在《做好当前党和国家的各项工作》等多次报告中指出：“从国际上看，国际形势继续发生深刻变化，和平与发展仍然是当今时代的主题。世界格局处于向多极化过渡的重要时期，各种力量进一步分化组合，但围绕多极还是单极的斗争依然十分激

---

① 杨洁勉：《中国外交哲学的探索、建设和实践》，《国际观察》2015 年第 6 期。

② 《邓小平文选》第 3 卷，人民出版社 1993 年版，第 96 页。

③ 《十四大以来重要文献选编》（上），人民出版社 1996 年版，第 34 页。

烈。”[①]党的十八大以来，国际格局加速演变，世界不确定性不稳定性因素显著增多。习近平总书记在党的十九大上就明确指出：“世界正处于大发展大变革大调整时期，和平与发展仍然是时代主题。世界多极化、经济全球化、社会信息化、文化多样化深入发展，全球治理体系和国际秩序变革加速推进，各国相互联系和依存日益加深，国际力量对比更趋平衡，和平发展大势不可逆转。”[②]

在 2018 年 6 月召开的中央外事工作会议上，习近平运用辩证唯物主义世界观和方法论系统地分析了当前阶段的国际形势。他指出：不仅要看到现象和细节怎么样，而且要把握本质和全局，抓住主要矛盾和矛盾的主要方面，避免在林林总总、纷纭多变的国际乱象中迷失方向、舍本逐末。他特别强调指出：纵观人类历史，世界发展从来都是各种矛盾相互交织、相互作用的综合结果。我们要深入分析世界转型过渡期国际形势的演变规律，准确把握历史交汇期我国外部环境的基本特征，统筹谋划和推进对外工作。既要把握世界多极化加深推进的大势，又要重视大国关系深入调整的态势。既要把握经济全球化持续发展的大势，又要重视世界经济格局深刻演变的动向。既要把握国际环境总体稳定的大势，又要重视国际安全挑战错综复杂的局面。既要把握各种文明交流互鉴的大势，又要重视不同思想文化相互激荡的现实。[③]

（三）强调时代性，注重在实践基础上推进国际观的创新发展

与时俱进是马克思主义政党的理论品格。马克思主义强调，“必须把人的全部实践——作为真理的标准，也作为事物同人所需要它的那一点的联系的实际确定者——包括到事物的完整的‘定义’中去”“没有抽象的真理，真理总是具

---

① 胡锦涛：《做好当前党和国家的各项工作》（2004 年 9 月 19 日），《十六大以来党和国家重要文献选编》（中），中央文献出版社 2006 年版，第 307 页。

② 习近平：《决胜全面建成小康社会　夺取新时代中国特色社会主义伟大胜利——在中国共产党第十九次全国代表大会上的报告》，人民出版社 2017 年版，第 58 页。

③ 习近平：《坚持以新时代中国特色社会主义外交思想为指导，努力开创中国特色大国外交新局面》（2018 年 6 月 22 日），《论坚持推动构建人类命运共同体》，中央文献出版社 2018 年版，第 539—540 页。

体的”①。因此，既不能否认一般原则，也不能不顾客观的具体条件在实践中犯教条主义的错误。恩格斯就明确指出：“我们的理论是发展着的理论，而不是必须背得烂熟并机械地加以重复的教条”，“每一个时代的理论思维，从而我们时代的理论思维都是一种历史的产物，它在不同的时代具有完全不同的形式，同时具有完全不同的内容”。②

中国共产党对马克思主义理论的理解从来都不是僵化的，而是结合中国的国情并根据不断变化的客观世界与时俱进地发展自己的认识。毛泽东在《人的正确思想是从哪里来的？》一文中就强调实践是正确思想的来源。他说：“人的正确思想是从哪里来的？是从天上掉下来的吗？不是。是自己头脑里固有的吗？不是。人的正确思想，只能从社会实践中来，只能从社会的生产斗争、阶级斗争和科学实验这三项实践中来。”③ 周恩来告诫我们：“时代发生了变化，应当把老祖宗讲的话同局势的发展结合起来。”④ 邓小平也指出：“世界形势日新月异，特别是现代科学技术发展很快。现在的一年抵得上过去古老社会几十年、上百年甚至更长的时间。不以新的思想、观点去继承、发展马克思主义，不是真正的马克思主义者。”⑤20 世纪 70 年代后期，中国共产党通过真理标准的讨论再次确认“实践是检验真理的唯一标准”，也确立了根据新的历史条件分析国际形势和决定中国对外政策的指导原则。邓小平就指出：“我们的革命导师马克思、列宁、毛泽东同志历来重视具体的历史条件，重视从研究历史和现状中找出规律性的东西来指导革命。那种否定新的历史条件的观点，就是隔断历

---

① 列宁：《论辩证逻辑的基本要求》，《马列著作选读（哲学）》，人民出版社 1988 年版，第 277 页。

② 张中云、林德生、赵绪生：《马克思主义国际政治理论发展史研究》，重庆出版社 2011 年版，前言第 2 页。

③ 《毛泽东文集》第 8 卷，人民出版社 1999 年版，第 320 页。

④ 钟连文：《试论周恩来政党外交思想与实践》，载《周恩来百周年纪念——全国周恩来生平和思想研讨会论文集》下册，中央文献出版社 1994 年版，第 991 页。

⑤ 中共中央文献研究室：《十六大以来重要文献选编》（中），中央文献出版社 2006 年版，第 151 页。

史，脱离实际，搞形而上学，就是违反辩证法。”①

改革开放新时期，中共中央根据新的国际政治经济形势改变了对战争爆发的判断，认为战争能够在较长时间里避免。这一准确判断为党和国家将工作重心转向经济建设奠定了基础。在中国特色社会主义新时代，实现“两个一百年”奋斗目标，实现中华民族伟大复兴的中国梦，已经成为全国人民的共同愿望。实现这一伟大理想，同样需要适应经济全球化的新趋势，准确判断国际形势新变化，深刻把握国内改革发展新要求。

二、基本立场和主要观点

中国共产党的国际观以中华民族的伟大复兴为出发点，继承和发展了马克思主义处理和解决国际关系的“道德和正义准则”②。中国共产党坚持国家主权平等原则，坚定维护国际公平正义，认同和支持世界多极化和经济全球化，倡导建立独立自主、相互尊重、完全平等、互不干涉内部事务的新型党际关系。这些鲜明的立场成为中国共产党理解和处理国际关系和党际关系的基础，并随着时代变迁发展出具有时代感召力的方案和主张。

（一）坚持国家主权平等原则

自1648年威斯特伐利亚体系③建立以来，国家主权概念被世界各国普遍接受，逐渐发展成为国际秩序的基石。《联合国宪章》明确规定了国家主权平等和不干涉内政的原则，成为当代国际法的基础和根本原则。1953年12月，周恩来首次提出和平共处的五项原则。1954年6月，中印、中缅分别发表联合声明，确认互相尊重主权和领土完整、互不侵犯、互不干涉内政、平等互利、和

① 《邓小平文选》第2卷，人民出版社1994年版，第121页。

② 姜安：《马克思的国际观及其当代价值》，《中国社会科学》2017年第11期。

③ 威斯特伐利亚体系由欧洲国家为结束1618年至1648年的三十年战争而缔结的一系列和约支撑。这些和约确立了国家主权原则，被广泛认为是近代国际法的源头和国际关系史上的一个里程碑。

平共处五项原则将在相互关系以及各自国家同亚洲及世界其他国家的关系中予以适用。自此，和平共处五项原则成为中国处理国家间关系的指导思想。1984年10月，邓小平强调指出："处理国与国之间的关系，和平共处五项原则是最好的方式。其他方式，如'大家庭'方式，'集团政治'方式、'势力范围'方式，都会带来矛盾，激化国际局势。总结国际关系的实践，最具有强大生命力的就是和平共处五项原则。"①2014年6月，习近平在和平共处五项原则发表60周年纪念大会上强调指出："和平共处五项原则精辟体现了新型国际关系的本质特征，是一个相互联系、相辅相成、不可分割的统一体，适用于各种社会制度、发展水平、体量规模国家之间的关系。"②国家主权是中国共产党国际观的一个核心理念，主要包含四层含义：

第一，尊重国家主权和领土完整。中国近代遭受列强欺辱的历史经历，使得中国共产党格外珍视国家主权。周恩来就曾指出："任何国家都不能干涉中国的内政。我们就是为此而奋斗了一百多年！"③"我们对外交问题有一个基本的立场，即中华民族独立的立场，独立自主、自力更生的立场。"④国家主权原则是中国发展国家间关系的基础，毛泽东指示新中国与各国开展外交关系"必须建立在平等、互利、互相尊重主权和领土完整的基础上"⑤。邓小平在党的十二大全国代表大会上也指出："中国人民珍惜同其他国家和人民的友谊和合作，更加珍惜自己经过长期奋斗而得来的独立自主权利。"⑥独立自主是中国发展和兴盛的基础。1993年11月，江泽民就指出："邓小平同志多次指出，中国是一个穷

---

① 《邓小平文选》第3卷，人民出版社1993年版，第96页。

② 《习近平在和平共处五项原则发表60周年纪念大会上的讲话》（2014年6月28日），新华网，http://www.xinhuanet.com//politics/2014-06/28/c_1111364206_2.htm。

③ 《周恩来选集》上卷，人民出版社1980年版，第322页。

④ 同上书，第321页。

⑤ 《毛泽东选集》第4卷，人民出版社1991年版，第1461页。

⑥ 《邓小平文选》第3卷，人民出版社1993年版，第3页。

国，为什么能够在世界的多极格局中占有一极的地位？就是因为中国是独立自主的大国。”①

第二，尊重人民自主选择发展道路的权利。自主选择发展道路是主权原则的根本体现和必然要求，也是国家实现安全和繁荣的重要保障。中国在国际场合一贯反对输出发展模式和社会制度，主张由各国人民自主选择本国的发展道路。周恩来 1955 年在亚非会议上就倡导：“尊重一切国家的人民有自由选择他们的生活方式和政治、经济制度的权利。”②江泽民 1993 年在美国西雅图同美国总统克林顿举行正式会晤时指出：“各国人民最了解本国的具体情况，最有资格找到适合本国的发展”。“历史经验特别是近百年的历史经验一再告诫人们，强求一种模式的后果是严重的，总会引起对抗、动乱甚至战争。”③胡锦涛在纪念毛泽东诞辰 110 周年座谈会上强调：“各国的国情不同，实现发展的道路也必然不同，不可能有一个适用于一切国家、一切时代的固定不变的模式。”④习近平 2013 年在莫斯科国际关系学院发表演讲指出：“一个国家的发展道路合不合适，只有这个国家的人民才最有发言权。”⑤

第三，坚持国家不分大小、强弱一律平等。虽然国家有大小之分、强弱之别，然而每个国家在主权上都是平等的。国家平等观是国家主权原则的自然延伸。在 1955 年亚非会议上，中国代表团就首先倡议“承认一切国家不分大小一律平等”⑥。国家主权平等在外交实践中就要求相互尊重，反对高人一等，邓小平就指

---

① 中共中央文献研究室编：《改革开放三十年重要文献选编》，中央文献出版社 2008 年版，第 728 页。

② 中共中央文献研究室编：《周恩来年谱（1949—1976）》上卷，中央文献出版社 1997 年版，第 469 页。

③ 《江泽民文选》第 1 卷，人民出版社 2006 年版，第 331 页。

④ 胡锦涛：《在纪念毛泽东同志诞辰 110 周年座谈会上的讲话》（2003 年 12 月 26 日），《十六大以来党和国家重要文献选编》（上），人民出版社 2005 年版，第 539 页。

⑤ 《习近平谈治国理政》第 1 卷，外文出版社 2018 年版，第 273 页。

⑥ 中共中央文献研究室编：《周恩来年谱（1949—1976）》（上卷），中央文献出版社 1997 年版，第 469 页。

出："我们反对人家对我们发号施令，我们也绝不能对人家发号施令。这应该成为一条重要的原则。"①具体而言，中国共产党主张，国家都有享受安全的平等权利。"如果广大发展中国家得不到安全，整个世界也就不可能安宁。"②中国共产党还主张，国家在国际事务上应享有充分的代表权和发言权。2013 年在金砖国家领导人第五次会晤时，习近平就指出："国家不分大小、强弱、贫富都是国际社会的平等成员，一国的事情由本国人民做主，国际上的事情由各国商量着办。"③

第四，尊重世界文明多样性。中国共产党主张尊重和维护世界文明多样性，反对某些西方国家试图用西方资本主义的民主政治、价值观念和自由市场经济统一世界的政治图谋。1992 年，江泽民提出"多样性是世界存在的本质特征"的观点。④ 2003 年，胡锦涛又指出："多样性是世界文明的基本特征。多样性意味着差异，差异需要交流，交流促进发展。"⑤党的十八大以来，习近平在不同的国内国际场合多次强调维护世界文明多样性的重要意义。2014 年 3 月，习近平在联合国教科文组织总部演讲时指出："文明因交流而多彩，文明因互鉴而丰富。文明交流互鉴，是推动人类文明进步和世界和平发展的重要动力。"⑥2019 年 5 月，习近平在亚洲文明对话大会开幕式上发表题为《深化文明交流互鉴 共建亚洲命运共同体》的主旨演讲，再次指出："我们应该秉持平等和尊重，摒弃傲慢和偏见，加深对自身文明和其他文明差异性的认知，推动不同文明交流对话、和谐共生。"⑦

维护世界文明多样性，首先应相互尊重彼此差异，平等相待。"夫物之不

---

① 《邓小平文选》第 2 卷，人民出版社 1994 年版，第 319 页。

② 《江泽民文选》第 2 卷，人民出版社 2006 年版，第 313—314 页。

③ 《习近平谈治国理政》第 1 卷，外文出版社 2018 年版，第 324 页。

④ 中共中央文献研究室编：《江泽民思想年编》，中央文献出版社 2010 年版，第 598 页。

⑤ 《胡锦涛文选》第 2 卷，人民出版社 2016 年版，第 53 页。

⑥ 《习近平谈治国理政》第 1 卷，外文出版社 2018 年版，第 258 页。

⑦ 《习近平谈治国理政》第 3 卷，外文出版社 2020 年版，第 468—469 页。

齐，物之情也。”每一种文明都扎根于自己的生存土壤，凝聚着一个国家、一个民族的非凡智慧和精神追求，都有自己存在的价值。人类只有肤色语言之别，文明只有姹紫嫣红之别，绝无高低优劣之分。其次，尊重各国选择适合的社会制度和发展模式的权利。中国共产党一贯主张，各国都有权选择符合本国国情的社会制度、发展战略和生活方式，各国的事情要由各国人民自己作主。第三，坚持开放包容、互学互鉴。中国共产党主张促进不同文明、不同发展模式之间的交流对话，在竞争比较中取长补短，在交流互鉴中共同发展，使文明交流互鉴成为增进各国人民友谊的桥梁、推动人类进步的动力、维护世界和平的纽带。维护世界文明多样性，是建设开放型世界体系的重要内容，也是建设国际政治经济新秩序的必然要求。

（二）坚定维护国际公平正义

公平正义是人类社会稳定和秩序的基石，是世界各国发展繁荣、长治久安的力量源泉。中国共产党始终将公平正义作为不懈追求和处理国际问题的基本准则。① 中国共产党人相信，讲公道话、办公道事是中国在国际上的政治分量不断提高的重要路径。② 国际公平正义具有广泛的内涵，中国共产党尤其强调反对霸权主义、支持多边主义和推进国际关系民主化。这三个立场相互关联又各有侧重，共同组成中国共产党对国际公平正义的理解的核心。

其一，反对霸权主义是中国共产党致力于维护国际公平正义的重要体现。霸权主义和强权政治与国家主权原则根本背离，是国际形势紧张动荡的根源，是对世界和平与安全的最大威胁。反对霸权主义就是争取和平的发展环境。建国后，针对一些邻近国家害怕统一而强大起来的新中国会进行扩张，周恩来表示，中国绝不会走国家强大了就向外扩张的路：“这不仅是我们的信仰、我们的制度所不允许的，而且从利害关系上看也不允许，因为凡是侵略别人都是没有

① 中华人民共和国国务院新闻办公室：《新时代的中国与世界》，人民出版社 2019 年版，第 64 页。
② 《邓小平文选》第 3 卷，人民出版社 1993 年版，第 162 页。

好下场的。”[①]1985 年，邓小平同样指出：“从政治角度说，我可以明确地肯定地讲一个观点，中国现在是维护世界和稳定的力量，不是破坏力量。中国发展得越强大，世界和平越靠得住。”“中国在毛泽东主席和周恩来总理领导的时候，就强调反对超级大国的霸权主义，并认为霸权主义是战争的根源。”[②]

中国共产党正确地认识到第三世界是霸权主义的最大受害者。第三世界国家间的冲突和战争是霸权主义国家分而治之政策的结果。1982 年 8 月在会见联合国秘书长德奎利亚尔时，邓小平就指出：“第二次世界大战以后，实际上没有什么和平，大战没有打，但小战不断。小战在哪里打？在第三世界。根源还不是超级大国霸权主义在那里挑拨，在那里插手！长期以来，超级大国就是利用第三世界的冲突来达到他们的目的，所以，尽管第三世界本身也有这样那样的问题，直接受害的还是第三世界的国家和人民。”[③] 1989 年，邓小平再次强调：“国际形势有一个战争问题。美苏两家打不起来，就没有世界大战。小的战争不可避免，现在不发达国家之间的战争，实际上是发达国家的需要。发达国家欺侮落后国家的政策没有变。”[④]

中国共产党在反对霸权主义上的态度是极其认真的，强调不管谁搞霸权主义和强权政治，也不管是全球性的还是地区性的，中国都旗帜鲜明地予以坚决反对。1974 年 4 月，邓小平在联合国大会第六届特别会议上就向世界宣告：“如果中国有朝一日变了颜色，变成一个超级大国，也在世界上称王称霸，到处欺负人家，侵略人家，剥削人家，那么，世界人民就应当给中国戴上一顶社会帝国主义的帽子，就应当揭露它，反对它，并且同中国人民一道，打倒它”[⑤]。改革开放后，邓小平多次强调指出：“反对霸权主义、维护世界和平是我们真

① 《周恩来外交文选》，中央文献出版社 1990 年版，第 177、304 页。
② 《邓小平文选》第 3 卷，人民出版社 1993 年版，第 104 页。
③ 《邓小平文选》第 2 卷，人民出版社 1994 年版，第 415—416 页。
④ 《邓小平文选》第 3 卷，人民出版社 1993 年版，第 319 页。
⑤ 《我国代表团出席联合国有关会议文件集》，人民出版社 1974 年版，第 13 页。

实的政策，是我们对外政策的纲领。”①1985年，邓小平在军委扩大会议上明确表示：“我们奉行独立自主的正确的外交路线和对外政策，高举反对霸权主义、维护世界和平的旗帜，坚定地站在和平力量一边，谁搞霸权就反对谁，谁搞战争就反对谁。所以，中国的发展是和平力量的发展，是制约战争力量的发展。”②2015年9月，习近平出席联合国第七十届大会发表演讲时庄严承诺：“中国将始终做世界和平的建设者，坚定走和平发展道路，无论国际形势如何变化，无论自身如何发展，中国永不称霸、永不扩张、永不谋求势力范围。”③

其二，支持多边主义。多边主义是第二次世界大战后随着国际组织的兴起而产生的一个概念，主要是指国家间通过国际组织开展合作共同处理国际事务，代表了国际关系的进步和潮流。中国坚定支持多边主义，反对单边主义。中国主张多边主义的“核心要义是，国际上的事应该由大家商量着办，不能由一国或少数几个国家说了算”④。中国支持联合国等国际组织发挥积极作用，主张吸纳各国广泛参与全球治理，在平等的基础上通过对话和谈判来制定相关的规则。在这一理念的指导下，中国坚定支持提高发展中国家在国际事务上的代表性和发言权，支持联合国全面改革，积极推动世界银行、国际货币基金组织等国际金融机构进行投票权改革。中国支持多边主义，植根于中华传统文化，继承和发展了新中国优良外交传统，体现了中国对国际公平正义的理解及对构建人类命运共同体的追求。中国不仅认同多边主义理念和精神，而且转化为行动上的自觉。这尤其体现在中国积极参与联合国事务，支持联合国的权威和力所能及地对联合国作出贡献。中国对多边主义的积极立场赢得国际社会的广泛赞誉。

其三，推进国际关系民主化。国际关系民主化的历程可上溯至近代国际关

---

① 《邓小平文选》第2卷，人民出版社1994年版，第417页。

② 《邓小平文选》第3卷，人民出版社1993年版，第128页。

③ 《习近平谈治国理政》第2卷，外文出版社2017年版，第525页。

④ 杜尚泽：《习近平出席金砖国家领导人第十一次会晤并发表重要讲话》，《人民日报》2019年11月15日。

系的开端，威斯特伐利亚和约确立的以国家主权为前提的民族国家体系，为国际关系民主化奠定了基础。第一次世界大战导致民族自决的兴起和民主价值的唤醒，第二次世界大战后联合国的成立则是国际关系民主化进程的重要一步。[①]“国际关系民主化大势难逆。”[②]中国共产党相信，权力如果横行霸道，正义就会消磨殆尽，坚定主张推动国际关系民主化，维护人类赖以生存和发展的道德和法治规范，维护国际公平和正义。[③]

中国共产党是国际关系民主化的坚定支持力量。从提出和平共处五项原则，到推动建立国际政治经济新秩序、倡导世界多极化，再到积极维护以联合国宪章的宗旨和原则为基础的战后国际秩序，中国为国际关系民主化进程作出了重要的贡献。2014年11月，习近平在中央外事工作会议上阐释中国特色大国外交的内涵和要求，指出：“要坚持国际关系民主化，坚持和平共处五项原则，坚持国家不分大小、强弱、贫富都是国际社会平等成员，坚持世界的命运必须由各国人民共同掌握，维护国际公平正义，特别是要为广大发展中国家说话。”[④]2017年1月，习近平在联合国日内瓦总部发表演讲再次强调指出：“我们要推进国际关系民主化，不能搞‘一国独霸’或‘几方共治’。世界命运应该由各国共同掌握，国际规则应该由各国共同书写，全球事务应该由各国共同治理，发展成果应该由各国共同分享。”[⑤]

（三）认同世界多极化趋势

多极化趋势是中国共产党关于国际格局发展方向的重要判断，也是中国共产党国际观及其实践的突出特征。中国共产党之所以认同和支持世界多极化趋势，首先是相信世界多极化与抑制世界大战、维护国际和平有着紧密的联系。

---

① 沈云锁、潘强恩主编：《共产党通史》第1卷下册，人民出版社2011年版，第589页。

② 《习近平谈治国理政》第2卷，外文出版社2017年版，第212页。

③ 中华人民共和国国务院新闻办公室：《新时代的中国与世界》，人民出版社2019年版，第50页。

④ 《习近平谈治国理政》第2卷，外文出版社2017年版，第443页。

⑤ 同上书，第540页。

支持和平的力量的增长，将促进国际力量的均衡发展，从而有助于抑制霸权国家发动战争的动机。其次，中国共产党认为，新的诞生中的多极化格局，不同于历史上的列强争霸和瓜分势力范围，多极化与日益发展的经济全球化和社会信息化相互结合、相互促进，有利于世界的和平与稳定，有利于大国之间形成更加平等的关系。第三，中国共产党把提升发展中国家国际地位作为推动多极化趋势的重要因素，并相信多极化将最终有利于维护发展中国家的利益。此外，作为多极化格局中的重要力量，中国也相信多极化趋势是提升自身综合国力和国际影响力的结果和重要路径。

毛泽东是世界多极化理论的积极倡导者和推动者，他在不同历史时期提出的“中间地带”理论、“两个中间地带”理论和“三个世界划分”理论，在本质上都是世界多极化主张的体现。即使新中国成立后中国作出“一边倒”的战略决策，接受两大阵营理论，毛泽东也始终坚持“中间地带”在反对帝国主义和霸权主义中的作用。① 冷战结束后，美苏对抗的两极格局解体，然而新的格局并未很快形成。中国共产党冷静观察和思考后相信，世界将会向着多极化的方向发展，尽管在多极化形成过程中会受到单极化的激烈挑战，因此将是一个漫长、曲折、复杂的演进过程。党的十四大以来，历次全国党代会都指出，世界正朝着多极化方向发展，同时也强调新格局的形成将是长期的、复杂的过程。②

进入 21 世纪以来，新兴市场国家和广大发展中国家加速实现群体性崛起，是近代以来国际力量对比最具革命性的变化，是世界百年未有之大变局最主要的推动因素。回顾历史，第一次工业革命以来，西方国家成为世界中心，主导

① 石斌：《毛泽东关于世界多极化的思想及其战略意义》，《中共党史研究》2003 年第 3 期。

② 《加快改革开放和现代化建设步伐，夺取有中国特色社会主义事业的更大胜利——在中国共产党第十四次全国代表大会上的报告》（1992 年 10 月 12 日），载中共中央文献研究室编：《改革开放三十年重要文献选编》，中央文献出版社 2008 年版，第 669 页。

着国际秩序。国际力量对比出现的“东升西降”的历史性变化，是对近代以来形成的国际格局的根本性改变。尤其重要的是，在多极化进程中，中国前所未有地走近世界舞台中央，成为推动国际权力对比更趋均衡的重要因素。新兴国家和发展中国家的群体性崛起，也推动着国际政治经济秩序作出相应的调整。世界政治开启了“后西方中心”的国际秩序建设进程。

与此同时，新的国际格局的形成是一个渐进的过程。伴随着国际权力对比的深刻变化，单极与多极之间的较量依然激烈，守成大国与新兴大国之间的矛盾日益显现。国际上的各种主要力量相互借重又相互制约的复杂局面，深刻影响着国际格局的发展演变。对此，习近平 2018 年 6 月在中央外事工作会议上就强调，既要把握世界多极化加速推进的大势，又要重视大国关系深入调整的态势。①

（四）支持开放型世界经济体系的建设

马克思主义观点认为，世界整体发展史证明，世界历史的发展轨迹是不断从封闭走向开放，从孤立走向联系，从分散走向整体。② 中国共产党坚定相信，经济全球化是不以人的意志为转移的客观历史进程。在此基础上，中国共产党确立了开放发展的理念，积极支持经济全球化。

支持经济全球化，是中国共产党国际观的基本特征之一。这是立足于对世界历史发展规律、中国明清时期“闭关锁国”政策及新中国改革开放政策反思后得出的正确结论。邓小平就指出：“现在的世界是开放的世界。中国在西方国家产业革命以后变得落后了，一个重要原因就是闭关自守。……三十几年的经验教训告诉我们，关起门来搞建设是不行的，发展不起来。”③ 习近平也指出：

---

① 习近平：《坚持以新时代中国特色社会主义外交思想为指导，努力开创中国特色大国外交新局面》（2018 年 6 月 22 日），《论坚持推动构建人类命运共同体》，中央文献出版社 2018 年版，第 539—540 页。

② 胡德坤、邢伟旌：《“一带一路”战略构想对世界历史发展的积极意义》，《武汉大学学报》2017 年第 1 期。

③ 《邓小平文选》第 3 卷，人民出版社 1993 年版，第 64—65 页。

“历史地看，经济全球化是社会生产力发展的客观要求和科技进步的必然结果，不是哪些人、哪些国家人为造出来的。”① 中国共产党尤其从改革开放四十多年的发展历程中总结经验，不断发展完善对建设开放型世界体系的认识。习近平2017年1月在世界经济论坛年会开幕式上指出：“我们认为，融入世界经济是历史大方向，中国经济要发展，就要敢于到世界市场的汪洋大海中去游泳，如果永远不敢到大海中去经风雨、见世面，总有一天会在大海中溺水而亡。所以，中国勇敢迈向了世界市场。在这个过程中，我们呛过水，遇到过漩涡，遇到过风浪，但我们在游泳中学会了游泳。这是正确的战略抉择。”② 经过四十多年的对外开放，中国经济深度融入世界经济，2012年以来中国超过美国成为世界上最大的货物贸易国，对外直接投资也稳步增长。建设开放型世界经济体系，符合中国长远的发展利益。

近年来，国际上贸易保护主义抬头，逆全球化思潮泛滥，对经济全球化发展造成重大冲击。经济全球化是一把双刃剑，发展不平衡和全球经济治理滞后，是经济全球化面临的突出问题。中国坚定支持经济全球化，反对将困扰世界的问题归咎于经济全球化。习近平强调指出：“面对经济全球化带来的机遇和挑战，正确的选择是，充分利用一切机遇，合作应对一切挑战，引导好经济全球化走向。”③ 中国共产党强调，要争取公平的发展，让发展机会更加均等，各国都应成为全球发展的参与者、贡献者、受益者，不能一个国家发展、其他国家不发展，一部分国家发展、另一部分国家不发展。④ 为此，中国坚定主张维护以世界贸易组织为核心的世界贸易体系，引导经济全球化朝着开放、包容、普惠、平衡、共赢的方向发展。不仅如此，中国以实际行动践行对经济全球化的支持。党的十八大以来，中国积极构建开放型经济新体制，以深化区域协调发

---

① 《习近平谈治国理政》第2卷，外文出版社2017年版，第477页。

②③ 同上书，第478页。

④ 《习近平在联合国成立70周年系列峰会上的讲话》，人民出版社2015年版，第2—3页。

展为抓手，促成陆海内外联动、东西双向互济的开放格局。中国建立和发展自由贸易试验区，推进“一带一路”建设，举办中国国际进口博览会，积极参与全球经济治理，以实际行动推动和引导经济全球化健康发展。根据新的发展阶段、环境和条件变化，中共中央作出构建以国内大循环为主题、国内国际双循环相互促进的新发展格局的重大战略决策。在新发展格局下，中国依然坚定不移地坚持对外开放基本国策，推动形成更高水平开放型经济新体制，打造对外开放新格局。2020 年 11 月，中国参与的《区域全面经济伙伴关系协定》（RCEP）正式签署，成为世界上参与人口最多、成员结构最多元、发展潜力最大的自贸区，这不仅是东亚区域合作的标志性成果，更是多边主义和自由贸易的胜利。RCEP 必将为促进地区发展繁荣增添新动能，也将成为拉动全球增长的重要引擎。

（五）秉持为人类进步贡献力量的崇高理想

中国共产党是为中国人民谋幸福的政党，也是为人类进步事业而奋斗的政党。人民立场是中国共产党的根本政治立场，是马克思主义政党同其他政党的显著标志。习近平指出：“人民对美好生活的向往，就是我们的奋斗目标。”① 为人类不断作出新的更大贡献，是中国共产党的庄严承诺，也是人民立场的自然延伸和不可分割的组成部分。

中国共产党的国际观，以实现中华民族伟大复兴为根本出发点，同时，中国共产党从不狭隘地理解国家和民族利益，而是将之放在世界和平发展的视野中来追求本国的利益。习近平总书记指出：今天的人类比以往任何时候都更有条件共同朝着和平与发展的目标迈进，中国主张各国人民同心协力，变压力为动力，化危机为生机，以合作取代对抗，以共赢取代独占。中国外交政策的宗旨是维护世界和平、促进共同发展。中国始终是世界和平的建设者、

① 《习近平谈治国理政》第 1 卷，外文出版社 2018 年版，第 4 页。

全球发展的贡献者、国际秩序的维护者，愿扩大同各国的利益交汇点，推动构建以合作共赢为核心的新型国际关系，推动形成人类命运共同体和利益共同体。①

回顾中国共产党的百年历史，我们发现，中国共产党始终秉持为人类进步事业贡献力量的崇高理想。在革命和战争年代，中国共产党着重强调爱国主义和无产阶级国际主义之间的紧密联系，相信“只有民族得到解放，才有使无产阶级和劳动人民得到解放的可能”②。1937年同美国记者史沫特莱的谈话中，毛泽东就表示：“中国共产党人是国际主义者，他们主张世界大同运动；但同时又是保卫祖国的爱国主义者，为了保护祖国，愿意抵抗日本到最后一滴血。这种爱国主义与国际主义并不冲突。”③1954年通过的首部《中华人民共和国宪法》向全世界宣布：“在国际事务中，我国坚定不移的方针是为世界和平和人类进步的崇高目的而努力。”④ 1956年，毛泽东表示，中国应当对于人类有较大的贡献。⑤ 为世界和平与发展作出贡献是中国共产党人的使命，然而在中国的国力和条件仍然相当落后的情况下，中国的国际主义贡献也必然是有限的。

改革开放以来，中国共产党人为世界作贡献的使命感不断增强。邓小平在会见外宾时就表示，衡量我们是不是真正的社会主义国家，不但要使我们自己发展起来，实现四个现代化，而且要能够随着自己的发展，对人类作更多的贡献。⑥ 同时，中国共产党认识到，为人类作贡献的最好方式是首先发展自己，通过建设好社会主义中国来贡献世界，并期待将来实力强大后为人类作出更大

---

① 《习近平谈治国理政》第2卷，外文出版社2017年版，第41—42页。

② 中共中央文献研究室编：《毛泽东思想年编：1921—1975》，中央文献出版社2011年版，第209页。

③ 同上书，第137页。

④ 《中华人民共和国宪法》，人民出版社1954年版，第6页。

⑤ 《毛泽东文集》第7卷，人民出版社1999年版，第156—157页。

⑥ 中共中央文献研究室编：《邓小平思想年谱（1975—1997）》，中央文献出版社1998年版，第70页。

贡献。邓小平就指出："我们现在还很穷，在无产阶级国际主义义务方面，还不可能做得很多，贡献还很小。到实现了四个现代化，国民经济发展了，我们对人类特别是对第三世界的贡献可能会多一点。"①

中国特色社会主义进入新时代，中国共产党人认识到，不仅要看到我国发展对世界的要求，也要看到国际社会对我国的期待，更加自觉地从世界相互联系的整体中审视自己国际角色和国际责任，更加自觉地把中国的前途命运和人类的前途命运紧密联系起来。2013 年 3 月，习近平在接受金砖国家媒体联合采访时表示："中国人是讲爱国主义的，同时我们也是具有国际视野和国际胸怀的。随着国力不断增强，中国将在力所能及的范围内承担更多国际责任和义务，为人类和平与发展的崇高事业作出更大贡献。"② 十九大报告指出，中国共产党是为中国人民谋幸福的政党，也是为人类进步事业而奋斗的政党。中国共产党不仅要担负起实现中华民族伟大复兴的历史使命，还要"把为人类作出新的更大的贡献作为自己的使命"。③

随着中国综合国力的不断增强并日益走近世界舞台的中央，中国与世界的互动越来越紧密，日益呈现出明显的溢出效应和关联效应。④ 一个强大了的中国如何处理与世界的关系，成为一个受到广泛关注的课题。中国共产党通过坚定走和平发展道路和积极推动构建人类命运共同体等重要理念作出了强有力的回应。中国将走和平发展道路作为自己的战略指导思想，致力于实现与世界各国的良性互动和共同发展。"走和平发展道路，是我们党根据时代发展潮流和

① 《邓小平文选》第 2 卷，人民出版社 1994 年版，第 112 页。

② 中共中央文献研究室编：《习近平关于实现中华民族伟大复兴的中国梦论述摘编》，中央文献出版社 2013 年版，第 67 页。

③ 习近平：《决胜全面建成小康社会　夺取新时代中国特色社会主义伟大胜利——在中国共产党第十九次全国代表大会上的报告》，人民出版社 2017 年版，第 58 页。

④ 于军：《坚持统筹国内国际两个大局》，《行政管理改革》2016 年第 1 期。

我国根本利益做出的战略决策。”①《中国共产党党章》也旗帜鲜明地指出：“中国共产党坚持独立自主的和平外交政策，坚持和平发展道路，坚持互利共赢的开放战略”。

中国梦同各国人民的美好梦想息息相通，同持久和平、共同发展的世界梦密不可分。中国共产党积极为国际社会提供更多公共产品，谋求通过自身的发展带动世界各国的共同发展。倡导构建人类命运共同体和共建“一带一路”，是新时期中国共产党致力于为世界和平和人类进步作出贡献的新方案。2016 年 7 月，习近平在庆祝中国共产党成立 95 周年大会上指出：“中国人民深知，中国发展得益于国际社会，愿意以自己的发展为国际发展作出贡献。中国对外开放，不是要一家唱独角戏，而是要欢迎各方共同参与；不是要谋求势力范围，而是要支持各国共同发展；不是要营造自己的后花园，而是要建设各国共享的百花园。”②中国共产党在新时期提出的国际倡议和方案，迥异于零和博弈，而是致力于实现世界各国人民的共同发展，突出体现了中国共产党将维护国家利益和促进世界和平发展相统一的立场，是以人民为中心的执政理念的突出体现。

（六）倡导建立新型党际关系

党际关系是中国共产党对外交往和中国对外关系的重要组成，关于党际关系的认识是中国共产党国际观的重要组成部分。各国政党之间只有遵循正确的党际交往原则，才能保证党际关系的健康稳定发展。马克思主义主张，各国政党的团结和合作以各民族国家独立自主地开展活动为基础。恩格斯就指出，各国政党的“国际联合只能存在于国家之间，因而这些国家的存在、它们在内部事务上的自主和独立也就包括在国际主义这一概念本身之中”③。列宁也强调各国政党应该独立自主地处理党际关系，尊重彼此的多样性。他指出：“在人

① 《习近平谈治国理政》第 1 卷，外文出版社 2018 年版，第 247 页。

② 《习近平谈治国理政》第 2 卷，外文出版社 2017 年版，第 42 页。

③ 《马克思恩格斯全集》第 39 卷，人民出版社 1983 年版，第 84 页。

类从今天的帝国主义走向明天的社会主义革命的道路上，同样会表现出这种多样性。”①

在国际共运史上，曾由于未能处理好各国共产党之间的关系，而导致国际共产主义运动付出过沉重代价。在中国革命史上，中国共产党在处理同其他党的关系时，也由于复杂的客观历史环境和主、客观原因犯过根据中国自己的经验和实践来判断和评价国际共运是非的错误。②在深刻总结中国共产党对外交往和国际共运正反两方面经验的基础上，中国共产党提出了“独立自主、完全平等、相互尊重、互不干涉内部事务”的新型党际关系四项原则。这是对马克思主义党际关系理论的继承和发展，已经成为中国共产党国际观的重要内容，在实践中显示出强大的生命力。

在党际关系中，中国共产党始终极其珍视自身的独立地位，在与其他政党包括兄弟党开展关系时重视相互交流合作，但坚决反对“老子党”式的不平等关系。20 世纪 50 年代中期，毛泽东就提出，发展国家间关系不以党际关系的有无、好坏为前提，不以党际关系干涉别国的内政，不支持外国党反对该国政府。③周恩来提出，“国际主义是要各国都独立”，他倡导“爱国主义基础上的国际主义”，反对“过早地强调工人阶级无祖国”。④

改革开放以来，中国共产党的对外工作冲破了以社会制度和意识形态划线的羁绊，从过去的“支左防修”转向以为改革开放和社会主义现代化建设争取有利的国际环境为目标。邓小平把党际关系放在中国对外关系的全局中来谋划，提出党与党之间要建立新型的关系。新型党际关系思想的主要内容是：一是反

---

① 《列宁全集》第 28 卷，人民出版社 1990 年版，第 163 页。

② 戴秉国：《邓小平外交思想与新时期中国共产党对外工作的历史性调整与开拓》，《求是》1999 年第 1 期。

③ 谭荣邦：《世界社会主义运动中国际联合问题研究》，人民出版社 2009 年版，第 107 页。

④ 周恩来生平和思想研讨会组织委员会编：《周恩来百周年纪念——全国周恩来生平和思想研讨会论文集》下册，中央文献出版社 1999 年版，第 992 页。

对以“一党一国”的理论和实践来判断别党别国的是非；二是坚持各国各党要根据本国实际独立自主地决定自己的事情；三是强调完全平等、相互尊重和互不干涉内部事务；四是主张意识形态的差异不应成为建立新型党际关系的障碍；五是对历史遗留问题，主张结束过去，开辟未来。① 在新型党际关系思想的指导下，中国共产党同世界各国政党之间加强了交流和合作，迎来了党际关系的大发展。

在中国特色社会主义建设新时代，中国共产党遵循新型党际关系四项原则，坚持超越意识形态藩篱，立足于新的时代背景，倡导建立以求同存异、相互尊重、互学互鉴为内涵的新型政党关系，不断丰富对外交往内容和创新对外交往形式。在党际交往中，中国共产党注重发挥政党的政治引领作用，将政党合作作为推动构建“人类命运共同体”和推动“一带一路”建设的重要渠道。中国共产党还加强了同世界各国政党治国理政经验交流，举行与世界政党高层对话，逐步形成全方位、多渠道、宽领域、深层次的党际关系网络。

---

① 王家瑞主编:《中国共产党对外交往 90 年》，当代世界出版社 2013 年版，第 277—278 页。

第二章　新民主主义革命时期中国共产党的国际观

中国共产党在领导中国社会革命的过程中，逐步把中国革命融入世界革命进程之中。至1940年，毛泽东在《新民主主义论》一文中明确指出，中国革命是世界革命的一部分，是无产阶级社会主义的世界革命的一部分。① 中国共产党诞生以来，在共产国际指导之下，在把中国革命融入世界革命潮流进程中，逐步形成自身观察国际问题的独特视角和观念，产生了自身的国际观。本章主要阐述中国共产党社会革命时期国际观的形成、演变和实践过程。

第一节　中国共产党诞生的国际背景及其国际观的萌芽

毫无疑问，中国共产党的诞生是中国社会历史文化的产物，但这丝毫不意味着中国共产党的诞生不具有国际背景。从历史唯物主义的视角来看，中国共产党的诞生恰恰是国际国内背景有机结合的产物。中国共产党一诞生就具有强大的国际背景，并且在这一背景之下推动了自身国际观的诞生。

① 《毛泽东选集》第2卷，人民出版社1991年版，第671—672页。

一、中国共产党在共产国际指导下诞生

1917年，俄国十月革命成功之后，在西方掀起了共产主义革命浪潮，德国和匈牙利相继于1918年爆发共产主义革命运动，西欧多数国家出现工人罢工浪潮。列宁高度关注西方世界的共产主义运动，认为十月革命必然在资本主义最为发达的西方国家产生连锁效应，从而乐观地预计西方共产主义革命将迎来高潮，他说："我们有一切根据来极其坚定和充满信心地展望未来，这个未来正在为我们准备新的同盟者，准备社会主义革命在许多更先进的国家里的新的胜利。"① 但是进入1919年之后，西方共产主义运动却迅速退潮，大规模疾风暴雨式的革命在西方世界并没有到来。这就促使列宁思考西方共产主义运动为什么会失败这一问题。列宁经过研究后认为，西方共产主义运动之所以会失败，关键在于西方帝国主义国家通过对东方殖民地的剥削和压迫来获取财富，然后把获得的财富部分用来贿赂国内的工人阶级领袖，在工人阶级内部形成了一批妨碍共产主义运动的"工人贵族"，从而削弱了西方国家工人阶级的斗争力量和内部团结统一。因而要推动西方共产主义运动，着力点不在西方而在东方，要通过东方民族与殖民地的资产阶级民族解放运动来斩断西方对东方的剥削，从而通过东方革命来推动西方的共产主义运动。这样，列宁就把注意力由西方转向东方，开始关注中国革命。

为了推动东方民族与殖民地的革命运动，列宁首先在批判第二国际修正主义和机会主义的基础上建立了第三国际。1919年，第三国际正式成立，其第一次代表大会通过的《共产国际宣言》明确指出，"如果说资本主义的欧洲强使世界上最落后的部分卷入了资本主义关系的旋涡，那末社会主义的欧洲将用自己的技术、组织和思想影响来帮助解放了的殖民地，使他们易于过渡到有计划地

① 《列宁选集》第3卷，人民出版社2012年版，第556页。

组织起来的社会主义经济”①。中国作为传统的东方大国，又深受帝国主义之害，自然备受共产国际关注。在第三国际第一次代表大会上，就有中国代表在会上发表祝词。② 1920 年，在第三国际第二次代表大会上，列宁发表了《民族与殖民地问题提纲初稿》，号召全世界各民族无产阶级团结起来，“共产国际在民族和殖民地问题上的全部政策，主要应该是使各民族和各国的无产者和劳动群众为共同进行革命斗争、打倒地主和资产阶级而彼此接近起来。这是因为只有这种接近，才能保证战胜资本主义，如果没有这一胜利，便不能消灭民族压迫和不平等的现象”③。要使全世界无产阶级团结到苏维埃俄国的周围，共同战胜资本主义，就需要有强大的组织载体来保障，这个组织载体只能是共产党。因而伴随着共产国际民族与殖民地政策而来的必然是推动世界各国无产阶级建立共产党，在中国即建立中国共产党。

苏俄把注意力转移到东方之后，1919 年 7 月，苏俄发布《俄罗斯苏维埃联邦社会主义共和国对中国人民和中国南北政府的宣言》，宣布苏维埃政府废除在中国的一切特权，废除以往跟中国政府签订的一切不平等条约，拒绝接受中国因 1900 年义和团起义所付的赔款。④ 一句话，无条件废止帝俄从中国获得的一切权益。由于北洋政府的阻挠，当年宣言并没有传到国内。1920 年，苏俄再次发布《俄罗斯苏维埃联邦社会主义共和国政府对中国政府的宣言》，重申“以前俄国政府历次同中国订立的一切条约全部无效，放弃以前夺取中国的一切领土和中国境内的俄国租界，并将沙皇政府和俄国资产阶级从中国夺得的一切，都无偿地永久归还中国”⑤。这次宣言终于传到了中国，迅速在“中国人民心理上

① 中共中央党史研究室第一研究部编：《共产国际、联共（布）与中国革命文献资料选辑》（1917—1925）第 2 卷，北京图书馆出版社 1997 年版，第 69—70 页。

② 同上书，第 76—78 页。

③ 《列宁选集》第 4 卷，人民出版社 2012 年版，第 217 页。

④ 中共中央党史研究室第一研究部编：《共产国际、联共（布）与中国革命文献资料选辑》（1917—1925）第 2 卷，北京图书馆出版社 1997 年版，第 79—81 页。

⑤ 同上书，第 92 页。

起了一个极大的震动”①。引发了社会各界的强烈反响，全国报界联合会、全国学生联合会、全国各界联合会、中华实业协会、中华劳动公会、中国工人联合会等组织纷纷致电苏俄政府表示感谢，表达欢欣鼓舞之情。②

当苏俄政府宣布把从中国夺得的一切权益无条件归还中国之时，西方国家却在巴黎和会上把德国在中国青岛和胶州湾的权益交易给了日本，东西方的强烈对比促使中国知识分子从对西方的迷梦中清醒过来，把原来学习的对象由西方转为东方，在国内掀起了学习研究马克思主义的热潮。1920年的报刊杂志中，有一半多带有“不同程度的社会主义倾向”。第一次世界大战期间，帝国主义无暇东顾，中国的民族产业迎来了发展的春天，现代产业工人也产生了，虽然不到全体人口的0.5%。1915年开始的新文化运动也推动了中国人的思想解放。如此，中国共产党成立的阶级基础、社会基础和思想基础都已经具备，但是中国共产党的正式诞生，却是由共产国际来担任“接生婆”。

1920年4月，维经斯基访华，目的是介绍俄国十月革命，寻找同志，酝酿建党。当马克思主义在中国蔚为思潮之后，维经斯基的到来立即受到中国社会各界的热烈欢迎，到处都是鲜花与掌声，各地都欢迎维经斯基前去演讲。维经斯基顺利地与李大钊、陈独秀等马克思主义者见面，迅速打开工作局面，进入建党准备工作阶段。1920年6月，维经斯基就在给某人的信中自信地说，“现在实际上我们同中国革命运动的所有领袖都建立了联系，虽然他们在汉口、广州、南京等地尚未设代表处，但我们在那里的工作，可以通过一些朋友即当地的革命者立即得到反映”③。“目前，我们主要从事的工作就是把各革命团体联

① 中共中央党史研究室第一研究部编:《共产国际、联共（布）与中国革命文献资料选辑》(1917—1925）第2卷，北京图书馆出版社1997年版，第89页。

② 同上书，第82—87页。

③ 中共中央党史研究室第一研究部编:《共产国际、联共（布）与中国革命文献资料选辑》(1917—1925）第1卷，北京图书馆出版社1997年版，第28页。

合起来组成一个中心组织。"[①] 当月即组建了临时中央，据包惠僧回忆，"当时上海的党员不多，推选的方式很简单，尤以维经斯基的意见有决定作用，一切部署都是维经斯基与陈独秀共同决定的"[②]。至 1921 年，国内已经建立了八个中国共产党早期组织，正式成立中国共产党的时机已经成熟。

1921 年 1 月，李大钊著文呼吁创建工人阶级政党。6 月，马林接替维经斯基来华，赤色职工国际也派尼克斯基为代表抵达北京。马林来华后，北京党组织负责人张国焘同马林等与上海党组织负责人李汉俊、李达等商谈发展党的工作问题，并决定在上海召集全国代表会议。[③]7 月 23 日，中国共产党第一次全国代表大会在上海法租界望志路 106 号举行。由于会场受到暗探注意和外国巡捕搜查，最后一天的会议改在浙江嘉兴南湖的游船上举行。共产国际代表马林和尼克斯基两次参加会议并发言，尤其是马林的讲话对会议具有指导作用，参加会议的李达、陈潭秋等人在回忆自身参加一大会议经历的时候，都认为大家当时年轻幼稚，缺乏组党建党经验，"当时开会，大家没有一点经验，连怎么开法都不知道"[④]。在会议中途遭到暗探窥视的时候，也是马林凭借职业革命家的警觉要求大家迅速撤离。包惠僧在回忆一大的时候也指出，"因为我们的党是受了俄国十月革命影响而诞生的，这一次的代表会议也是在第三国际的代表指导之下举行的"[⑤]。会议形成了中国共产党第一个党纲和第一个决议，选举产生了由陈独秀等三人组成的中国共产党中央局，正式宣告中国共产党诞生。

中国共产党作为刚刚诞生的以知识分子为主体的政党，希望找到一个强大的外在力量来指导自己成长壮大是顺理成章的，共产国际恰恰充当了这样一个

---

① 中共中央党史研究室第一研究部编：《共产国际、联共（布）与中国革命文献资料选辑》（1917—1925）第 1 卷，北京图书馆出版社 1997 年版，第 28 页。

② 李颖编：《从一大到十七大（1921—2007）》上册，中央文献出版社 2007 年版，第 8 页。

③ 同上书，第 11 页。

④ 同上书，第 22 页。

⑤ 同上书，第 12 页。

指路人的作用。但即使有了外在的领导力量，也不能代替中国共产党自身的成长，从参加一大会议当事人的回忆来看，参会人员都比较年轻，书生气普遍很重，会议中争论最为激烈的不是党纲党章等抽象问题，而是能否参加资产阶级政府和资产阶级政治团体等具体问题。刘仁静参会时还是19岁的青年，“他在北京大学读书，看了几本马列主义的书籍，他如在会场和人谈话时，好搬教条，好抬杠，所以大家叫他‘小马克思’，是讽刺他的。他在这次会上，也没有什么成套的意见”①。因而“代表们的思想和情绪对于学习苏联与组织无产阶级革命的政党，大体都是一致的。即令有人有右倾或‘左’的倾向，但在此时还没有形成”②。总之，处于婴儿阶段的中国共产党自身依然缺乏强大的组织力量和独立思考能力，难以就国内政治事态单独发表意见，更遑论观察国际事务的国际观了，此时的中国共产党虽然具有强大的国际背景，但国际观则尚未形成。

二、中国共产党国际观的萌芽

共产国际认为，中国共产党的诞生是其东方战略的产物，因而自然认为中国共产党要接受共产国际的领导，成为共产国际的远东支部。但是以陈独秀为代表的中国共产党人则认为，中国共产党的诞生确实离不开共产国际的指导，但中国共产党毕竟是中国人自己创办的政治组织，而且由于马林和陈独秀性格不合，因而中国共产党最初在高涨的民族主义背景之下，拒绝加入共产国际。中国共产党不加入共产国际，就不能获得共产国际的经济支援，但是党开展革命活动，如创办刊物、宣传革命思想、召开会议等都需要活动经费，因而中国共产党一成立即面临经费紧张问题。包惠僧回忆，陈独秀曾对他说：“革命是我们自己的事，有人帮助固然好，没有人帮助我们还是要干，靠别人拿钱来革命是要不得的。”③ 面对经济困难，陈独秀一方面以个人积蓄作为党的活动经费，

---

①② 李颖编：《从一大到十七大（1921—2007）》上册，中央文献出版社2007年版，第12页。

③ 同上书，第6页。

自己掏钱办党；另一方面要求党员自谋职业，不做职业革命家。即便如此，陈独秀个人积蓄毕竟有限，中国共产党在没有加入共产国际的情况下，党的活动经费一开始就捉襟见肘。

1921年9月、10月间，陈独秀被法国巡捕逮捕，罪名是《新青年》有过激言论。由于陈独秀社会影响力强大，社会各方在他被捕之后都积极奔走营救，甚至连孙中山都出面为陈独秀呼吁，但最终花重金把陈独秀保释出来的却是马林，“这一次，马林和陈独秀和中国共产党算是共了一次患难。此后，陈独秀与马林和谐地会谈了两次，一切问题都得到了适当的解决”①。陈独秀认识到在中国共产党尚未壮大之前，坚持完全的独立自主是不切实际的，于是同意接受共产国际的经济资助，同意中国共产党加入共产国际。1922年，中国共产党第二次全国代表大会正式通过《中国共产党加入第三国际决议案》,《决议案》不长，现全文摘录如下：“无产阶级是世界的，无产阶级革命也是世界的，况且远东产业幼稚的国家，更是要和世界无产阶级联合起来，才足以增加革命的效力。现在代表世界的无产阶级为世界无产阶级革命大本营的，只有俄罗斯无产阶级革命后新兴的第三国际共产党。第三国际共产党，是和一方面利用无产阶级一方面供资本帝国主义利用的第二国际，正立在对抗的地位。中国共产党既然是代表中国无产阶级的政党，所以第二次全国大会议决正式加入第三国际，完全承认第三国际所决议的加入条件21条，中国共产党成为国际共产党之中国支部。”②

在《决议案》中，中国共产党首次跳出民族主义范畴，承认无产阶级是世界的，无产阶级革命也是世界的，共产国际作为世界无产阶级革命的领导者，自然也是中国共产党的领导者，这就从共产国际的视角，推动中国共产党放眼

① 中共中央党史研究室第一研究部编：《共产国际、联共（布）与中国革命文献资料选辑》(1917—1925）第2卷，北京图书馆出版社1997年版，第265页。

② 同上书，第315页。

国际，为形成自己的国际观奠定了基础。其次，中国共产党加入共产国际之后，共产国际就把中国共产党和中国革命自觉放到无产阶级世界革命的范畴之中来认识，推动中国革命成为世界革命的一部分，中国共产党由此也被卷入世界革命的洪流。

为了与第二国际严格区分开来，并与之开展坚决斗争，推动第三国际在全世界的发展，共产国际制定了严格的加入共产国际的条件。由列宁草拟的《加入共产国际的条件》共计21条，其中第8条指出，“凡是愿意加入第三国际的党，都必须无情地揭露‘本国的’帝国主义者在殖民地所干的勾当，不是在口头上而是在行动上支持殖民地的一切解放运动，要求把本国的帝国主义者赶出这些殖民地，教育本国工人真心实意地以兄弟般的态度来对待殖民地和被压迫民族的劳动人民，不断地鼓动本国军队反对对殖民地人民的任何压迫”①。这一条虽然是针对压迫民族的共产党说的，但也表明了共产国际反对帝国主义的基本立场，为中国共产党形成反对帝国主义的国际观奠定了基础。此外，第17条也明确指出，“共产国际代表大会及其执行委员会的一切决议，所有加入共产国际的政党都必须执行。共产国际是在非常激烈的国内战争的情况下进行活动的，因此，它应当比第二国际组织得更加集中”②。这也就意味着共产国际可以动用政治纪律来要求中国共产党遵循共产国际意志。

总之，中国共产党是在共产国际指导下诞生的革命政党，这给了中国共产党深厚的理论基础和强大的国际背景，使中国共产党一诞生就是一个高起点、高质量的革命政党，这也是中国共产党与国民党相比自身先进性之所在。但是在中国共产党召开第一次全国代表大会的时候，并未形成明确的国际观。中共二大确定加入共产国际之后，在共产国际指导之下，中国共产党逐渐形成了自

① 中共中央党史研究室第一研究部编:《共产国际、联共（布）与中国革命文献资料选辑》(1917—1925）第2卷，北京图书馆出版社1997年版，第317页。

② 同上书，第318页。

身的国际观。从此之后，中国共产党在观察国际形势、处理国际事务方面都受到共产国际的强大的影响，此后直到1943年共产国际解散时为止，共产国际都对中国共产党的国际观产生强大的影响。

三、反对帝国主义和殖民主义

建党初期，中国共产党在共产国际领导之下，形成了自身的国际观，即反帝反殖的国际观，并在这一国际观的指引下联合国民党，建立国民革命统一战线，打倒列强，除军阀，在国内开展了轰轰烈烈的国民大革命。

1920年，列宁在《民族与殖民地问题提纲初稿》中，要求民族与殖民地地区的共产党必须帮助这些国家的资产阶级开展资产阶级民主解放运动，打倒本国的帝国主义和封建主义，掀起反帝反封建的浪潮，这样的革命被称为资产阶级民主革命，又称为国民革命。根据列宁民族与殖民地理论，中国共产党形成了自身反帝反封建的国际观。李达回忆了中国共产党确立反帝反封建国际观的基本历程："1922年3月，第三国际拍来一份英文电报，主张中国应干国民革命（National Revolution），当时我们不懂国民革命是什么。同年夏季，张国焘和十多位青年团员从莫斯科回到了上海，带来了国际指示，也带回许多文件。国际的指示主张中国应当实行国民革命，反对帝国主义与封建军阀，建立民主国家。于是党就在7月间召开了第二次全国代表大会。"① 出席大会的代表共有12人，代表全国195名党员。

会议的一项重要内容就是通过反帝反封建的民主革命纲领，大会通过的《中国共产党第二次全国代表大会宣言》指出，中国自鸦片战争以来一直处于国际帝国主义宰割之下，"帝国主义列强侵略中国开始于1839年英国舰队的攻击。这次攻击实是资本主义最著名的卑污强盗行为，因为他的起因是由于英国政府

---

① 李颖编：《从一大到十七大（1921—2007）》上册，中央文献出版社2007年版，第27页。

和商人要强迫把鸦片毒害中国民众”①。“帝国主义列强在这80年侵略中国时期之内，中国已是事实上变成他们共同的殖民地了，中国人民是倒悬于他们欲壑无底的巨吻中间。”② 对鸦片战争以来帝国主义侵略中国的历史进行详细分析之后，《宣言》明确得出结论，“各种事实证明，加给中国人民（无论是资产阶级、工人或农人）最大的痛苦的是资本帝国主义和军阀官僚的封建势力，因此反对那两种势力的民主主义的革命运动是极有意义的：即因民主主义革命成功，便可得到独立和比较的自由。因此我们无产阶级审察今日中国的政治经济状况，我们无产阶级和贫苦的农民都应该援助民主主义革命运动，而且我们无产阶级相信在现今的奋斗进行中间，只有无产阶级的革命势力和民主主义的革命势力共同动作，才能使真正民主主义革命迅速成功。”③

在上述分析基础上，中国共产党提出了自身的最高纲领和最低纲领，最高纲领即实现共产主义，最低纲领即为民主革命纲领，民主革命纲领共有七条，其中前两条明确表示了反帝反封建的政治态度，这两条是：“（一）消除内乱，打倒军阀，建设国内和平；（二）推翻国际帝国主义的压迫，达到中华民族完全独立。”④ 从而把反帝反封建列为当前革命目标的最低纲领。“这样，党的二大就在全中国人民面前破天荒第一次提出了明确的反帝反封建的民主革命纲领。早在19世纪就已经开始进行的中国民主革命，长时间里没有明确地弄清革命的对象和动力，没有正面提出过反对帝国主义和封建势力的主张；中国共产党成立刚一年，就把这个问题基本解决了。这说明，只有用马克思主义武装起来的中国共产党才能为中国革命指明方向。”⑤

在落实反帝反封建目标的过程中，中国共产党决定与国民党联合开展资产

①② 李颖编：《从一大到十七大（1921—2007）》上册，中央文献出版社2007年版，第77页。

③ 同上书，第85—86页。

④ 同上书，第86页。

⑤ 胡绳主编：《中国共产党的七十年》，中共党史出版社1991年版，第41页。

阶级民主革命，并把这一国际观概括为“打倒帝国主义”和“打倒军阀”两个口号，因为军阀背后站着帝国主义，各路军阀都离不开国际帝国主义的支持。“这两个国内和国际性质的口号，概括了中国社会结构中一切活跃的东西和当前的严重问题。对广大群众来说，这两大口号好比中世纪所发现的新大陆一样，甚至被称为‘中国社会结构最上层’的知识分子对这两个口号也不知道，因此在取得人们相信以前，党必须进行广泛的宣传，为使这些口号得到承认而努力。”①在宣传这两个口号的过程中，“打倒军阀”人们还比较容易接受，因为国内军阀横行，老百姓无时无刻不感受到军阀割据给他们生活带来的害处，“第二个口号，‘打倒帝国主义’，却不那么容易了解，更不容易接受，就在革命的圈子里也都遭到猛烈反对”②。

胡适在《努力》周刊上就曾发表《国际的中国》一文，嘲笑中国共产党提出的封建军阀背后站着帝国主义这个科学论断“很像乡下人谈海外奇闻”，③认为“中国人从来没有受过帝国主义的压迫。帝国主义反而对中国做了很多好事。它对中国人很好。所谓压迫问题根本不存在。胡适的意见不仅代表中国上层知识分子，而且和中国社会上好些人的意见相符合”④。他们认为欧美帝国主义有恩于中国，唯一的例外就是日本人，广大群众仇恨日本人，准备驱赶日本帝国主义出中国，但他们并不把反日运动与驱逐帝国主义出中国等量齐观。⑤这一方面说明了中国共产党反对帝国主义具有引领时代的先进性，另一方面也说明中国共产党要落实这一国际观，还需要进行艰苦的宣传活动。面对来自知识分子的嘲讽和广大人民群众的不理解，中国共产党并没有气馁，而是用两年时间对这个口号进行了广泛的宣传。“两年后这两个口号却传遍全中国，成为广大群众中最流行的口号。这时几乎没有人不熟悉和不了解它的意义。除了可恨的反动派，除了帝国主义的工具和头脑幼稚、梦想复古的国粹主义者以外，中国人

①②④⑤　李颖编：《从一大到十七大（1921—2007）》上册，中央文献出版社2007年版，第71页。

③　胡绳主编：《中国共产党的七十年》，中共党史出版社1991年版，第41页。

民没有不对帝国主义者和中国军阀充满着仇恨的。”①

中国共产党不但广泛宣传这两个口号，还一直作为中国共产党的政治宗旨之一。中国共产党在建党初期多次党的代表大会上都反复重申反帝反封建这一国际观。《中国共产党第三次全国代表大会宣言》指出：“中国人民受外国及军阀两层暴力的压迫，国家生命和人民自由都危险到了极点，不但工人、农民、学生感觉着，即和平稳健的商人也渐渐感觉着了。”②帝国主义在中国的侵略行径“也可以证明本党一年以来号召的：‘打倒军阀’‘打倒国际帝国主义’之国民革命运动，不是一条错误的道路”③。《中国共产党第四次代表大会宣言》对国内军阀与帝国主义列强之间的关系进行具体分析，指出各派军阀的背后，都站着列强的阴谋，美国的军舰早已停泊在南京，日本帝国主义者又要充当中国人民的“保护者”，“我们惟有在民众的组织中，在召集国民会议的要求中，在反对帝国主义和军阀的奋斗中，才能找得一条出路，才能避免现在资本帝国主义世界的危险”④。《中国共产党第五次代表大会宣言》把阶级斗争与反对帝国主义结合起来，指出“阶级的分化和帝国主义的干涉，是现时革命阶段里的显著的特性。如果不明了阶级分化的意义和教训，那就决不容易战胜帝国主义的干涉政策。阶级的斗争更加紧了。反帝国主义的斗争更不能和阶级斗争分开了”⑤。

总之，中国共产党在共产国际领导之下，建党初期就高高地举起反帝反封建的大旗，明确形成了反对帝国主义的国际观，并在这一国际观的指导下审视中国革命，得出中国革命是资产阶级民主革命这一政治判断，据此与国民党建立统一战线，联合国民党共同开展国民革命，推动北伐战争，在中国掀起了反帝反封建的怒潮，既推动了国民革命的发展，又推动了中国共产党的发展，实

① 李颖编：《从一大到十七大（1921—2007）》上册，中央文献出版社 2007 年版，第 72 页。

②③ 同上书，第 173 页。

④ 同上书，第 204 页。

⑤ 同上书，第 255 页。

现了中国共产党由知识分子政党向以工人和农民为主体的政党的转型。总之，中国共产党建党初期反帝反殖的国际观推动了中国的社会革命，促进了中国共产党的政党转型。

第二节　共产国际领导下的国际观

大革命失败之后，中国共产党继续坚持反对帝国主义的国际观，主要反对英国、美国和日本等帝国主义国家。1928 年济南事变，尤其是 1931 年九一八事变之后，随着日本对中国的持续侵略，中国共产党反对帝国主义逐渐聚焦到反对日本帝国主义之上，形成反对日本侵略中国的国际观。与此同时，日本对中国的持续侵略也对苏联东部地区的安全产生巨大威胁，为了避免在将来的第二次世界大战中陷入东西两线同时作战的不利局面，苏联号召全世界共产党反对日本帝国主义，保卫苏联，从而推动中国共产党形成了服务世界社会主义革命的国际观。

一、反对日本侵略中国

1928 年，中国共产党第六次全国代表大会在莫斯科召开，会议总结了大革命的经验教训，集中探讨了中国革命的性质、任务、前途、动力与阶级关系等理论问题，指出中国革命分为两个阶段，第一个阶段是资产阶级民主革命，第二个阶段才是社会主义革命。在第一个阶段，中国革命的中心任务是“驱逐帝国主义，达到中国底真正统一”①。因而中国共产党在大革命失败之后继续坚持反对帝国主义的国际观。在对国际形势进行具体分析的过程中，中国共产党在

① 中央统战部编：《中国共产党统一战线文献选编》第 1 卷（1921—1930），第 433 页。

共产国际领导之下，根据共产国际对世界革命的分析，把20世纪20年代的世界革命划分为三个阶段，《中国共产党第六次全国代表大会政治决议案》指出，最近十年之间，世界革命可以分为三个主要阶段。欧战——帝国主义大战之结果，发生了十月革命，俄国无产阶级专政的胜利，世界革命之第一阶段，就从此开始。那时西欧各国也有激烈的革命危机（德国、意大利、奥国、匈牙利等）。①

但是由于无产阶级力量的薄弱和第二国际社会民主党的破坏，最终只有苏联革命取得了胜利，其他国家的革命都遭到了失败。世界革命形势的第二阶段之中，便是资本主义局部的暂时的稳定：世界金融贸易、生产额已经恢复或超过了战前的水平线，资产阶级广大地进攻无产阶级……虽然如此，一方面固然世界资本主义有稳定的过程，使生产力恢复而增高，甚至超过欧战以前的程度，然而别方面，国际帝国主义整个系统之中巨大的主要的矛盾也日益剧烈起来。资本主义的世界和建设社会主义的苏联之间，关系日益险恶；资本主义国家的工人阶级与资产阶级之间的矛盾，日益增长起来；帝国主义列强与殖民地半殖民地劳动群众之间的矛盾，也在日益深入，以至于引起许多因为资本主义发展是不平衡的，所以帝国主义列强自己之间的矛盾，也是日益剧烈，以至于有第二次世界帝国主义大战的危险。所有这些剧烈的矛盾，便使世界革命的第三阶段开始。世界革命第三期的特点是：工人阶级底向左化和革命化，东方殖民地几千百万的群众起来参加进攻帝国主义的斗争，苏联更加成为摇动资本主义稳定的强大的动力，更加成为各国工人运动及世界被压迫民族底革命中心。②这就形成世界革命进入第三时期的理论。

世界革命进入第三时期之后，苏联在世界革命中处于领导地位，工人阶级在共产党的领导下掀起更为广泛的反帝斗争。与此同时，世界各帝国主义国家

① 中央统战部编：《中国共产党统一战线文献选编》第1卷（1921—1930），第431页。

② 同上书，第431—432页。

之间的矛盾更为深入，斗争更为激烈，正在酝酿新的帝国主义世界大战，“资本主义相对稳定的终结已经开始，但在最重要的与有决定意义的资本主义国家中还没有直接革命的形势。目前正处在走向阶级与阶级间国家与国家间的伟大冲突的新阶段——即走向革命与战争的新阶段的过渡期中”。① 这就是中国共产党第六次全国代表大会之后所确立的国际观。这一国际观为李立三后来在国内制定与实施“一省与数省首先胜利”的“左”倾冒进计划奠定了理论基础。1929年，李立三在为中共中央起草的《目前政治形势的分析与我们的中心任务》中，对各国帝国主义在中国的利益矛盾和冲突进行了具体分析。他说：“各帝国主义中，压榨中国最厉害，中国问题对他的利益有莫大关系的，主要的就是英日美三个帝国主义，其他法意葡西等都比较次要些。但是各国帝国主义在中国的利益都含有极大的矛盾，尤其是英日美三国。日美的冲突，更是这些帝国主义相互冲突的中心。”② “日本帝国主义当然要比美帝国主义幼稚得多，他现在还是要极力输出商品，并且主要还是轻工业品，来使他的资本主义向上发展。”③ “英帝国主义在中国的利益，自然没有日本这样关系重大。”④ “日美在中国的利益，和对中国的政策，固然是绝对的矛盾，就是英美在中国的利益和对中国的政策，也是根本不相容的，所以日美和英美都是有不可调和的冲突。不过英帝国主义在中国没有如日本这样重大利害的关系，不愿意如日本这样执行积极的政策，而不可避免的激动中国第二次的革命高潮，更加影响他在东方殖民地的统治。”⑤

通过上述分析，中国共产党在反帝斗争中主要反对英日美三个帝国主义国家。但自1928年济南事变开始，随着日本成为三大帝国主义国家中侵略中国的

① 中央统战部编：《中国共产党统一战线文献选编》第1卷（1931—1937），第97页。

② 同上书，第473页。

③④ 同上书，第474页。

⑤ 同上书，第475页。

急先锋，中国共产党的反帝矛头也主要转向日本帝国主义。1928 年，日本为了阻挠国民革命军北伐，借口保护侨民，派兵进攻济南，在济南城内肆意焚掠屠杀，制造了骇人听闻的“济南惨案”。惨案爆发之后，中共中央迅速发布《中央通告第三号》，指出济南事变激起了反帝革命运动的复兴，“残暴的日本帝国主义政策，当然使中国群众无可忍受。因此，消沉很久的反帝运动，又开始复兴起来”①。《通告》号召广泛开展反帝宣传，而且要把反帝宣传与发动群众结合起来，“反帝运动要成为广大的潮流，必须是要有广大群众的组织力量，如果群众的革命意识尚未坚决，决不能造成一个革命高潮，所以我们只能说反帝运动可以帮助阶级斗争的发展，同时必须有阶级斗争广大的发动，才能促进反帝运动的高涨”②。济南惨案之后，中国共产党逐步掌握了反对帝国主义的领导权。

1931 年九一八事变爆发之后，中共中央于 9 月 20 日就发表《中国共产党为日本帝国主义强暴占领东三省事件宣言》，指出“全中国工农兵劳苦民众必须在反对第二次世界大战，推翻帝国主义统治，争取中国民族解放的利益之下实行坚决的斗争，一致反对日本强暴占领东三省，实行变帝国主义压迫中国的战争为拥护苏维埃中国反帝国主义反国民党的革命战争，以解放中国”③。明确提出“反对日本帝国主义强占东三省！立刻撤退占领东三省的海陆空军！自动取消一切不平等条约！打倒一切帝国主义！”等宣传口号。④9 月 22 日，中国共产党发布《中央关于日本帝国主义强占满洲事变的决议》，指出党在这次事变中的中心任务是：“加紧的组织领导发展群众的反帝国主义运动，大胆地警醒民众的民族自觉，而引导他们到坚决无情的革命斗争上来。”⑤9 月 30 日，中共中央发布《中国共产党为日本帝国主义强占东三省的第二次宣言》，号召“罢工、罢

① 中央统战部编:《中国共产党统一战线文献选编》第 1 卷（1931—1937），第 455 页。

② 同上书，第 460 页。

③ 中央统战部编:《中国共产党统一战线文献选编》第 1 卷（1921—1930），第 36 页。

④ 同上书，第 37 页。

⑤ 同上书，第 41 页。

课、罢操、罢市，反对日本帝国主义！参加一切示威游行与群众大会！武装工农学生群众！”①

1932年一·二八事变爆发之后，中国共产党下发《中央为上海事变给各地党部的信》，要求各地党部号召与组织反日群众大会，公开成立民众反日会与民众反日联合会，公开领导目前开展着的反日斗争；除了利用公开路线动员广大群众，组织宣传队进行反日宣传之外，还要组织抗日义勇军，争取反日士兵，在已有军事力量的地方可以创立革命军事委员会；广泛开展抵制日货运动，掌握抵制日货运动的领导权等。②1932年4月，中华苏维埃共和国临时中央政府主席毛泽东签发《中华苏维埃共和国临时中央政府对日战争宣言》,《宣言》指出，“中华苏维埃共和国临时中央政府特正式宣布对日战争，领导全中国工农红军和广大被压迫民众，以民族革命战争，驱逐日本帝国主义出中国，以求中国民族彻底的解放和独立”③。在日本出兵山海关、侵占华北之际，1933年1月，中国共产党发布《中央关于日本帝国主义进攻华北的决议》，要求在群众尤其是工人群众中进行广泛的抗日宣传鼓动，动员工人及劳苦群众组织反日义勇军或参加东北与热河的义勇军，同时大力加强红军苏维埃运动。④1934年4月，中国共产党发布《中央关于在目前华北紧急形势下各级党的任务的紧急通知》，指出在华北危机之下，中国民族危机已经到了新的最严重的阶段——帝国主义直接瓜分的阶段，要求加强工人反帝斗争，抓紧在白军士兵中开展工作，在广大灾民、难民、农民与失业工人中间加紧工作。⑤7月，毛泽东、朱德等发布《中华苏维埃共和国中央政府　中国工农红军革命军事委员会为中国工农红军北上抗日宣言》，提出立刻宣布对日绝交，宣布《塘沽协定》与一切中日秘密条约无

① 中央统战部编:《中国共产党统一战线文献选编》第1卷（1921—1930），第45页。

② 同上书，第48—51页。

③ 同上书，第54页。

④ 同上书，第59—61页。

⑤ 同上书，第122—124页。

效，动员中国海陆空军全面对日作战，没收日本帝国主义者及卖国贼汉奸的一切企业与财产等具体政治主张。总之，在整个土地革命战争时期，反对日本侵略中国都是中国共产党国际观的重要内容之一。

二、服务世界社会主义革命

第三国际成立的背景就是苏联要领导全球范围的社会主义世界革命，因而列宁在《加入共产国际的条件》第 15 条中指出："凡是愿意加入共产国际的党，都必须全力支持每一个苏维埃共和国同反革命势力进行的斗争。各国共产党应该坚持不懈地进行宣传，使工人拒绝把军事装备运送给苏维埃共和国的敌人；应该在派去扼杀工人共和国的军队中进行合法的或者不合法的宣传工作；等等。"① 这就提出了其他国家的共产党包括中国共产党保卫苏联的政治任务，而且根据《加入共产国际的条件》第 17 条的规定，"共产国际代表大会及其执行委员会的一切决定，所有加入共产国际的党都必须执行"②。这就从政治任务上升为政治纪律，要求各国共产党之间互相帮助。这是中国共产党服务世界社会主义革命的国际观形成的背景。

整个土地革命战争时期，苏联在远东地区主要有两个敌人：日本和英国。英国是当时世界头号强国，整个中国长江流域都在英国势力范围之内，日本则是后起帝国主义强国，曾经在 1905 年日俄战争中打败过沙皇时代的俄国。苏联在远东地区对这两个国家都保持高度敏感。在对日关系上，从 20 世纪 20 年代到第二次世界大战结束时为止，苏联对日本的政治和军事动向都保持高度警惕，同时对日本的军事实力和侵略野心都有所忌惮。在这样的地缘政治背景之下，苏联一方面采取在日本与英国之间"打楔子"的外交策略，离间日本与英国，另一方面密切关注日本侵略中国及其对苏联边境的威胁。因此苏联既督促

①② 《列宁选集》第 4 卷，人民出版社 2012 年版，第 254 页。

国共两党联合起来反抗日本侵略，要求国共两党建立抗日民族统一战线，又要求远东地区各国共产党在共产国际领导之下，开展保卫苏联运动。中国共产党在贯彻共产国际要求的过程中，形成了服务世界社会主义革命的国际观。

1929年6月，中国共产党在《六届二中全会政治决议案》中首次把反帝斗争与保卫苏联结合起来，指出："加强反帝国主义的斗争，联系到反对世界大战与拥护苏联。帝国主义的侵略加强与国民党出卖民族独立的利益，已使广大群众极端愤慨，所以党应坚决的发动并领导一切反帝国主义的斗争，使广大群众都团结在党的周围。同时党应更进一步的指出帝国主义瓜分中国和抢夺其他殖民地的世界大战的危机的紧迫，指出苏联是世界反帝国主义革命的惟一的领导和帝国主义进攻苏联的企图，并且号召广大群众作坚决反抗的斗争。"①《决议案》把反对帝国主义与保卫苏联列为党的总路线与基本任务。8月，《中央通告第四十三号》在行动口号中明确提出，"反对对苏俄挑战，民众自动恢复中俄邦交"②。11月，《中央通告第五十六号》明确提出武装保卫苏联的口号，并且把反对进攻苏联与反军阀战争列为中国共产党的两大任务。③1930年1月，中国共产党在《中共中央接受国际一九二九年十月二十六日指示信的决议》中指出，党必须以反军阀战争与武装保卫苏联为发展独立的群众革命运动的主要任务。④2月，《中央通告第七十号》把"反帝国主义""武装保卫苏联""反对军阀战争""实行土地革命""反抗资本进攻"等口号列为党在目前最为迫切的中心任务。⑤5月，《中央通告第七十八号》指出，"目前反对世界大战，反对进攻苏联，必须成为反帝国主义运动主要目标，在这一运动中，特别要与保护苏联，联合全世界无产阶级，援助殖民地（如印度、朝鲜、安南）革命运动，打成一片，

---

① 中央统战部编：《中国共产党统一战线文献选编》第1卷（1921—1930），第488页。

② 同上书，第516页。

③ 同上书，第518页。

④ 同上书，第531页。

⑤ 同上书，第537页。

造成国际的运动”①。

1931 年 1 月，中国共产党在《中央关于动员群众扩大反帝运动的决议》中要求建立国际性的反帝同盟，同时“反帝运动的一切宣传鼓动必须与武装拥护苏联，反对世界帝国主义大战，拥护中国工农红军和苏维埃政权紧密地适合地联系起来，必须使中国广大劳苦群众彻底认识只有无产阶级专政的苏联是世界革命运动的惟一领袖，只有工农红军和苏维埃政权是彻底把中国劳苦群众从帝国主义的铁蹄下解放出来的唯一武器，只有根本消灭帝国主义制度，人类才能得永久的和平幸福”②。九一八事变爆发后，中国共产党在《中央关于日本帝国主义强占满洲事变的决议》中指出，要“广大的进行武装保卫苏联的宣传鼓动工作，在苏区与非苏区之内组织‘苏联之友’协会。积极地进行拥护红军苏维埃的工作。动员工人到红军中去，募捐援助红军，很广泛地把苏维埃政府的宣传以及全国苏维埃大会的各种法令草案散布到群众中去”③。要求把武装保卫苏联和苏区建设结合起来。总之，在土地革命战争时期，一方面是苏联工业化、集体化的迅速发展，另一方面是西方对苏联的愤恨与嫉视，中国共产党根据共产国际的要求，高举保卫苏联的旗帜，成为中国共产党国际观的一项重要内容。

三、内在张力及其消解

整个土地革命战争时期，中国共产党国际策略的主要内容是反帝拥苏，反帝主要包括反对美国、英国和日本三个帝国主义国家，九一八事变之后主要是反日；拥苏则是根据共产国际的要求武装保卫苏联。从共产国际和中国共产党的政治逻辑来看，反帝与拥苏之间具有内在逻辑联系，因为苏联与西方帝国主义国家之间存在激烈的竞争关系，关于这种竞争关系，1934 年中共六届五中全

① 中央统战部编:《中国共产党统一战线文献选编》第 1 卷（1921—1930），第 550 页。

② 中央统战部编:《中国共产党统一战线文献选编》第 2 卷（1931—1937），第 29 页。

③ 同上书，第 42 页。

会通过的《中共中央五中全会政治决议案》讲得比较透彻："苏联的国际意义及其对于世界劳苦群众的革命影响，日益增高。因而引起了帝国主义列强之愤恨与嫉视。他们正在进行各种的阴谋挑衅与军事准备来进行反对苏联的战争，特别是日本帝国主义，它正在疯狂般的准备反苏联的军事冒险。"① 因而反帝必然拥苏，拥苏必然反帝，不可能既反帝又反苏，也不可能既拥帝也拥苏。

但是从民族主义视角出发，苏联的前身沙皇俄国在近代是侵占中国领土最多的国家，在民族主义者眼中，沙皇俄国是彻头彻尾的帝国主义国家，对沙皇俄国帝国主义属性的认识根深蒂固。虽然苏联放弃了沙皇俄国在中国的一切权益，但是民族主义者对苏联的认识还是受传统沙皇俄国认识的影响，从而对苏联持有戒心。在他们看来，英美日等国固然是西方帝国主义国家的代表，苏联也属于东方帝国主义行列，英美日与苏联之间的差别，只是"西帝"与"东帝"之别。因而反对帝国主义与拥护苏联两者之间存在内在矛盾，既然反对帝国主义，就要反对苏联，如果拥护苏联，就属于不彻底的反对帝国主义。

民族主义者认为，中国共产党反帝拥苏，表明中国共产党不是西方帝国主义国家支持的政党，而是苏联在中国扩大政治影响力的代言人。提倡民族主义就会反对帝国主义，反对拥苏，拥护苏联在民族主义者看来同样缺乏合法性。大量老百姓拥护中国共产党反帝，但对拥苏则持有成见，这就影响到了中国共产党拥苏的实际成效，使得拥苏主要停留在口号层面，难以落到实处。1933 年，中国共产党在《中央致各级党部及全体同志的信》中分析了这一问题。"我们党不应该抹杀这一事实，就是我们党的政治口号，还没有为大多数群众所了解与积极拥护。有的还在国民党各种民族武断宣传的影响之下依然幻想他的'新的生命'，有的还是为黄色工贼们所欺骗着，有的是在国家主义派及其他一切反动派别蒙蔽和麻醉之下。这只有在我们的党坚决实行广大统一战线的基础之上开

① 中央统战部编：《中国共产党统一战线文献选编》第 2 卷（1931—1937），第 97 页。

展反对国民党及一切反动派别的斗争，才能把这些群众从这些反动的领导和他们的政治影响之下解放出来。”① 上述分析发现了问题，就是党的政治口号没有为广大群众所了解和拥护，尤其是武装保卫苏联等口号难以落到实处，由于没有把反帝与民族主义有机结合起来，而是把反帝与拥苏结合起来，没有找到解决问题的办法。

从这个角度来看，在土地革命战争时期，中国共产党还没有把民族主义与中国共产党的政治主张有机结合起来，或者说没有把马克思主义与中国实际结合起来，实现马克思主义中国化，反而把民族主义的旗帜拱手让给了国民党，让国民党在民族主义的旗帜下占据了民族心理的制高点，使得大量普通百姓民族心理上站在国民党一边，即便中国共产党在此期间多次指出国民党的民族主义具有虚伪性和欺骗性，也是响应者寥寥。综上所述，在反帝与拥苏之间存在张力，在反帝与民族主义之间同样存在张力，中国共产党主张反帝，却没有把民族主义的旗帜掌握在自己的手中，这是中国共产党土地革命战争时期国际观存在的内在问题之一。

政党国际观虽然关注的是国际，但不能脱离国内来单独观照国际，政党国内政治行为支持政党形成国际观。中国共产党国内政治行为中与国际观联系最为密切的就是对国民党的态度。由于 1927 年国民党反动派清党之后对共产党进行疯狂屠杀，中国共产党在抗日民族统一战线建立之前都坚持反对国民党的政治态度，与国际上的反帝拥苏力量相联系，就形成了土地革命战争时期中国共产党政治行为的三个重点：反对国民党、反对日本帝国主义和拥护苏联，前面分析了反帝与拥苏之间的矛盾，接下来分析反国民党与反帝之间的矛盾。从阶级情感上看，中国共产党与国民党反动派有血海深仇，存在强大的阶级矛盾，因而毫无疑问应该反国民党。但是从政治力量的内在逻

① 中央统战部编：《中国共产党统一战线文献选编》第 2 卷（1931—1937），第 75 页。

辑上看，中国共产党反对帝国主义尤其是日本帝国主义，毫无疑问是以小博大，以弱击强，日本的军事力量比国民党都要强大，共产党更是没法相比，因而中国共产党要实现反对帝国主义尤其是反对日本帝国主义的政治目标，单靠自身的力量肯定是不够的，需要团结共产党之外的政治力量来共同反对日本，从而需要建立抗日民族统一战线。在当时中国现有的政治力量中，国民党毫无疑问是最为强大的政治力量，因而从反帝这一目标出发，中国共产党毫无疑问要团结国民党共同反对日本帝国主义，并在此基础上打倒其他帝国主义。

这样，从政治力量的视角出发，共产党需要团结国民党共同反帝，从阶级矛盾出发，共产党又要坚决反对国民党，在两者的选择上，政治理性告诉中国共产党要与国民党合作抗日，而阶级矛盾则阻止中国共产党与国民党合作抗日，两者存在内在冲突。对于中国共产党，如果既反日本帝国主义又反国民党，两面树敌，更是以卵击石，必败无疑。

但是在中国共产党决定与国民党建立抗日民族统一战线之前，中国共产党是既反帝又反国民党，这体现在中国共产党的一系列宣言和公告之中。1930年2月，中国共产党在《中央通告第七十号》中指出，“反帝斗争必须在各种具体问题上发动群众起来，形成广大的反帝反国民党的高潮”①。5月，在《中央通告第七十八号》中，中国共产党再次强调，“反帝国主义与反军阀战争，反国民党各派——特别是改组派，不能分离，抓住一切事实，揭露国民党各派军阀勾结帝国主义，出卖中国，然后才能揭破国民党各派利用民族的口号，欺骗群众的面具”②。1931年九一八事变爆发之后，在《中国共产党为日本帝国主义强暴占领东三省事件宣言》中，中国共产党既提出了“反对日本帝国主义强占东三

① 中央统战部编:《中国共产党统一战线文献选编》第1卷（1921—1930），第540页。

② 同上书，第550页。

省！”的口号，又提出了“打倒各派国民党，打倒一切军阀！”“变帝国主义国民党反对中国革命的战争为反帝国主义反国民党的革命战争！”等口号。① 综上所述，反帝与反国民党之间存在张力，中国共产党既反帝又反国民党，既存在力量不够问题，又没有掌握民族心理和社会道义制高点。这是土地革命战争时期中国共产党国际观存在的内在问题之二。

1935 年 8 月 1 日，《中共中央为抗日救国告全体同胞书》发布，指出：“无论各党派间在过去和现在有任何政见和利害的不同，无论各界同胞间有任何意见上或利益上的差异，无论各军队间过去和现在有何敌对行动，大家都应当有‘兄弟睨于墙外御其侮’的真诚觉悟，首先大家都应当停止内战，以便集中一切国力（人力、物力、财力、武力等）去为抗日救国的神圣事业而奋斗。苏维埃政府和共产党特再一次郑重宣言，只要国民党军队停止进攻红军的行动，只要任何部队实行对日抗战，不管过去和现在他们与红军之间有任何旧仇宿怨，不管他们与红军之间在对内问题上有何分歧，红军不仅立刻对之停止敌对行为，而且愿意与之亲密携手共同救国。”② 中国共产党此时开始转变政策，不再既反帝又反国民党。1935 年 12 月，毛泽东在瓦窑堡会议上作《论反对日本帝国主义的策略》报告时，已经明确地指出要以民族矛盾代替阶级矛盾，从民族危亡出发联合国民党共同抗日，实际上是以政治力量代替阶级感情来处理国内与国际之间的关系，毛泽东说：“一个要招收广大的人马，好把敌人包围而消灭之，一个则依靠单兵独马，去同强大的敌人打硬仗。”③ 表明中国共产党此时已经明白要以民族矛盾代替阶级矛盾，以政治力量代替阶级情感。

抗日民族统一战线建立之后，反对日本帝国主义与反国民党之间的内在矛

---

① 中央统战部编：《中国共产党统一战线文献选编》第 2 卷（1931—1937），第 37—38 页。

② 同上书，第 144 页。

③ 《毛泽东选集》第 1 卷，人民出版社 1991 年版，第 154 页。

盾得以解决，中国共产党联合国民党共同对抗日本帝国主义，就能够借助国民党的力量长期抗日，最终通过持久战而取得抗战胜利，达到反对日本帝国主义的政治目标。其次，反帝与拥苏之间的矛盾、反帝与民族主义之间的矛盾也得以解决，中国共产党不再把民族主义的旗帜拱手送给国民党，而是高高地举在自己的手上，并通过平型关战役等战斗的胜利，使中国共产党成为中华民族抗击日本侵略的代言人。自 1938 年六届六中全会之后，中国共产党高度重视马克思主义中国化，注重把马克思主义的基本原理与中国实际相结合，而不再单纯地提出武装保卫苏联等脱离中国实际的口号。

总之，中国共产党通过建立抗日民族统一战线，解决了自身国际观的内在矛盾和国际与国内行动之间的内在张力，而且通过抗日民族统一战线，使中国共产党由中国政治生活的边缘逐渐走向中心，成为在全国具有举足轻重地位的重要力量。抗日民族统一战线建立之后，中国共产党走出了反帝拥苏国际观的内在困境，中国共产党的国际观发展进入了新阶段。

第三节　国际统一战线思想

抗日民族统一战线建立之后，中国共产党与国民党联合抗击日本侵略，继续坚持反对日本侵略中国的国际观。第二次世界大战爆发之后，中国共产党随着国际形势的变化开始与英美等国家建立国际统一战线，推动建立国际反法西斯统一战线，从而形成与英美尤其是与美国友好合作的国际观。在对苏关系上，共产国际第七次世界代表大会之后，确立了不干涉各国共产党内部事务的政治方针，中国共产党继续加强与共产国际的联系，继续以往与苏联密切合作的国际观。

一、建立国际反法西斯统一战线

1935年，共产国际召开第七次代表大会，主要内容是建立世界反法西斯统一战线。在欧洲，共产国际反思了以往对社会民主党采取的政策，认为过去笼统地把社会民主主义称之为社会法西斯主义、把社会民主党视为资产阶级的主要社会支柱、把社会民主党和改良主义工会的全体领导干部视为工人阶级自觉的叛徒等观点都是错误的，认为社会民主党派的一切左翼集团在任何条件下都是主要危险的观点也是错误的，从而提出共产国际在欧洲与社会民主党建立反法西斯统一战线的政治目标。① “在殖民地与半殖民地国家，共产党人最重要的任务是建立人民反帝阵线。为此，必须吸引广大群众参加民族解放运动，以反对帝国主义日益加剧的剥削、反对残酷的奴役、驱逐帝国主义者、争取国家的独立；积极参加民族改良派所领导的群众反帝运动，力求在具体的反帝纲领的基础上，同民族革命组织和民族改良组织采取共同的行动。” ② 具体到中国，共产国际要求中国共产党“要在全国范围内开展人民反帝运动。在运动中要提出如下口号：武装人民进行民族革命战争，以反对帝国主义奴役者，首先反对日本帝国主义及其中国仆从” ③。

共产国际第七次代表大会的精神传达到中国之后，中国共产党于1935年底在瓦窑堡召开党的活动分子会议，毛泽东会上作了《论反对日本帝国主义的策略》报告，报告根据共产国际会议精神，批评了党内那种认为中国民族资产阶级不可能和中国工人农民联合抗日的错误观点，充分说明了中国共产党和民族资产阶级在抗日条件下重新建立统一战线的可能性和重要性，指出党和红军在

---

① 中共中央党史研究室第一研究部编：《共产国际、联共（布）与中国革命文献资料选辑》第17卷（1931—1937），中共党史出版社2007年版，第60—61页。

②③ 同上书，第134页。

统一战线中具有决定意义的领导作用，也指出了中国革命的长期性，批判了党内过去长期存在的狭隘的关门主义和革命急性病的错误思想，并提出了影响巨大的以民族矛盾代替阶级矛盾的观点。① 毛泽东还首次明确把中国革命与世界革命联系了起来，他说："过去一个时期内，中国革命力量和国际革命力量被蒋介石隔断了，就这点上说，我们是孤立的。现在这种形势已经改变了，变得对我们有利了。今后这种形势还会继续向有利的方面改变。我们不会再是孤立的了。这是中国抗日战争和中国革命取得胜利的一个必要的条件。"② 到 1940 年，毛泽东明确指出中国革命是世界革命的一部分。这样，中国共产党在共产国际领导之下，在建立抗日民族统一战线过程中，形成了建立国际反法西斯统一战线的国际观。

二、重视与美国的接触

1939 年第二次世界大战爆发之后，逐渐形成了德、意、日和英法两大集团，中国共产党此时既更为关注国际形势的变化对国内抗日战争的影响，同时又把两大集团都视为帝国主义集团，认为第二次世界大战作为帝国主义战争是帝国主义矛盾不可调和的产物。除此之外还有第三大集团，即美帝国主义集团，"美帝国主义想在中立的名义之下，暂时不参加战争的任何一方，以便在将来出台活动，争取资本主义世界的领导地位"③。而站在帝国主义世界对立面的则是苏联，"在整个资本主义世界之外，另一个光明世界，就是社会主义的苏联。苏德协定增加了苏联帮助世界和平运动的可能，增加了它援助中国抗日的可能"④。此时，中国共产党认为第二次世界大战像第一次世界大战一样，都是帝

① 《毛泽东选集》第 1 卷，人民出版社 1991 年版，第 142 页。

② 同上书，第 161—162 页。

③ 《毛泽东选集》第 2 卷，人民出版社 1991 年版，第 583 页。

④ 同上书，第 583—584 页。

国主义之间为了争夺殖民地人民统治权而进行的帝国主义战争，是“无义”战，而苏联则代表着人类发展的未来。这一时期，中国共产党尤为关注的是所谓的远东慕尼黑阴谋，即“日美妥协，牺牲中国，造成反苏、反共局面的东方慕尼黑的新阴谋”①。中国共产党担心英美等国对日采取绥靖政策，纵容日本侵略中国，以牺牲中国来换取英美的安全。

1941 年 6 月 22 日，苏德战争爆发之后，毛泽东在为中共中央写的对党内的指示中指出，“目前共产党人在全世界的任务是动员各国人民组织国际统一战线，为着反对法西斯而斗争，为着保卫苏联、保卫中国、保卫一切民族的自由和独立而斗争。在目前时期，一切力量须集中于反对法西斯奴役。”②中国共产党在全中国的任务，“在外交上，同英美及其他国家一切反对德意日法西斯统治者的人们联合起来，反对共同的敌人”③。中国共产党提出要与美英等国建立反法西斯国际统一战线。1941 年 12 月 7 日，日本偷袭珍珠港，美国正式参与第二次世界大战，国际形势迅速发生变化，中国共产党也迅速调整了国际政策，进一步明确要与美英建立国际统一战线。1941 年 12 月 8 日，中共中央在《关于太平洋战争爆发后与英美建立统一战线问题给周恩来等的指示》中指出，“日、英、美战争后，我对英美方之政策，应当是建立与展开中共与英美政策的广泛的真诚的反日反德的统一战线，不应作不真诚与狭隘的表示”④。提出要与英美建立广泛的国际统一战线。12 月 9 日，中共中央发表《中国共产党为太平洋战争的宣言》，指出太平洋战争“是日本法西斯为了侵略美国英国及其他各国而发动的非正义的掠夺的战争，而在美

① 《毛泽东选集》第 3 卷，人民出版社 1991 年版，第 804 页。

②③ 同上书，第 806 页。

④ 中共中央统一战线工作部编：《中国共产党统一战线文献选编》第 3 卷（1938—1945），第 380 页。

国英国及其他各国起而抵抗的一方面，则是为了保卫独立自由与民主的正义的解放的战争。日本法西斯这种新的侵略行为是与他十年以来对于中国的侵略行为完全一样的，也是与德意法西斯对于欧洲、对于苏联的侵略行为完全一样的”①。《宣言》号召中国与英美及其他抗日诸友邦缔结军事同盟，实行配合作战，同时建立太平洋一切抗日民族的统一战线，坚持抗日战争至完全的胜利。②

当天，中共中央下发《中央关于开展太平洋反日民族统一战线及华侨工作的指示》，指出：英美及南洋各国的反日战争，是正义的解放的战争，我中国人民、侨胞，南洋各弱小民族必须尽一切力量，支持英美的抗战，以取得胜利。因为英美的胜利是民主与自由的胜利；是万恶的法西斯日、德、意的失败；亦是东方殖民地半殖民地被压迫民族解放的必经路程。因此中国人民、中国侨胞及南洋各民族的中心任务，是建立太平洋各民族的广泛的反法西斯日、德、意的民族统一战线。③在上述分析基础上，中国共产党提出了具体政策，“日英美战争使英美政府及统治阶级，站在和中国人民反日的一条战线上，使英美政府更加关怀中国抗战之成败，国共关系之好坏，以及八路军新四军抗战之积极。我们利用此机会向英美人士特别其当政人物表明我们愿意与英美政府真诚合作抗日。同时向他们暴露中国统治者之黑暗，以争取英美政府人士对中共八路军、新四军之同情，以争取他们对中国政府施行某些压力，以改进中国对日反攻之准备”④。1941 年 12 月，中国共产党下发《中央关于保护敌占区英、美人士的指示》，指出“英、美、日战争爆发，我党与英美反法西斯统一战线及对英美外交开展之可能与必要日益增加，因此对敌占区英美及其系

①② 中共中央统一战线工作部编：《中国共产党统一战线文献选编》第 3 卷（1938—1945），第 382 页。

③④ 同上书，第 384 页。

统下的人士，不问其是否顽固，应多方设法欢迎并保护其到我区，或经过我区退走”①。

太平洋战争爆发之后，中国共产党与英美之间的接触增多，尤其是与美国的接触增多，延安《解放日报》和重庆《新华日报》对美国的正面报道日益增加，《解放日报》在美国国庆之时也发表社论，以示庆祝。1943年，共产国际正式解散。在共产国际解散之前，中国共产党尚无正式独立之外交，也并无真正的国际外交可言。共产国际解散之后，中国共产党开始作为独立的外交力量登上国际舞台，与英美等国在抗击日本侵略上建立了国际统一战线。中美单独接触源于太平洋战争爆发之后，美国希望中国积极抗日，使日本陷在中国战场的泥潭之中，从而减轻美国在东南亚战场的压力。但是国民党军队积极反共，消极抗日，引发美军对国民党政府的不满。与此相应，美军对在敌后积极抗战的中国共产党则颇有好感，尤其是美国空军飞机要从华北起飞去直接轰炸日本本土，而华北大都在中国共产党的掌控范围之内，美国在战略上有所求于据有华北广大农村地带的中国共产党，从而进一步促进了中国共产党与美国之间的合作。1944年，周恩来在得知蒋介石与史迪威之间存在矛盾之后，极力促使美国代表团访问延安，即访问延安的美国观察组。毛泽东在接见观察组时致辞，“我十分欢迎各位记者来到延安。我们的目的是共同的，就是打倒日本军阀与打倒一切法西斯，全中国，全世界，都在这个共同基础上团结起来”②。“全中国所有抗战的人们，应该集中目标，努力工作，配合欧洲的决战，打倒日本军阀。”③观察组在延安访问达9个月时间，进行了方方面面的考察，并向美国发送了一批考察报告，掀起了中美友好合作的高潮。邓小平在回忆这段历史时举了个例子，党的七大之后，他们从延安回前线，“我们是乘坐美军驻延

① 中共中央统一战线工作部编：《中国共产党统一战线文献选编》第3卷（1938—1945），第386页。
②③ 同上书，第488页。

安观察组的运输机回太行的，同机飞回的有伯承和我，还有陈锡联、陈再道、陈赓等。那时宋任穷留在冀南。仗已经打得热火朝天了，我们才到，一下飞机就上前线”[①]。美军观察组帮助中国共产党运送将领到前线指挥反击国民党的进攻。

在与美英建立国际统一战线的同时，中国共产党也对美英资产阶级进行具体分析，指出其具有两面性。1944年7月，《中央宣传部关于对中国大资产阶级及美英资产阶级的政策问题致晋察冀分局电》指出，“反法西斯的美英资产阶级，在其反法西斯一点上均有革命性，以苏美英联盟为基础的世界反法西斯统一战线，乃是今日世界的基本革命战线，这是一九四一年以后，世界的决定变化。在学习一九三九至一九四一年间的各种文件（如新民主主义论）时不可忘记此点。但美英资产阶级内部亦有许多派别，其亲德日的派别是反动的，其联苏而又反苏、反法西斯而又反民主的派别是革命性较小的，而如美国的罗斯福、华莱士一派，则比较着重于联苏与民主，其革命性亦较大。故美国无产阶级亦积极支持之，以共同反对法西斯与国内的孤立派、顽固派”[②]。

1945年3月，中国共产党第七次全国代表大会召开前夕，毛泽东在中共六届七中全会上对《论联合政府》这一报告进行说明，他在讲到对外政策时说：“对外主要联合苏联，对英、美及其他反法西斯的各国以联合为主，但也有警戒的暗示，希望他们尊重中国人民的意见。”[③]4月，毛泽东在中国共产党第七次全国代表大会上的口头政治报告中也指出：“最后，讲到外国。外国怎样呢？苏联，毫无疑问是朋友，是中国人民最好的朋友，我在报告中讲得很清楚。其他外国，几个大国，同盟国，也要坚决地联合他们；但是他们搞得不对的地方，也要斗一下。为什么《解放日报》上没有登这个话呢？没有登不是永

---

① 《邓小平文选》第3卷，人民出版社1993年版，第337页。

② 中共中央统一战线工作部编：《中国共产党统一战线文献选编》第3卷（1938—1945），第492页。

③ 同上书，第547页。

远不登，并不是否定要斗一下。他们要推出斯科比，那就不行。我在报告中提了这层意思。在国外还有反动势力，而反动势力还很强大。现在整个国际形势是好的，有苏联参加的反法西斯阵线的团结，主要是英、美、苏三国的团结。这个团结是主要的，统治一切的。现在的世界面目已完全变化了，这一方面在我的报告中写得很多，很充分。关于黑暗的一面，我写得很少。给蒋介石撑腰的外国人，他们的脸不好看，有些装着天官赐福的样子，还是不好看，我们要警觉。”① 在抗击日本侵略方面中国共产党与美英之间有共同利益，他们是国际统一战线的重要成员之一，但是中国共产党对美英国内亲蒋反共的敌对势力又保持高度警惕，这也是中国共产党在对美国保持接触时不可忽视的另一个方面。

三、重视与苏联的合作

1935 年共产国际第七次代表大会召开之后，共产国际调整政策，不再干涉下辖 65 个共产党的内部事务，各国共产党的内部事务由自己独立解决，共产国际只提供理论指导。对于中国共产党而言，这就意味着共产国际对中国共产党由直接领导转变为间接领导，共产国际不再直接干涉中国共产党内部的人事安排和日常工作，中国共产党能够独立自主地解决大量内部事务，这就解决了长期以来困扰中国共产党与共产国际之间的双方关系问题：一方面，共产国际要对中国革命方针政策和发展方向进行具体指导；另一方面，共产国际执委会领导成员长居莫斯科，不了解中国革命的实际情况，只能仅仅根据共产国际执委会远东局部分同志的报告或部分中国同志的报告来判断整个中国的革命形势，从而不可避免地出现对中国革命形势的错误判断和错误决策。

---

① 中共中央统一战线工作部编：《中国共产党统一战线文献选编》第 3 卷（1938—1945），第 560 页。

共产国际不再干涉中国共产党内部事务之后，就从根本上解决了 1927—1935 年间共产国际与中国共产党之间内在的紧张关系。解决了过往两者之间存在的矛盾之后，就既能充分发挥共产国际的理论和全局指挥能力，又能充分发挥中国共产党自身的积极性，中国共产党能够根据中国革命的实际情况独立决策。从而使得双方关系更为融洽：共产国际更为尊重中国共产党的意见，中国共产党也更为尊重共产国际的领导，共产国际同时也为中国共产党提供了大量的具体帮助，包括提供武器弹药、活动经费和伤病员赴苏医治等具体问题，从国际观上看，中国共产党与共产国际和苏联的关系更为融洽。

1938 年，王明回国之际，季米特洛夫找王明谈话，正式确立毛泽东在中国共产党内的领导地位。与此同时，自遵义会议之后，中国共产党也在革命斗争实践中认识到毛泽东领导的正确性，在实践中确立了毛泽东同志的领导地位。共产国际与中国共产党的相互契合也有助于中国共产党在毛泽东领导之下正确处理好与苏联和共产国际的关系。自 1938 年六届六中全会开始，中国共产党大力推进马克思主义中国化，强调把马克思主义的基本原理与中国实际相结合，“建设一个全国范围的、广大群众性的、思想上政治上组织上完全巩固的布尔什维克化的中国共产党”①。这样的共产党是属于中国的，是“中国化”的，从而很好地把中国共产党的国际性和民族性统一了起来。中国共产党此时虽然也像土地革命战争时期一样提“保卫苏联”，但是在抗日民族统一战线的旗帜下保卫苏联，是在民族主义的背景下保卫苏联，这就使得中国共产党既能与苏联保持密切的联系，又能不失自身的民族主义立场，在抗日战争中反而成为了中国民族主义的代言人，这也为中国共产党正确处理好与苏联的关系奠定了基础。

---

① 《毛泽东选集》第 2 卷，人民出版社 1991 年版，第 602 页。

在整个抗日战争时期，苏联在给国民党提供大量军事援助的同时，也给予了中国共产党大量援助，中国共产党也高度重视与苏联的亲密关系。1939年，斯大林六十岁生日之际，毛泽东在为斯大林撰写的祝寿文章中明确提出“斯大林是中国人民的朋友”，文章写道：“庆祝斯大林，这不是一件应景的事情。庆祝斯大林，这就是说，拥护他，拥护他的事业，拥护社会主义的胜利，拥护他给人类指示的方向，拥护自己的亲切的朋友。因为现在全世界上大多数的人类都是受难者，只有斯大林指示的方向，只有斯大林的援助，才能解脱人类的灾难。”①“抗日战争以来，没有一个帝国主义国家的政府真正援助我们，只有苏联是用了空军和物资援助了我们。这还不够明白吗？中华民族和中国人民的解放事业，只有社会主义的国家，社会主义的领袖，社会主义的人民，社会主义的思想家、政治家、劳动者，才能真正援助；而我们的事业，没有他们的援助是不能取得最后胜利的。斯大林是中国人民解放事业的忠实的朋友。中国人民对于斯大林的敬爱，对于苏联的友谊，是完全出于诚意的，任何人的挑拨离间，造谣污蔑，到底都没有用处。”②无论从社会主义意识形态还是从中国抗日战争的实际出发，中国共产党都充分尊重苏联和共产国际，也充分获得了苏联和共产国际的信任。

总之，抗日民族统一战线建立之后，中国共产党自觉把中国革命纳入世界反法西斯战争的洪流之中，积极参与建立世界反法西斯的国际统一战线。在国际统一战线的视野下，中国共产党改变了对英美的态度，尤其是建立了与美国的友谊，中国共产党与苏联和共产国际的关系也更为融洽，从而为取得抗日战争的最终胜利营造了良好的国际环境，这也构成了抗日战争时期中国共产党国际观的核心内容。

---

①《毛泽东选集》第2卷，人民出版社1991年版，第657页。

② 同上书，第658页。

第四节　对战后国际局势的认识及国际观的调整

1945 年中共七大制定了新民主主义的抗战建国方针，这与国民党反对组建联合政府、继续维护国民党一党统治的立场存在严重冲突。中共认识到战后仍需面对民主与反民主、压迫与反压迫的斗争，并将苏联视为中国革命的支持者。随着内战爆发及美国扶蒋反共的对华政策越来越明显，中共争取与美国合作的努力基本上失去现实意义。同时，随着美苏迅速从战时伙伴转变为战后对手，中共面临的国际环境也发生很大变化。国内外形势的变化推动中国共产党的国际观由抗日战争时期的争取美国支持转变为反对美国帝国主义，并在美苏两极对峙中逐渐选择靠向苏联这边。中共这一时期关于国际局势的分析判断，为解放战争及新中国建立后出台的一系列重大对外政策奠定了基础。

一、战后世界仍将面临压迫与反压迫斗争①

随着反法西斯阵营掌握第二次世界大战的主动权并取得绝对优势，中国共产党开始思考战后国内外局势及中共应采取的方针政策。中共领导人意识到，在世界反法西斯统一战线内部仍然存在民主与反民主、压迫与反压迫的斗争，而且这种斗争将对战后世界政治的前途产生重大影响。

1945 年 4 月至 6 月，中国共产党召开第七次全国代表大会。毛泽东在《论联合政府》的政治报告中指出："法西斯侵略国家被打败、第二次世界大战结

① 这部分主要参考罗燕明、姜晓德主编：《中共中央在延安十三年史（15）：外交工作史》，中共党史出版社 2019 年版，第五章和第六章。

束、国际和平实现以后，并不是说就没有了斗争。”“国际和平实现以后，反法西斯的人民大众和法西斯残余势力之争，民主和反民主之争，民族解放和民族压迫之争仍将充满世界的大部分地方。只有经过长期的努力，克服了法西斯残余势力、反民主势力和一切帝国主义势力，才能有最广泛的人民的胜利。”①联系到1944年下半年苏联红军攻入波兰领土后，采取种种措施加强波兰民族解放委员会在波兰国内的地位，并抵制英美干涉波兰事务的企图，中共将苏联视为中国革命运动的可靠的朋友和支持者。中共七大是中国共产党对外政策的重点由寻求与美国合作向寻求与苏联合作的转折点。中共七大后，中共中央将对外政策中心逐步转向争取密切同苏联的直接合作。

然而，此时的苏联出于维护本国利益的考虑，也出于对中共实力的轻视，并没有支持中共的合理主张。在1945年2月举行的美英苏三国首脑的雅尔塔会议上，美苏达成秘密协议，苏联将于欧战结束后两至三个月内参加对日作战，并与国民党政府缔结一项友好条约，以争取国民党政府承认苏联与美国就东亚秩序达成的协议。1945年8月，苏联与国民党政府签订《中苏友好同盟条约》和一系列附属议定书。该条约损害了中国的利益，基本满足了苏联的要求，国民党政府从中得到苏联支持它实现军令政令统一的保证。苏联的这一政策是对中共中央提出的联合政府方案的否定，且苏联试图利用国际共产主义内部的党际关系促使中共中央配合苏联的东亚政策。②这就使中共陷入困难的外交局面。

中共一方面谨慎地看待苏联与国民党政府的谈判，另一方面仍然从战略高度认为，苏联不会允许战后东亚出现一个美国支持下的法西斯中国，也不会同

① 《毛泽东作七大政治报告——〈论联合政府〉》，中央政府门户网站，2008年6月3日，http://www.gov.cn/test/2008-06/03/content_1003570.html。

② 罗燕明、姜晓德主编：《中共中央在延安十三年史（15）：外交工作史》，中共党史出版社2019年版，第326—327页。

国民党政府订立限制中国革命的条约。对于中国革命能否及时争取到国际上的支持，中共领导人保持清醒的认识，并坚持一贯的全党团结起来、独立自主、克服困难的方针："中国革命是长期的，由于各种情况的原因，国际无产阶级还没有来得及帮助我们，他们还料不到我们的困难来得这样早，就是料得到也没有办法，远水救不了近火。""我们要做国际联络工作，做外交工作，很希望国际无产阶级和伟大的苏联援助我们。但由于各种情况的原因而没有援助。"①

1946年3月，毛泽东在中央政治局会议上对局势作出分析，延续了关于压迫与反压迫斗争及爆发第三世界大战可能性的判断。他指出：法西斯主力军被打倒了，为世界各国人民民主势力的向前发展开辟了道路；法西斯残余势力与同盟国内的亲法西斯势力要继续组织反苏反共反民主的反革命运动，并企图掀起第三次世界大战。②内战爆发后，随着美国持续推行扶蒋反共政策，中共也将美国视为国际和平的主要破坏者。毛泽东1946年8月在会见美国记者安娜·路易斯·斯特朗时就指出："美国在各种借口之下，在许多国家进行大规模的军事布置，建立军事基地。美国反动派说，他们在世界各地已经建立和准备建立的一切军事基地，都是为着反对苏联的。不错，这些军事基地是指向苏联。但是，在现时，首先受到美国侵略的不是苏联，而是这些被建立军事基地的国家。"毛泽东认为美国进攻苏联是最后目标，目前反苏只是为了掩护对中间地带国家的征服，而"苏联是世界和平的保卫者，是阻碍美国反动派建立世界霸权的强大的因素，有了苏联，美国和世界反动派的野心就根本不能实现"。③

随着美苏对抗加剧，苏联采取措施制约美国干预中国内部事务。这也促使

① 中共中央党史研究室、中央档案馆编：《中国共产党第七次全国代表大会档案文献选编》，中共党史出版社2015年版，第532、534页。

② 《毛泽东文集》第4卷，人民出版社1991年版，第96—99页。

③ 《毛泽东选集》第4卷，人民出版社1991年版，第1191—1196页。

中共在美苏两极对立格局下进一步选择站在苏联一方。1947 年 12 月，毛泽东在中共中央会议上所作的《目前形势和我们任务》的报告表明，中共中央基本接受了世界已经划分为相互对抗的两大阵营，以及苏联是和平民主阵营的领导者的观点。在两大阵营对抗中选择靠向苏联是中国共产党国际观转变的重要内容。

二、对美国认识的转变

在美苏冷战的格局之中，国民党与共产党相比处于绝对优势地位，国民党与美国意识形态相近，能够获得美国的援助，与苏联又签订了《中苏友好同盟条约》，逼迫苏联在国共之争中保持中立地位。共产党在形势上处于全面劣势地位，但是毛泽东判断美国会援蒋而不会直接介入，苏联会援助共产党而必有限度，因而中国共产党把国际形势概括为两个基本问题：如何减少美国给予国民党的援助，同时却扩大苏联可能给予的支持，即分化美国、取信苏联。中国共产党在分化美国的过程中既尽最大可能争取并中立美国，同时又在与美国的帝国主义行径做斗争的过程中逐渐转变了对美国的认识，即美国由朋友转变成为了敌人。

“二战”结束之后，在美苏冷战格局之下，美国基于意识形态难以对中国共产党放心，又与国民党在意识形态上亲近，为了防止中国“赤化”，变为苏联的势力范围，因而又只能大力支持国民党。赫尔利、司徒雷登和马歇尔实际上执行的是这条美国放弃中立的政策路线，而蒋介石在探知美国在中国外交政策的底牌之后，深知美国不可能不援蒋，坚持既要美国援助，又要消灭共产党，使美国既不能不援助蒋介石，又不能真正阻止蒋介石发动内战。在中国共产党看来，这就是美国与国民党唱双簧了。

面对如此不利之局面，中国共产党在处理对美关系上主要包含三个层面：

一是尽力分化美蒋，尽量争取美国。1946 年 4 月，中共中央在《中央关于谈判重点及对国民党与美国的态度问题给周恩来的指示》指出："不要准备对国美两方同时弄僵。我们坚决反对国民党内战与独裁方针，力争和平与民主，为此目的，不怕与国民党弄僵。但对美国，则除非他恢复赫尔利政策，公开全面地赞助国民党实行内战与独裁，我们不应和他弄僵。因此，我党一切反内战、反独裁的主张（东北、宪草、国大、自由、组府、运兵、借款等）均应向马歇尔严正表示意见，但应避免用激烈态度与抗议形式。周马之间仍应尽可能保持友好关系，使国民党无隙可乘。"①5 月，中共中央在《中央关于时局及对策的指示》更进一步指出，要"改善对美国人关系，无论美国人如何偏袒国方，我除据理力争外，只要美国未恢复赫尔利政策，策动全国内战，我即应尽可能争取美国人。最近时期，有些地方对美国人关系弄得不好，这当然是由于美国人态度不好所引起，但我们的争取工作亦有不足，今后应当注意研究争取美国人的工作，即对国方代表和国方官长，亦须注意争取。总之，我方权利所在，必须力争，彼方无理要求，必须拒绝，但总的精神是求得在不吃亏的基础上解决纠纷，而不是使纠纷扩大。"② 权利毫无疑问要争取，但要在美蒋之间争取活动空间，因而要尽量不刺激美国，这是解放战争时期中国共产党对美国态度的一个重要方面。

二是把美国政府与美国人民区分开，号召美国人民起来反对美国政府的帝国主义行径。1946 年 6 月，美军长驻中国，美舰继续运兵，美国对蒋提供巨额军事援助，在美国对华军事干涉日益露骨的背景下，中共中央在下发的《中央关于动员各群众团体要求美国改变对华反动政策的指示》中还是指出，"但须注意不要反对整个美国与整个美国政府，亦不要反对杜鲁门、马歇尔与美国

① 中共中央统一战线工作部编:《中国共产党统一战线文献选编》第 4 卷（1946—1949），第 48 页。
② 同上书，第 54 页。

调处中国内战，对美方公正人士与普通人员，仍应争取其同情，指明真正破坏中美友谊者乃是中美反动分子的反动政策，强调中美两国人民的友谊与合作”[①]。7月，《中央宣传部关于对美宣传斗争的指示》中进一步指出，“今后我们对美帝国主义分子的反动政策仍应继续尖锐批评，并以各种方式，向世界控诉美帝国主义分子帮助蒋介石发动和进行内战和把中国殖民地化的罪行。但为了争取更多美国人民与进步官员对我的了解与同情，我们在一切宣传中必须严格掌握美国的政府与人民（后者一般地一贯同情支持我国民主势力）之间的区别，美国政府人员中的帝国主义分子与民主分子之间的区别，美国政府人员中决定政策者与不决定政策者之间的区别，美国政府今天的政策与明天可能改变的政策之间的区别，甚至同一个人（如杜鲁门、马歇尔）今天与明天态度的区别，同一个人同一机关所发表的同一篇声明或谈话中不同语句中的区别，不要笼统反对，更不要笼统反美。我们应在这些具体的区别的基础上，做灵活的恰如其分的宣传，贯彻我们打击帝国主义侵略政策和帝国主义侵略分子，赞成中美平等友谊合作，争取美国广大人民与民主分子对我了解同情，以便迫使美国政府对华政策作可能的改良”[②]。中共中央坚信，“美国人民和美国民主派人士已经并将继续和我们站在一起来反对中美两国的反动派，因为美国反动派的军事干涉，中国反动派的军事独裁，中国的内战，这些也都严重威胁着美国人民自己的安全和利益”[③]。分层次对待美国政府与美国人民既有利于分化美国，也有利于争取美国人民，这是解放战争时期中国共产党对美国态度的另一个重要方面。

三是明确反对美国的帝国主义行径。全面内战爆发之后，中国共产党开始

---

① 中共中央统一战线工作部编：《中国共产党统一战线文献选编》第4卷（1946—1949），第61页。

② 同上书，第77页。

③ 同上书，第69页。

把美国称为“美帝国主义”。中华人民共和国成立前夕，毛泽东写了一系列文章批判美国的帝国主义行径，包括《丢掉幻想，准备斗争》《别了，司徒雷登》《为什么要讨论白皮书》和《“友谊”，还是侵略?》等文章。在《别了，司徒雷登》一文中，毛泽东明确指出，“美国出钱出枪，蒋介石出人，替美国打仗杀中国人，借以变中国为美国殖民地的战争，组成了美国帝国主义在第二次世界大战以后的世界侵略政策的一个重大的部分”①。对美国援助蒋介石打内战的帝国主义行径进行了明确的批评，同时也批评了国内部分对美帝国主义还保留有幻想的人们。上述一系列文章既划清了中国共产党与美国的界限，也划清了中国国内部分对美国还存有幻想的人士与美国的界限。这是解放战争时期中国共产党对美国态度的第三个方面。

“美国出钱出枪蒋介石出人替美国打仗杀中国人的战争”促使中国共产党最终看清了美国的双重标准，改变了对美国的态度，由抗日战争时期的朋友转变成为了解放战争时期的敌人，但是中国共产党在对待美国时还是有所区分，留有余地，把美国政府与美国人民、当权派与民主人士等区分开来，为中国共产党争取了准备战争的时间与空间，妥善地处理好了与美国之间的关系。这样，美国在中国的形象逐渐由正面走向反面，中国共产党对美国的认识也逐渐从友谊转向了侵略，这是二战结束之后中国共产党国际观转变的一项重要内容。

三、冷战格局与“中间地带”

第二次世界大战结束之后，随着德意日法西斯的倒台，世界局势为之一变，美国成为资本主义国家毫无疑问的新霸主，上升为世界头号强国，而社会主义的苏联则随着德国的溃败而一跃成为欧洲的重要力量，在世界格局上形成了美

① 《毛泽东选集》第4卷，人民出版社1991年版，第1491页。

苏两强并立的局面。基于意识形态的对立和美国担心苏联在欧洲势力范围的扩张，美国迅速制定了以遏制苏联为目标的政治策略，同时实施著名的马歇尔计划，该计划主张通过重振欧洲来对抗苏联对欧洲的影响，迅速形成了战后美苏两强全球争霸的冷战格局。

美苏两强之间的斗争会不会引爆第三次世界大战？这是战后初期国际国内关注的焦点，也是中国共产党高度关注的国际问题。1946 年春季，以美国为首的帝国主义国家加紧进行反苏、反共、反人民的活动，鼓吹“美苏必战”，“第三次世界大战必然爆发”，在这种情况下，当时的一些同志过高估计了美帝国主义的力量，过低估计了人民的力量，惧怕美帝国主义，惧怕爆发第三次世界大战。针对这种情绪，1946 年 4 月，毛泽东在《关于目前国际形势的几点估计》中明确反对了这种错误思想，他指出，“世界反动力量确在准备第三次世界大战，战争危险是存在着的。但是，世界人民的民主力量超过世界反动力量，并且正在向前发展，必须和必能克服战争危险。因此，美、英、法同苏联的关系，不是或者妥协或者破裂的问题，而是或者较早妥协或是较迟妥协的问题。所谓妥协，是指经过和平协商达成协议。所谓较迟较早，是指在几年或十几年之内，或者更长时间”①。1946 年 8 月，毛泽东在和美国记者斯特朗的谈话中也指出，“美国和苏联中间隔着极其辽阔的地带，这里有欧、亚、非三洲的许多资本主义国家和殖民地、半殖民地国家。美国反动派在没有压服这些国家之前，是谈不到进攻苏联的”②。因而毛泽东判断第三次世界大战打不起来，美苏之间只会有冷战而不会有热战。

从地缘政治上看，中国恰恰处于美苏两强争霸的“中间地带”。毛泽东认为，在美苏争霸的时代背景之下，虽然中国处于美苏争霸的“中间地带”，地理位置重要，但还算不上是兵家必争之地。对于美国而言，基于意识形态和对苏

① 《毛泽东选集》第 4 卷，人民出版社 1991 年版，第 1184 页。

② 同上书，第 1193 页。

联在中国扩张势力的猜忌，美国必然会援助国民党，但援助必有限度，美国必然会介入中国内战，但不会直接派兵，因为当时美国的战略重心毫无疑问是欧洲而不是亚洲，重欧轻亚决定了美国会援蒋但不会直接出兵干涉中国。对于苏联而言，苏联在二战之中饱受战争蹂躏，亟须时间恢复经济，稳定社会，医疗战争创伤，因而苏联会基于意识形态帮助中国共产党，但又担心与美国形成热战之势，因而援助必有限度。

基于上述政治分析，1945 年 11 月，中国共产党在《中央关于对美、蒋斗争策略的指示》中指出，目前世界的中心问题是美、苏之争，反映在中国便是蒋、共之争。美国对华政策是尽力扶蒋、打共、反苏，而蒋之政策则在打共时企图中立苏，在反苏时又必然连上反共。故苏联目前对华政策在形势上乃不得不与中共隔离，在对美斗争时有时中立蒋，在对蒋时亦常不联系美。因此，我们目前在以对蒋斗争为中心时，一方面固应表示与苏联无关，另一方面有时（甚至只是形式上的）也可中立美国，以减少我们一时或某种程度的困难。但这种中立美国，只是在对蒋斗争中的一种策略，即是对美采取不挑衅的政策，以减少美国寻隙借口，并非不反对美国殖民地化中国的政策，也非不抗议美国武装干涉中国内政和参加中国内战的政策，更非在美军进攻我们时采取不抵抗政策。相反地，对于美政府这种帝国主义政策，应持坚定的立场，严正的批评和坚强的抵抗以反对之，方能给以打击和教育人民。①

① 中共中央统一战线工作部编：《中国共产党统一战线文献选编》第三卷（1938—1945），第 624 页。

第三章　社会主义革命与建设时期中国共产党的国际观

1949 年新中国成立至 1978 年中共十一届三中全会前，即一般所说的“前三十年”，是开展社会主义建设的初期。虽然在此期间中国共产党在探索前行的道路上遇到了严重曲折，但在革命和建设中收获了关于建设的宝贵经验、理论准备和物质基础。这些都是中国共产党的国际观在新的历史条件下萌芽和发展的坚实后盾。

立足于国内外、党内外的具体情况，一方面为社会主义建设创造良好稳定的环境，另一方面争取更多国际友好力量的支持，打破帝国主义的封锁，成为这一时期中国共产党国际观建构的基础及实施的目标。毛泽东、周恩来等党的第一代领导人沉着应对世界已处于冷战格局及西方国家对新生的中华人民共和国设立层层封锁的事实，周密布局、主动求变，创新国际和党际外交的思路，形成了独立自主的和平外交政策。这一时期党的国际观及其实践的主要内容包括：经过对两极格局背景下革命与战争形势的研判，确立了“一边倒”的战略；倡导和平共处五项基本原则作为指导国家间关系的基本准则；提出“三个世界划分”理论等，促成了中国对外关系的转型。通过这些理论的提出和实践活动，展现出新中国富有活力的大国形象。

第一节　国际视野下关于时代主题的研判

时代主题是对一段时期内世界上带有全局性、战略性的基本问题或中心任务所作的理论概括，它由世界政治与经济的不同发展阶段的主要矛盾所决定，并随着时代的变迁、主要矛盾的变化而变化。时代主题的变化，体现着世界政治与经济中各种矛盾运动与斗争的结果，并决定着世界局势的演变趋势。坚持以全局意识、世界格局来思考未来局势的走向和中国的战略选择，是中国共产党自延安时期开始逐步形成的习惯和特点，在经历了解放战争时期的复杂国际局势博弈之后更趋成熟。

从战火中赢得了独立和自主的中国共产党，对国际视野下的革命与和平主题的见解承袭了自列宁以来对世界革命局势的理论研究成果，具有天然的国际眼光；同时结合了毛泽东等领导层对国内政治形势状况及走向的准确把握，由此表现出高度的科学性和一贯性。

一、两极格局下“战争与革命”命题的理论渊源

“战争与革命”是推动20世纪上半叶世界历史前进的主要动力，也是国际关系演进的助推器。第一次世界大战与第二次世界大战及在两次大战前后发生的革命活动，导致世界体系在1945年之后进入以冷战对峙为特征及在此背景下各国民族解放运动此起彼伏的阶段。在这一时期，“战争与革命”的理论也经过了时代的淘洗与进化。

人类进入资本主义时代后，战争是由资产阶级的掠夺天性所导致的，是对受压迫阶级和民族的剥削行为。尤其是在资本主义的垄断代替了自由竞争，世界资本主义进入帝国主义时代后，帝国主义必然会引起战争，而战争又必然会

引起所在国家的阶级关系变化。因此，判断革命与战争的性质，需要从具体的时代特点与阶级关系入手。列宁指出：要判断处于什么时代，就要透过世界上各种复杂的阶级关系看清“哪一个阶级是这个或那个时代的中心，决定着时代的主要内容、时代发展的主要方向”①。对于革命与帝国主义的关系，他也认为，“帝国主义是无产阶级社会革命的前夜。从1917年起，这已经在全世界范围内得到了证实”②。作为战争本身，因为其破坏性的结果，对于受压迫阶级会造成一定的损害。但是从历史和时代的角度看，这又是推动阶级和民族解放的助推器，向着社会主义的方向前进。

斯大林大体上继承了列宁关于帝国主义时代战争与革命的基本看法，认为只要资本主义制度存在，战争就不可避免。而当战争在帝国主义国家之间爆发后，无产阶级则将在革命中夺取政权。

毛泽东在“战争与革命”概念的理解上与列宁的看法基本一致。列宁认为20世纪开始的时代是帝国主义与无产阶级社会主义革命的时代。简单地说，这就是战争与革命的时代。他指出：“历史上还没有一次不经过内战的大革命，也没有一个严肃的马克思主义者会认为从资本主义向社会主义的过渡可以不经过内战。”③毛泽东认为，“帝国主义时代的阶级斗争的经验告诉我们：工人阶级和劳动群众，只有用枪杆子的力量才能战胜武装的资产阶级和地主；在这个意义上，我们可以说，整个世界只有用枪杆子才可能改造”④。

但与列宁认为革命与战争时代中资产阶级议会制向无产阶级专政的过渡是需要一段过渡期的看法不同，毛泽东认为这一过程可以依靠受压迫阶级的力量迅速完成。

---

① 《列宁全集》第26卷，人民出版社1990年版，第143页。

② 《列宁选集》第2卷，人民出版社2012年版，第582页。

③ 《列宁全集》第34卷，人民出版社1985年版，第443页。

④ 《毛泽东选集》第2卷，人民出版社1991年版，第547页。

二人看法的差异，则与当时世界局势所处的环境及帝国主义本身发展所处的阶段有关。在列宁看来，资本主义有两个阶段，即“和平的”资本主义阶段和帝国主义阶段。那么对于无产阶级而言，就需要在看待战争与革命的问题上对资本主义的发展阶段进行准确的定义与区分。即使在采取暴力手段进行革命行动后，对于资产阶级议会制度，视其具体情况，也需要给予其一定的时间与条件来完成过渡。但是以毛泽东的经历看来，在新中国成立前的三十多年时间里，处于帝国主义阶段的资本主义世界，为了瓜分和重新分配世界的资源与财富，接连两次进行了席卷数大洲和数十亿人口的世界大战，对交战各国的人民尤其是占人口多数的受压迫阶级造成了难以弥补的创伤，这是不可否认的事实。既然帝国主义的侵略本性是战争的源头，帝国主义在世界上仍占据着支配地位，那么战争的威胁还将继续存在，所以战争就会成为不可避免的一种规律性选择。

放宽历史的视界，以整个20世纪前半部世界史为背景来看，由危机促动战争，由战争引导革命的实际案例比比皆是。俄国十月革命胜利，第二次世界大战后东欧和亚洲国家走上社会主义道路，包括中华人民共和国的建立等等。这些事实都证明，列宁和毛泽东的整体看法是正确的。“在帝国主义时代，殖民地和半殖民地方面进行的民族战争不仅很有可能，而且是不可避免的”①，“第一次世界大战以后，出了一个苏联，两亿人口。第二次世界大战以后，出了一个社会主义阵营，一共九亿人口。如果帝国主义者一定要发动第三次世界大战，可以断定，其结果必定又要有多少亿人口转到社会主义方面，帝国主义剩下的地盘就不多了，也有可能整个帝国主义制度全部崩溃”②。

新中国成立后，中国共产党带领全国人民站起来了。中国共产党领导层对于“帝国主义和无产阶级革命的时代”基本看法不变。当然，由于世界格局的

① 《列宁全集》第28卷，人民出版社1990年版，第6页。

② 《毛泽东文集》第7卷，人民出版社1999年版，第238—239页。

变化和国内建设的实际成果，中国共产党对于这一问题的看法也经历着一场跨度达数十年，认识层面也在不断深入的发展过程。甚至到了20世纪70年代，毛泽东也仍然认为：“第二次世界大战后，美帝及其追随者不断地发动侵略战争，各国人民不断地用革命战争打败侵略者。”① 由此，他论述战争与革命的关系时表示：“新的世界大战的危险依然存在，各国人民必须有所准备。但是，当前世界的主要的倾向是革命。”②

二、中国共产党的研判实践

在第二次世界大战后，寻求民族独立和解放成为了广大亚非拉殖民地国家民族运动的主题。与此同时，在欧洲及亚洲，美国和其他老牌帝国主义势力也联手掀起了压制受压迫民族解放运动的高潮。在冷战格局不断深化及意识形态划线越趋明显的形势下，如何判断世界格局的走势，从而制定相应的国内及国际应对策略，成为摆在已经挺直了脊梁但却不得不冷静思考的中国共产党面前的一张国际政治理论试卷。

1950年爆发的朝鲜战争，就是这张试卷的主题。是否介入？以何种方式介入？介入的程度及实现战争的目的，是需要解答的主要问题。

而这些都需要建立在中国共产党对于国际格局判断的基础之上。当时的领导层认为：虽然战争威胁客观存在，但帝国主义借此发动世界战争是困难的。尽管如此，美国仍然有发动局部战争和侵犯他国的图谋。所以，对于美国发动的朝鲜战争，中国必须站出来捍卫朝鲜的国家安全。这不但关系到我国的国家安全，还关系到未来的社会主义建设能否获得一个长期和平的稳定环境。因此，中国需要积极抵御美帝国主义的入侵。“中朝是唇齿之邦，唇亡则齿寒。朝鲜如

①② 中华人民共和国外交部、中共中央文献研究室编：《毛泽东外交文选》，中央文献出版社1994年版，第584页。

果被美帝国主义压倒，我国东北就无法安定。”① 这是基本的判断。

第一，对于战争的态度。不惧战、不轻言战是中国共产党对朝鲜战争的基本态度。但在战争作为最后选项之前，和平仍然是必须做出的努力方向。“第一，美军企图越过三八线，以扩大战争，我们要管，这是美国政府造成的严重情况，第二，我们主张朝鲜事件应该和平解决，不但朝鲜战事必须即刻停止，侵朝军队必须撤退，而且有关国家必须在联合国内会商和平解决的办法。”②

第二，对于战争的依靠力量。毛泽东在《中国社会各阶层分析》一文中详细阐述了中国革命的依靠力量和策略思想，并提出了敌、我、友的界限及在革命与战争中加以运用的思路。这一研究国内战争动因的方法也被扩展到世界局势的分析与谋划之中。朝鲜战争可以依靠的力量，除了“站起来”的中国人民，中国共产党甚至看到了远在柏林的身影。“战争究竟打得起来打不起来呢？今天的世界形势对这个问题的回答是：帝国主义发动战争是困难的，我们今天工作做得越好，战争越打不起来，人民力量越强，打的可能性就越小。实际上的斗争也是力量的对比……今天我们八万万人背靠着背，从柏林到上海，连接在一起，这样大的力量，是没有任何帝国主义可以打破的，这个力量只有在中国革命胜利后才表现出来，八万万人团结的力量是不可战胜的。”③

在世界政治舞台上，基于共同反对帝国主义、维护和平这一目标的苏联及其他社会主义国家成为我们的盟友。因此，“我们现在的外交任务，是分成两方面的。一方面同苏联和人民民主国家建立兄弟的友谊。我们在斗争营垒上属于一个体系，目标是一致的，都为持久和平、人民民主和社会主义的前途而奋斗。另一方面，是反对帝国主义，帝国主义是敌视我们的，我们同样也要敌视帝国

① 中华人民共和国外交部、中共中央文献研究室编：《周恩来外交文选》，中央文献出版社 1990 年版，第 29 页。

② 同上书，第 27 页。

③ 同上书，第 12 页。

主义，反对帝国主义”①。

第三，关于战争与自身的重塑。中国共产党认为，我们需要借此建立起适应新形势与符合新中国地位的国际观念，戒骄戒躁、不卑不亢、从容应对、上下一致是基本的要求。“在国际战场上，有朋友，也有敌人。对于敌人，旧中国的外交传统容易流于自卑，而今天革命胜利了，却又容易流于骄傲，我们要不亢不卑，便不得不有一套统一的礼节。”②

第四，关于战争的结果。从早期一穷二白基础上走出来的中国共产党人，对此的态度是豁达而乐观的。基于帝国主义战争的非正义性及人民是战争最后的主导力量的判断，他们认为“战争打起来，资本主义制度就会早些完蛋，如果不打，还可以多活几年”，“如果发生了第三次世界大战，资本主义世界就要完结。如果有疯子要发动战争，也没有什么了不起，灭亡的是帝国主义”。③

至于是否会由此而引发第三次世界大战，中国共产党领导层对于遏制战争力量的看法也是非常准确的。经历了第二次世界大战的浩劫之后，和平是世界范围内主流的意愿和呼声。帝国主义发动第三次世界大战的意愿不取决于他们自己，而是由世界人民来决定的。“帝国主义阵营的战争威胁依然存在，第三次世界大战的可能性依然存在。但是，制止战争危险，使第三次世界大战避免爆发的斗争力量发展得很快，全世界大多数人民的觉悟程度正在提高。只要全世界共产党能够继续团结一切可能的和平民主力量，并使之获得更大的发展，新的世界战争是能够制止的。”④

尤为值得关注的是，中国共产党已经开始认识到自身革命的世界意义，并且在这个基础上提出全世界无产阶级进行跨越国界合作的号召，将“自我”与

---

① 中华人民共和国外交部、中共中央文献研究室编：《周恩来外交文选》，中央文献出版社1990年版，第1—2页。

② 同上书，第16页。

③ 中华人民共和国外交部、中共中央文献研究室编：《毛泽东外交文选》，中央文献出版社1994年版，第205—207页。

④ 同上书，第136页。

“他者”的认知有机统一，是中国共产党在形成自己国际观过程中的重大进展。他们认识到全世界范围的民族独立解放运动都是社会主义革命的一部分，当今世界上民族解放斗争的重要性和波及范围都扩大了，中国革命的胜利对于全世界被压迫人民追求解放道路影响的有效性与真实性，“中国人民的胜利正在影响着整个世界，鼓舞所有被压迫民族的斗争，另一方面美帝国主义的侵略不仅使殖民地半殖民地的国家发生严重的民族危机，而且也使那些战败的和在战争中削弱的帝国主义国家发生了民族危机”①。在此基础上，“毛泽东还提出了要联合世界上一切被压迫民族和国家的人民以及世界进步力量，组成最广泛的统一路线，共同反对帝国主义的侵略和扩张”。②

这反映出，在新中国成立初期，中国共产党的“站起来”不仅仅是表现在军事和国内政治上，也同时反应在国际观的逐步成熟上。基于对世界革命形势及帝国主义敌我力量对比的正确认识制定国内国际政策；积极准备应对包括战争在内的国际复杂局势，同时不改变国内以恢复生产为主要任务的工作安排；在开展外交实践的过程中，以从革命年代发展出的敌、我、友理念为指导，争取最大限度的国际力量支持。这些都是中国共产党对于当时国际视野下时代主题研判正确的必然结果。

第二节　新中国外交方针的确立和实施

1949年是20世纪中国历史的分水岭。中国共产党领导的中华人民共和国宣告成立，中国历史由此开启了全新的篇章。从对外关系的角度来说，中

① 中华人民共和国外交部、中共中央文献研究室编：《周恩来外交文选》，中央文献出版社1990年版，第36页。

② 饶银华：《新中国外交思想概论》，中央文献出版社2006年版，第12页。

国人民也从此“站起来了”。自1840年鸦片战争开始的百年屈辱，以及作为屈辱证据的各种不平等条约和不平等的外交关系，都被一扫而尽成为历史的尘埃。

另外，1949年也是中国共产党的外交思想酝酿成熟的分水岭。自1949年新中国成立至今，独立自主的外交政策一直是我们发展外交关系的基本方针和原则。

一、“一边倒”外交政策的提出与确立

这一年，经历了长期的革命和解放斗争的中国共产党，将其在实践中形成的独立自主、自力更生等原则引入到处理对外关系的指导方针中。先后提出“一边倒”“另起炉灶”“打扫干净屋子再请客”三大外交政策，奠定了当代中国外交思想的基础。1949年1月，毛泽东和周恩来在中共中央政治局会议上，谈到新中国成立初期重要外交方针之一的“另起炉灶”，就是“不承认国民党政府同各国建立的旧的外交关系，而要在新的基础上同各国另行建立新的外交关系”。1949年2月，苏共中央政治局委员米高扬访问西柏坡期间，毛泽东向其详细地介绍了中共即将采取的外交政策，明确提出了“打扫干净屋子再请客”。1949年6月30日，毛泽东公开发表《论人民民主专政》一文，明确提出新中国在对外关系上要“一边倒”。①

在更早的中共七届二中全会上，毛泽东对新中国的外交政策表述为：中国共产党将不承认国民党政府与各国政府建立的旧有的外交关系，也不急于取得帝国主义对新中国的外交承认，但新中国需要发展对外关系，中共中央将发展对外关系的重点，放在联合苏联和其他社会主义、人民民主主义国家上，也就是“一边倒”政策。

① 参见逄先知、金冲及编：《毛泽东传（1949—1976）》(上)，中央文献出版社2003年版，第57—58页。

关于“一边倒”的外交政策，其主要内容是联合以苏联为首的社会主义阵营，反对以美国为首的资本主义阵营。“一边倒”的外交政策是中共中央针对第二次世界大战后社会主义阵营与资本主义阵营高度对立的复杂格局和中国现实情况作出的战略决策。

这一决策，是基于中共中央对于冷战后世界格局变化的基本面的分析与研究以及国际观的认知而作出的。其包含的主要观点和特征如下：

第一，国际力量的对比发生了新的变化。冷战的确立，是第二次世界大战之后国际关系与战前相比最大的主导因素。在第二次世界大战以前，国际体系中的主要内部特征表现为帝国主义列强之间的称霸与争斗，包括在欧洲以及亚洲等地。正是因为帝国主义之间的各种矛盾以及由这些矛盾衍生出的各种利益冲突，才导致第二次世界大战各个策源地的产生。在第二次世界大战后，国际体系开始呈现出与之前气象完全不同的一种新特征，那就是以苏联为首的社会主义阵营与以美国为首的资本主义阵营在广泛的跨洲战线上进行着新的对抗。作为冷战东亚战线的关键一环，新中国当然不可能置身事外。政治上被孤立、经济上被封锁、军事上被包围，就是新中国当时面对的真实处境，所以，在这样的国际局势下，中国开始确定符合本国发展的最合适的外交路线与方针。

第二，新中国与旧中国形象的全面切割。这是在新中国成立之初就确定下来的基准线，即独立自主的和平外交政策。在处理旧中国遗留下来的与外国的关系时，中国共产党的领导层以对世界格局的精确把握表现出了高度的外交智慧与令人称赞的执行能力。组建了一支精干有力的新型外交队伍，在对外交往的过程中展现了新中国的外交理念，这也是中国共产党国际观在对外实践活动中的一种事实折射。具体而言，新中国与旧中国的区别在于，对旧中国同外国签订的一切条约和协定进行重新审查处理，不承认任何不平等的外交关系，以及在这一过程中清理帝国主义国家在中国的买办势力和代理人，以有效消除帝国主义在华遗留下来的各种特权和影响。在1842年《南京条约》签订开了中国与外国不平等条约的先河之后，中国人民依靠自己的力量让历史的河流改道，让沉暗的民族再次激荡出昂扬的水花。而新中国形象的对外表达，也是中国共产党将平等、独立的国际观付诸行动的一次伟大实践与胜利。

第三，"一边倒"并不意味着无原则的服从。在中国共产党与苏联共产党以及中华人民共和国与苏联的两对关键关系上，中国共产党的认知是一贯清晰的。那就是一边实行"一边倒"的外交政策，具体包括签订《中苏友好同盟互助条约》等内容，一边坚定不移地奉行独立自主的和平外交政策。新中国成立后中国共产党在处理与苏联关系时所秉持的国际观是既团结互助，又独立自主的。对待苏联，希望能给予我们进行开展社会主义建设所需要的各种帮助，但这种帮助必然是在两国平等的前提下进行。对于苏联某些从沙俄时代遗留下来的习惯，我们也予以明确的反对与抵制。

在这里，毛泽东在谈到关于"一边倒"政策的历史渊源和必要性时，是这样认为的："一边倒，是孙中山的四十年经验和共产党的二十八年经验教给我们的，深知欲达到胜利和巩固胜利，必须一边倒。积四十年和二十八年的经验，中国人不是倒向帝国主义一边，就是倒向社会主义一边，绝无例外。骑墙是不行的，第三条道路是没有的。"① 这是对于19世纪末至20世纪上半叶的国际政治运动规律和国际政治形态演变的高度概括与总结。

在这里，有一个历史性的渊源，那就是孙中山对于近代中国外交关系和外交政策的探索。总体而言，孙中山在将近四十年的时间里，在思想上经历了由理想主义到现实主义的转变过程，从具体的策略上经历了寄希望于列强的支持到明确地提出反对帝国主义的方针。在他的早期革命实践中，日本的影响对他

① 《毛泽东选集》第4卷，人民出版社1991年版，第1472—1473页。

非常深远。“联日”是孙中山的外交事务中一个非常明显的印记。无论是1913年2月孙中山访日期间，提出中日联合建立同盟的思想获得了桂太郎的赞同，还是同年在二次革命失败后，孙中山逃亡日本期间进行大量的革命活动，以图进行武装反抗袁世凯的斗争，恢复中华民国。直到后来孙中山通过数次失败与反思后，最终确立了联俄联共的政策，标志着他晚年外交思想的成熟。这一转变，在于他通过数十年的实践认识到，帝国主义的统治阶级属性决定了与他们中的任何一家合作，都不能改变他们借此排挤其他势力，进而达到独占中国的根本目的。而只有与无产阶级作为统治阶级的苏（俄）进行结盟，才能从根本上解决民族与外交独立的问题。

毛泽东在新中国成立前经过了反复思考与总结，深思熟虑后作出了“一边倒”的决策，也是基于之前他对于“战争与革命”的时代主题的认识。他认为，“帝国主义者如果准备打我们的时候，我们就请好了一个帮手”。①

周恩来对于“一边倒”的外交政策看法是，“中华人民共和国坚决地站在以苏联为首的世界和平民主阵营方面，并且与苏联建立了最亲密的兄弟关系……全中国的人民，由于中苏之间的条约、协定的签订和实施，感到极大的兴奋，对于苏联领袖斯大林元帅，苏联政府和苏联人民的友谊，表示无限的感谢”。②此外，就是在此基础上，再次确认新中国与旧中国的区别。“不承认国民党政府同各国建立的旧的外交关系，而要在新的基础上同各国另行建立新的外交关系。对于驻在旧中国的各国使节，我们把他们当作普通侨民对待，不当作外交代表对待。”③

① 中华人民共和国外交部、中共中央文献研究室编：《毛泽东外交文选》，中央文献出版社1994年版，第132页。

② 中华人民共和国外交部、中共中央文献研究室编：《周恩来外交文选》，中央文献出版社1990年版，第21页。

③ 同上书，第48页。

独立、自主、平等必然是“一边倒”外交政策的前提和基础。周恩来对此进一步强调，“清朝的西太后，北洋政府的袁世凯，国民党的蒋介石，哪一个不是跪倒在地上办外交呢？中国一百年来的外交史是一部屈辱的外交史。我们不学他们。我们不要被动、怯懦，而要认清帝国主义的本质，要有独立的精神，要争取主动，没有畏惧，要有信心。所以，凡是没有承认我们的国家，我们一概不承认它们的大使馆、领事馆和外交官的地位，只把它们的外交官当作外侨来看待，享受法律的保护”。①

二、“一边倒”外交政策的历史回溯

对于共和国建立初期“一边倒”的外交政策，今天普遍的看法是有其事实合理性与必要性。虽然在当时会不可避免地带来一些争议，以及在具体的实施过程中会有一些负面的影响和后果，但这都不能成为我们今天拿着历史的放大镜去进行史料的爬梳与钩沉，并进而对其合理性进行重评的理由。

关于确立“一边倒”外交方针的原因，学术界主要观点是，“‘一边倒’是基于维护国家利益的现实考虑和意识形态的历史渊源、中立政策不可行的战略权衡，以及中共对国际形势特别是中美苏三国内外政治交互作用综合评估的结果等多种因素”。② 关于“一边倒”外交政策的基本内涵，学术界观点集中在“结盟”和“独立自主”两个节点上。

首先，关于采取“一边倒”外交政策的必然。有学者认为，采取“一边倒”的外交政策，是中国共产党第一代领导集体在审时度势，基于二战后冷战格局已经成为世界历史发展和国家交往的基本背景，从中国国内亟须恢复和平建设

① 中华人民共和国外交部、中共中央文献研究室编：《周恩来外交文选》，中央文献出版社 1990 年版，第 4—5 页。

② 董振瑞：《十年来国内学术界关于“一边倒”外交方针研究述评》，《党的文献》2015 年第 6 期。

及在独立自主的基础上争取最大支持的外来支持的需要出发，经过民主集中的反复讨论与推演得出的正确选择。①“一边倒”的政策选择是中国共产党在建国前后从新中国的现实情况与共产主义的国际内涵出发，以党性、人民性为根本要求，从全国劳动人民的根本利益出发的伟大实践。在当时的环境下，无论是从意识形态的天然亲近，还是从地缘政治的角度出发，对于中国这样一个新生的大国需要且能够得到援助的角度，选择苏联、选择社会主义国家阵营，是基于立足现实且可能获得目标实现的理性考量。因此，从某种程度上来说，选择“一边倒”的外交策略是有其历史必然性的一面的。

另外有学者提出，安全利益、经济利益和外交利益，是“一边倒”形成过程中中国共产党领导人重点考虑的核心要素。从事后的历史演进过程来回顾，这样看是有其合理性的。对一个饱经战争创伤、人民生活水平跌到百年来谷底的国家来说，一个边疆稳定、硝烟远去的安全环境是其基本的需求。而稳定的内外部环境，更是人民群众从战时生活转为经济建设为主调，为巩固新生的人民政权、打破西方经济封锁的前提条件。态度模糊，非但不会获得已经收容了国民党残余军队与地方政权的世界资本主义阵营的同情，更会由此让社会主义阵营对于这个新生政权产生怀疑和不信任感。骑墙只是属于小国的权利，对于新中国而言，是没有采取模糊政策而获得援助的可能。选择模糊政策，不会有两害相权取其轻的博弈优化，反倒可能是两害叠加的最劣选择。大局的判断决定了新中国在对外关系上必须实行“一边倒”。②

其次，关于结盟。有学者认为，“一边倒”外交政策，其实也是双向的选择。对于中华人民共和国来说，站在以苏联为首的社会主义阵营一边，将获得和平安定的环境以及进行经济建设所需的各种支援。而对于苏联来说，新中

① 参见程珂：《再论新中国“一边倒”外交方针的形成》，《云南社会科学》2007年第3期。

② 参见金冲及：《二十世纪中国史纲》下册，社会科学文献出版社2012年版，第715—718页。

国的加入，不但保证了社会主义阵营在东亚地区的稳定态势，更因为有其加入，能够让社会主义阵营在与资本主义阵营的冷战对峙中获得强有力的援手和支撑。①

第三，关于独立自主。独立自主是毛泽东思想的基本特色之一，可以说是中国共产党自第一次国共合作与国内革命战争以来所得出的，历经革命与战争考验的重要总结。在革命年代得到的宝贵经验，在和平建设年代更会得到坚持。"一边倒"的外交选择是站在社会主义阵营一边，但是在国与国的关系及具体决策上仍然是不折不扣的独立自主，而不是作为别国的附庸。在革命与战争年代，中国共产党在独立自主的问题上有过宝贵的经验，也有血染的教训，因此绝不会妥协。独立自主是原则性立场，即绝不允许外部政权干涉中国内政，依靠本国人民和中国共产党进行保卫国家的斗争和作为经济建设的主力。因此，强调独立自主也是中国共产党在选择与确立"一边倒"的外交方针时反复阐明的立场出发点。②

"一边倒"的外交政策，说到底还是中国和平外交总方针指导下的产物。新中国在《共同纲领》中明确提出："中华人民共和国联合世界上一切爱好和平，自由的国家和人民，首先是联合苏联、各人民民主国家和各被压迫民族，站在国际和平民主阵营方面，共同反对帝国主义侵略，以保障世界的持久和平"③，"这就表明了中国在国际社会中站在什么方面，联合什么力量，反对什么行为的问题，规定了新中国在国际上应坚持的原则立场"。④

① 参见贺艳青、肖瑜：《新中国外交事业的开端——西柏坡时期中共外交政策与外交工作述论》，《中共党史研究》2013年第2期。

② 参见王国学：《对建国初期毛泽东"一边倒"战略方针的再探讨》，《毛泽东思想研究》2005年第4期。

③ 中共中央文献研究室编：《建国以来重要文献选编》第1册，中央文献出版社1992年版，第3—4页。

④ 郭伟伟：《当代中国外交研究》，北京理工大学出版社2011年版，第16页。

“一边倒”的外交政策，是中国共产党在新中国成立初期基于对国际局势研判所作出的决策。这一政策的实施解决了当时迫在眉睫的三方面重要问题：第一，恢复经济。在实现国内和平之后，这一政策有利于我们获得进行经济建设所急需的贷款、物资和技术，有利于饱受战争创伤的国民经济在随后几年内的快速稳定与恢复发展。第二，国家安全。新中国成立之初，国民党政权依然盘踞在东南沿海、大西南等地区，在美国的鼓动和操纵下，随时准备向新生的人民政权发动反攻。尤其是朝鲜战争爆发后美国派遣第七舰队进驻台湾海峡，国家安全局势一度非常紧张。在这时候，“一边倒”的外交政策帮助我们稳定可靠地获得了来自苏联的各项军事物资，并最终支持我们打赢了朝鲜战争，赢得了中朝边境的持久和平。第三，国际地位。“一边倒”的外交政策实施后，我们迅速与苏联建交。这在社会主义阵营及友好国家中建立了良好的示范效应，有助于在一定程度上缓解帝国主义对我们的封锁造成的困难。

在马克思主义的观点看来，这就是辩证唯物主义认识论的一个范例。即人们不仅能够认识物质世界的现象，而且可以透过现象认识其本质。在认识和实践的关系上，认识来自实践，又转过来指导实践，为实践服务。“一边倒”的外交政策，是中国共产党对于20世纪40年代末及50年代初的国际观认识下的产物，这是对帝国主义本质及其阶级属性的深刻认知所达成的。从实践上看，“一边倒”的外交政策在主要目标上基本实现了制定者在讨论及思考过程中所勾画的初衷。

第三节　和平共处五项原则的提出及践行

如果说“一边倒”的外交政策是中国共产党基于新中国成立初期对于世界格局的研判而作出的决策，那么随着朝鲜战争结束和国内经济建设逐步踏上正轨，中国又恢复到了以发展为主基调的时期。随着国力的稳步增长和安全态势的改善，中国共产党领导层也开始有实力和精力来进行周边乃至国际关系范式的探索和构想，“和平共处五项原则”就是这一积极探索过程的思想和实践结晶。

一、转折的起点——“发自中国的声音”

诞生“和平共处五项原则”的土壤，首先是来自实力的支撑。用形象的比喻来说，贯穿这三十年的“站起来”阶段，新中国成立初期，我们通过卓有成效的国内外各项建设，已经成功完成从“站住”到“站稳”的关键转变。无论是通过“三反”“五反”等斗争肃清的政治环境，还是通过土地政策以及工商业政策实现的农村与城市经济的恢复，都为我们这一时期眼光“向外看”提供了坚实的基础。而且在这一阶段，由于综合国力的增长，让我们可以不像过去一百年那样站在“平地”甚至是“洼地”来看待与各国的关系，在某些时候和条件下，我们甚至可以有足够的能力及信心站在“高地”来观察、分析与解决国际关系中的问题。“横看成岭侧成峰，远近高低各不同”。横看与侧观，对于同一事物都会有不同的结果，更不用说站在“高地”上来观察世界与周边了。这是客观世界对于中国共产党观察视角的推动与促进，是外部环境作用于认识的结果，为中国共产党国际观的跃进提供了必要而显著的支持。

其次，和平共处五项原则的提出，源于中国共产党自诞生之日起国际观的自然发展。从马克思主义的阶级分析观点来说，在中国共产党成立之初，毛泽东等中共领导人坚信世界上的任何政治力量，要么属于革命的势力，要么属于反革命势力。对于世界和平而言，最大的威胁是来自英、法等少数资本主义国家及其各自所谓的联盟，而革命力量必将面临与其进行抵抗斗争的命运。这也成为中国共产党早期国际观的基础。随着第二次世界大战结束，国际形势发生了新的变化。1946 年，毛泽东结合当时世界形势，首次提出旨在反对美帝国主义的“中间地带”理论。他认为穿插在美国和苏联之间，还有着广大的欧、亚、非国家。他们是反对美国的力量之一，也是需要广泛去争取的力量。而“和平共处五项原则”能成为团结这些国家有力的思想号角。

和平共处五项原则的首次提出，是在 1953 年 12 月，中国政府与印度政府谈判解决西藏地方的关系问题时。周恩来在会见印度代表团时第一次提出这一原则，即互相尊重主权和领土完整、互不侵犯、互不干涉内政、平等互利、和平共处。这五项被写入双方达成的《关于中国西藏地方与印度之间的通商和交通协定》的序言中，具有相当重要的一些特点：

第一，和平共处五项原则的前提性。在周恩来看来，和平与平等是国际关系的基础，以及在此基础上享有发展的各项权利。正因为如此，才能赢得包括不发达国家和小国在内的认同与支持。“世界各国不分大小强弱，不论其社会制度如何，是可以和平共处的。各国人民的民族独立和自主权利是必须得到尊重的。各国人民都应该有选择其国家制度和生活方式的权利，不应受到其他国家的干涉。”①

第二，和平共处五项原则的时代性。原则提出的年代，仍然处于帝国主义是世界和平与发展主要威胁的时代。在冷战格局的总体影响下，和平与战争的威胁仍然笼罩在从欧洲一直蔓延到亚洲的广阔土地上。利用被压迫民族和国家间的各种矛盾，进行针对性的放大、引导与挑拨，是帝国主义在进行殖民统治时惯用的伎俩。因此，首先在中印关系上践行和平共处五项原则时，中国共产党的领导层就向同属东方国家的印度指出，“尽管我们在思想上，社会制度上有不同，但是我们有一个很大的共同点，那就是我们都要对付帝国主义”②。

第三，和平共处五项原则的阶级性。亚洲作为亚欧大陆文明群体中的一级，

① 中共中央文献研究室编：《周恩来答问录》，人民出版社 2015 年版，第 201 页。

② 中华人民共和国外交部、中共中央文献研究室编：《毛泽东外交文选》，中央文献出版社 1994 年版，第 164 页。

从古至今诞生了中华文明、印度文明及两河文明等璀璨的明珠，但也是近代沦为殖民地、半殖民地后受帝国主义压迫最严重的地区之一。殖民者利用他们掌握的侵略工具，在亚洲人中间制造阶级地位、国家地位之间的差别，利用亚洲人打亚洲人的事件在近现代史上屡屡可见。因此，中国作为亚洲民族独立与解放运动的代表之一，率先提出“亚洲国家应该互相尊重各国的独立和主权，而不互相干涉内政；应该以和平协商方法解决各国之间的争端，而不使用武力和威胁；应该在平等互利的基础上建立和发展各国之间的正常的经济和文化关系，而不容许歧视和限制。只有这样，才能使亚洲国家避免新的殖民主义者利用亚洲人打亚洲人的空前灾难而获得和平和安全”①。这对于亚洲国家间的相互认同以及合作的开展具有显著积极的作用。

第四，和平共处五项原则的策略性。在原则的提出和讨论阶段，必须解决的另一个问题是，这一原则是否只适用于被压迫国家和民族之间？发达国家尤其是西方发达国家，是不是不适用？对此，中国共产党的看法显然经过了符合世界局势发展趋势的思考与推演。比如，突破口可以选择英国。“我们改善同西方的关系将首先从英国开始。这说明，世界上不同制度的国家是可以和平共处的。”② 周恩来表示，“我们和英国是有同有不同的，我们的态度是求同而不求异。当然，不同的地方，双方都不能去掉，不能要求双方改变立场和放弃立场，那是违背和平共处五项原则的。……要向他们说明，我们不干涉别的国家的内政，革命不能输出，各国的社会制度是由本国人民自己选择的。总之，我们要互相尊重，不扩大争论，扩大争论就会对立起来，那是不利的”③。之所以选择英国作为例子，正是中国共产党在国际关系上的理解日趋成熟的又一标志。作

① 中华人民共和国外交部、中共中央文献研究室编：《周恩来外交文选》，中央文献出版社 1990 年版，第 70 页。

② 同上书，第 80 页。

③ 同上书，第 81—82 页。

为世界上曾经最大的殖民地宗主国，英国有号称“日不落”的管辖土地，即使在第二次世界大战后对这些国家仍然有着不可小觑的影响力。而这一事实的另一层含义是，在第二次世界大战后，大量的英国殖民地纷纷独立，英国的世界霸主地位已经交棒给了美国。选择英国作为和平共处五项原则在发达国家的突破口，体现出中国共产党已经开始将从抗日战争时期逐步萌芽并完善的国际统一战线理论进一步运用于新中国的外交领域中，在这一时期将理论与实践相结合，并结出了影响至今的硕果。

在毛泽东看来，和平共处五项原则的推广是要争取尽可能多的朋友，将广大发展中国家的力量团结起来、运用起来。“应当把五项原则推广到所有国家的关系中去。……应当按五项原则来受约束，承担义务。如果一个国家说了不做，那末就有理由来指责它，它在人们眼中就输了理。”① 而在这一过程中，平等与互利是始终要遵循的原则与准则，“我们在合作方面得到一条经验：无论是人与人之间、政党与政党之间、国与国之间的合作，都必须是互利的，而不能使任何一方受到损害。如果任何一方受到损害，合作就不能维持下去。正因为这个原因，我们的五项原则之一就是平等互利”②。

二、和平共处五项原则的伟大历史实践

这一原则提出后，就被应用于中国与周边多个国家的关系处理上。比如，中印、中缅关系；中日关系；在日内瓦会议上为与会亚洲国家认可，不同社会制度的国家是可以和平共处的；在亚非会议上，提出和平共处五项原则的精神核心是求同存异与反对殖民主义，倡导全新的和平互助的国际关系。③ 求同存异原则与

① 中华人民共和国外交部、中共中央文献研究室编：《毛泽东外交文选》，中央文献出版社 1994 年版，第 165 页。

② 同上书，第 167 页。

③ 参见郭伟伟：《当代中国外交研究》，北京理工大学出版社 2011 年版，第 39—41 页；杨奎松主编：《冷战时期的中国对外关系》，北京大学出版社 2006 年版，第 59—67 页。

和平共处十项原则，都是和平共处五项原则的发展，都已成为亚洲与非洲反对帝国主义与殖民主义，争取和维护民族独立，保卫世界和平，促进友好合作的重要基石。为建立合理公正的国际政治经济新秩序奠定了重要基础。① 和平共处五项原则的基本出发点是国家不分大小、强弱、贫富，不论社会制度、意识形态和发展道路，都应一律平等，互相尊重，友好合作，和睦相处。这也是中国共产党在处理亚洲关系和非洲关系时秉持的国际观。毛泽东也指出，“五项原则是一个长期方针，不是为了临时应付的。这五项原则是适合我国的情况的。五项原则也是适合你们国家的情况的，适合亚洲，非洲绝大多数国家的情况的。”②

和平共处五项原则的提出是中国和平外交方针的进一步发展，是在冷战格局下新中国外交思维的创新与突破。在平等、互利的基础上，这是一条既能被各国接受，又能具体指导中国外交决策的指南。

理论上，这一原则以马克思主义唯物史观为基础。平等和权利，是一切人或者社会成员都应该拥有的。平等，不但是历史性的，也是客观性的。在国家关系领域，平等也是每个国家应该拥有的权利，这是马克思主义国际关系的本质要求。“大国高一级，小国低一级，这是帝国主义的理论。”③ 和平共处五项原则的提出，维护了国际关系的法理基础，因此也拥有了为其他国家广泛接受的基础。同时，和平共处五项原则又旗帜鲜明地反对霸权主义，为国际关系新秩序的进步提供了发展的方向。

从和平共处五项原则提出到今天的实践结果来看，这一原则已经成为各国在处理双边和多边关系中普遍遵循的准则之一，它跨越了不同的社会制度、发展条件和文化观念，是我国对国际政治理论和实务处理的重要贡献。“和平共处

① 参见郭伟伟：《当代中国外交研究》，北京理工大学出版社 2011 年版，第 39—41 页。

② 中华人民共和国外交部、中共中央文献研究室编：《毛泽东外交文选》，中央文献出版社 1994 年版，第 186—187 页。

③ 同上书，第 191 页。

五项原则经历了时间的考验，具有强大的生命力。它已经成为公认的指导国际关系的准则，也是建立国际经济、政治新秩序的基础。”①

六十多年后，当我们重新回到和平共处五项原则产生的起点，即中印关系问题上审视其现实意义，也会有新的发现。中国和印度是世界上人口最多和第二多的发展中国家，都是在第二次世界大战之后取得了国家独立和民族自主的国家。在世界近现代史上，研究者和观察家纷纷以两国间的合作作为发展中国家携手共进的范例。另一方面，因为历史的原因，两国之间有着漫长的国境线，边界问题一直是留在两国领导人和政府之间的一个问题。在20世纪50年代前期非常短暂的蜜月期后，这一问题就成为引发两国之间冲突的主要原因。发生在1962年的中印边境自卫反击战，成为两国关系自此之后的转折点。其后经历了数次边境的摩擦，直到最近几年，又发展出两国在边境地区的两次比较重大的事件，即众所周知的2017年中印在洞朗地区的对峙以及2020年的中印加勒万河谷冲突。

和平共处五项原则在1953年提出后，获得了印度的响应。在1954年，中国和印度政府签订了中印协定。这一协定正是20世纪50—60年代中印边界争端中双方争论的一个焦点。印度政府认为，1954年中印协定解决了中印之间包括边界在内的所有问题，是其主张中印边界中段的条约依据。和平共处五项原则写入了协定，即表明中国确认了印度政府关于边境的主张。而中国政府认为，1954年中印协定和写入其中的和平共处五项原则与中印边界无关，更不能表明中国承认了印度主张的任何一段中印边界。“中国政府的观点是符合历史事实的。印度政府坚持上述主张及其拒绝续签1954年中印协定的做法，只是为了把其主张的中印边界强加给中国，这对中印关系产生了极坏的影响。”② 将和平共处五项原则作为中国政府承认中印边界的证据支持，这是印度政府毫无逻辑，近似

① 郑瑞祥：《和平共处五项原则产生的历史背景和时代意义》，《当代亚太》2004年第6期。

② 康民军：《1954年中印协定与中印边界争端——和平共处五项原则创立50周年回顾》，《当代中国史研究》2004年第6期。

于强词夺理的主张。和平、互利是和平共处五项原则的基本准则，如果只是一边倒的自利行为，那显然既非这一原则建立的初衷，更是对国际关系基础的原则性曲解。

这些发生在中印边境上的硝烟与风云，并不能掩盖和平共处五项原则历经半个多世纪以来国际风云变幻的考验，直至今日依然对国际关系具有弥久不衰的影响。在处理国与国关系的时候，这一原则已经展现出深入人心的效果，以及所表现出的强大生命力。

这是因为，和平共处五项原则不仅维护了国际关系的法理基础，也顺应了历史进步潮流；同时，它对于处理国际关系具有很强的普适性，能够被不同类型的国家接受；更重要的是，它是反对霸权主义的强大思想武器，为推动建立公正合理的国际新秩序指明了方向。①

和平共处五项原则是中国共产党在20世纪50年代认真思考世界格局的走向及新中国开展对外交往时所需遵循原则的产物，直到今日还不失其现实意义。当前，中国已经是世界GDP排名第二的国家，在地区及世界安全体系中扮演着越来越重要的角色，但这并不意味着我们要放弃这一原则。作为中华人民共和国的执政党，中国共产党将站在新的历史起点上，为和平共处五项原则的内涵扩充与发展创新，不断丰富中国的对外理论体系，并为新时代的国际交往和关系发展注入新的活力。

第四节 “三个世界划分”理论的提出及其意义

“三个世界划分”理论是毛泽东在20世纪70年代对于世界格局演进的思考

① 参见徐坚：《论和平共处五项原则的理论与实践》，《国际问题研究》2005年第1期。

结果，具体是在1974年2月22日，毛泽东会见赞比亚总统卡翁达时提出的。第二次世界大战后，世界民族独立运动产生了两个高峰。第一个高峰是从二战结束开始到20世纪50年代末，中心在亚洲，一直延伸到北非。第二个高峰兴起于1960年，延续到20世纪70年代中期，中心在非洲并延伸到加勒比海地区和亚洲太平洋地区。在这些民族解放运动中，亚洲和非洲诞生了大量的独立国家。同时，欧洲和日本等国也在第二次世界大战后的二三十年时间里经济和社会生活得到逐步的恢复，甚至焕发出新的生机。这些虽然不会改变冷战期间东西对峙的基本局面，但是与第二次世界大战后的世界态势早已是相差甚远。

一、主动思考、引领世界趋势发展的理论

在世界政治经济演进的洪流中，毛泽东准确地判断和分析出浪花已经在悄然地改变河岸的形状。此时，他认为苏联和美国两个超级大国是第一世界，因为这两个国家具有最强的经济和军事力量；整个亚（除日本外）、非、拉美和其他地区的发展中国家属于第三世界，发展中的社会主义中国属于第三世界；而处于这两者之间的发达国家，如日本、欧洲、加拿大等则是第二世界。

这一划分理论的提出，明确了美苏两个超级大国掌握着最强大的生产工具和军事工具，作为冷战双方的领导者，是二战后绝大多数局部战争的策源地，是威胁世界和平发展的主要危险，是除此之外所有国家都值得警惕的对象；第二世界的国家往往具有两面性，它们既有压迫、剥削和控制第三世界国家的一面，又有在不同程度上受美苏两个超级大国控制、威胁和欺侮的一面，因此是可以争取联合的力量。而广大的第三世界国家，在历史上深受帝国主义、殖民主义和霸权主义的侵略与剥削，是世界革命赖以倚重的基本力量。“三个世界划分”理论指明了国际斗争的方向，在当时的世界舆论和国际政界产生了巨大的反响，对鼓舞和动员世界人民反对霸权主义起到了巨大的实质性推动作用。

今天在分析三个世界的成因时，观察者基本都注意到世界局势变化对其形

成的作用，包括越南战争对美国的影响以及美国尼克松总统访华后中美双方关系的变化等。但对国内因素的作用有一定程度的忽视。而其中关键性的一点就是中国共产党国际观的变化。20世纪70年代中期，虽然“文革”的干扰还在持续，但是中国的各项建设，尤其是高精尖的武器装备和军事建设获得巨大的进展。自1964年第一颗原子弹爆炸和1967年第一颗氢弹爆炸，及1970年的第一颗人造地球卫星成功发射，使中国在世界尤其是在发展中国家心目中树立了巨大的威望。同时，也为中国共产党看世界提供了前所未有的坚实底气。

如果可以做一个横向的时间轴做比喻的话，从某种程度上，可以说“一边倒”政策的选择还有点“不得不”的意味，和平共处五项原则已经有了适度的主动权，而“三个世界划分”的理论则代表着中国共产党在新中国成立后二十多年国际交往的实践和理论总结上已经有了全面的提升。从认识和实践关系的角度来理解，那么正是在这一时期，中国共产党已经开始运用其不断成熟的国际观来有意识地参与、引导国际格局的变化。这是由物质决定意识的马克思主义基本原理决定的，也是中国共产党积极发挥主观能动性，履行共产主义国际担当的创造性成果。

同时，“三个世界划分”的理论也是对既有冷战时期两极格局的一种牵制与改变。冷战，肇始于1946年，到了20世纪六七十年代，国际格局的多极化趋势已初见端倪。当以美元为中心的布雷顿森林体系崩溃后，资本主义世界出现多足鼎立的新局面。在华约集团内部，东欧国家则开始力图摆脱斯大林模式的束缚，纷纷开展与之相关的各种斗争。这让冷战原本清晰的战线开始走向混沌，原来泾渭分明的价值观和意识形态壁垒此时也受到了更多现实因素的冲击与稀释，“三个世界划分”理论之所以能在发布后获得众多国家的认同，正是因为契合了冷战二十多年后人心思变的各国想法，原先紧密抱团的国家又趋于新的机会进行聚合的潮流趋势。中国突破了冷战以来“两大阵营 ”的单一模式，实行联合“一大片”的方针，大力加强与第三世界国家的团结，积极改善与第二世界国家的关系。“三个世界划分”理论从历史的和战略的意义上确定了中国的国际地位，它向世界宣布，中国属于第三世界，而且永远属于第三世界，中国永远不称霸。

具体从“三个世界划分”理论诞生的内部发展轨迹与脉络看，也经历了一个从萌生到根据主客观环境变化而不断丰富、调整与凝练的过程，并非一蹴而就、横空出世。简单而形象化的概括，那就是“由一而二、二而三”。从中间地带，再到两个中间地带，以及最后完成三个世界划分的理论成型。

（1）中间地带。1946年8月6日，毛泽东会见美国记者安娜·路易斯·斯特朗时提出：“美国和苏联中间隔着极其辽阔的地带，这里有欧、亚、非三洲的许多资本主义国家和殖民地、半殖民地国家。美国反动派在没有压服这些国家之前，是谈不到进攻苏联的。现在美国在太平洋控制了比英国过去的全部势力范围还要多的地方，它控制着日本、国民党统治的中国、半个朝鲜和南太平洋；它早已控制着中南美；它还想控制整个大英帝国和西欧。美国在各种借口之下，在许多国家进行大规模的军事布置，建立军事基地。”①

（2）两个中间地带。1962年1月3日，毛泽东在会见日本禁止原子弹氢弹协议会理事长安井郁时提到：第一，世界地缘政治分为三大块，即“社会主义阵营算一个方面，美国算另一个方面，除此之外，都算中间地带”；第二，“中间地带国家的性质也各不相同”，“中间地带国家各式各样，各不相同”，存在四种类型的国家；第三，“美帝国主义及其走狗是压迫者、剥削者、欺侮者”。1963年9月28日，毛泽东在中共中央工作会议上进一步概括为：第一，“我看中间地带有两个，一个是亚、非、拉，一个是欧洲”；第二，美国与欧洲资本主义国家和日本存在矛盾，日本、加拿大、法国等都对美国不满；第三，“苏

① 中华人民共和国外交部、中共中央文献研究室编：《毛泽东外交文选》，中央文献出版社1994年版，第59页。

联与东欧各国的矛盾也有明显发展，关系紧张得很”。1964 年 1 月 5 日，毛泽东会见日共中央政治局委员听涛克己时，再度阐释了“中间地带”的层级结构：第一，从国际地位来说，美、苏占第一位，美、苏两国都有核武器，想统治世界；第二，日本、英国、法国、西德、意大利等占第二位；第三，“中间地带有两部分：一部分是指亚洲、非洲和拉丁美洲的广大经济落后的国家，一部分是指以欧洲为代表的帝国主义国家和发达的资本主义国家”；第四，在社会主义阵营中，中苏关系存在矛盾，“中、苏两国之间的关系，还不如中国同日本自由民主党的关系好”；第五，苏联与东欧各国有矛盾，“在东欧各国则发生反对苏联控制的问题”。①

（3）“三个世界划分”理论。1974 年 2 月 22 日，毛泽东首次公开这一理论：“美国、苏联是第一世界。中间派，日本、欧洲、澳大利亚、加拿大，是第二世界。”“亚洲除了日本，都是第三世界。整个非洲都是第三世界，拉丁美洲也是第三世界。”② 紧接着，1974 年 4 月 10 日，邓小平代表中国政府在联合国第六届特别会议发言中，全面系统地阐述了毛泽东的“三个世界划分”理论。

二、“三个世界划分”理论的实践“三分法”

这一理论的创造性，不仅仅在于代表广大的第三世界国家在由美苏两个超强大国为世界覆盖的冷战铁幕下撕开了一道口子，露出了新的时代曙光，也因为其精准地窥见了帝国主义战争阴云下和平发展的普遍诉求，并且有策略地针对处于不同层级的国家和人民发出了呼声。

首先，对于第一世界国家，揭露其真实的对内与对外的侵略与掠夺本质。比如，指出“美国在北美洲处在这个中间地段的那一边，苏联和中国处在这一

① 参见中华人民共和国外交部、中共中央文献研究室编：《毛泽东外交文选》，中央文献出版社 1994 年版，第 487、506—508 页。

② 同上书，第 600—601 页。

边，美国的目标是占领处在这个广大中间地带的国家，欺负它们，控制它们的经济，在它们的领土上建立军事基地，这包括日本、德国在内”①。处在美苏羽翼下的中间地带国家对他们有着天然的反控制意识与动机，而中间地带的人民和中国人民一样对帝国主义的压迫和剥削感同身受，“这就是亚非拉人民团结反对帝国主义的最根本原则，我们之间的相互关系是兄弟关系，不是老子对儿子的关系。要巩固团结，要建立广泛的统一战线。不管什么人，不管是黑人、白人或是黄种人，不管他信什么宗教，是天主教、基督教、伊斯兰教或佛教……只要是反对帝国主义的，……都应该团结”②。在针对美国的论断中，“三个世界划分”理论还体现出了高度的灵活性，即“两个第三世界”的说法，“美国现在在两个‘第三世界’都遇到抵抗。第一个‘第三世界’是指亚、非、拉。第二个‘第三世界’是指以西欧为主的一批资本主义高度发展的、有些还是帝国主义的国家，这些国家一方面压迫别人，另一方面又受美国压迫，同美国有矛盾”③而对于美国内部的矛盾，毛泽东以娴熟无比的阶级分析方法进行了深刻而到位的揭破：“马丁・路德・金是一个非暴力主义者，但美帝国主义者并没有因此对他宽容，而是使用反革命的暴力，对他进行血腥的镇压。这一件事，深刻地教训了美国的广大黑人群众，激起了他们抗暴斗争的新风暴”，“美国的种族歧视，是殖民主义、帝国主义制度的产物。美国广大黑人同美国统治集团之间的矛盾，是阶级矛盾。只有推翻美国垄断资产阶级的反动统治，摧毁殖民主义、帝国主义制度，美国黑人才能够取得彻底解放”④。

其次，对于第二世界国家，坦诚公开想法，争取尽可能多的支持。中日建

① 参见中华人民共和国外交部、中共中央文献研究室编：《毛泽东外交文选》，中央文献出版社1994年版，第150页。

② 同上书，第537—538页。

③ 同上书，第514页。

④ 同上书，第577—578页。

交前后，毛泽东与到访的日本政要及代表进行了多次会面和交谈，他关于日本的看法很能代表对第二世界国家的观点。“新的日美‘安全条约’是为了压迫日本广大人民，是以中苏为敌、以亚洲人民为敌的侵略性的军事同盟条约，它对亚洲和世界和平是严重的威胁，同时也必将把严重的灾难带给日本人民……美帝国主义是中日两国人民的共同敌人”。① 关于美国对第二世界国家的目的和野心，毛泽东也有清晰的表达，即他们同时也是美国希望控制和剥削的对象。“中间地带国家的性质也各不相同：有些国家有殖民地，如英、法、比、荷等国；有些国家被剥夺了殖民地，但仍有强大的垄断资本，如西德、日本；有些国家取得了真正的独立，如几内亚、阿联、马里、加纳；还有一些国家取得了名义上的独立，实际上仍然是附属国。中间地带国家各式各样，各不相同，但美国统统想把它们吞下去。”②

第三，同属第三世界的其他国家是中国的真正朋友与可以信赖的力量，需要全力支持与团结。自 20 世纪 60 年代以来纷纷获得民族独立的非洲国家成为交好的重点。毛泽东对于非洲的反殖民主义斗争更是给予了高度的评价和支持。“非洲的反殖民主义、反帝国主义的斗争更有世界意义……我们完全同情你们，完全支持你们。同时我们认为，你们的斗争支持了我们，帮助了我们。”③ 关键一条就是非洲人民破除了对于欧洲殖民者的思想迷信，走出了敢于斗争的第一步。“我们高兴地看到非洲朋友有这么多人破除了迷信。迷信的第一条就是怕帝国主义，你们破除了这一条，不怕帝国主义了。……人常常是有很多迷信的，迷信帝国主义是其中的一种。”④ 在表达反对西方国家殖民的态度时，我们与非洲国家拥有着共同的屈辱感受，这是展开互信与合作的起点之一。“我们同

---

① 参见中华人民共和国外交部、中共中央文献研究室编：《毛泽东外交文选》，中央文献出版社 1994 年版，第 414 页。

② 同上书，第 487 页。

③ 同上书，第 407 页。

④ 同上书，第 411 页。

所有非洲国家人民的关系都是好的，不管是独立的或没有独立正在斗争中的人民。……我们不是孤立的，你们也不是孤立的。你们来中国可以感到中国人民是十分欢迎你们的。”“我们和你们的情况差不多，比较接近，所以我们同你们谈得来，没有感到我欺侮你，你欺侮我，谁都没有什么优越感，都是有色人种。西方国家想欺侮我们”。① 对于来访的非洲国家党派，他更是对其表达了真诚的期望和指导。“革命是可能胜利的。……革命必须依靠群众，得到广大人民群众的支持，才能有正确的路线，才能胜利。几内亚民主党就是一个联系群众的政党，杜尔总统是联系群众的领袖。……只要有领导核心，如有几内亚民主党及其他革命政党作为团结、宣传的核心，人民群众觉悟就会逐渐提高。”②

三、旗帜鲜明地让世界人民“站起来”

在毛泽东与第三世界国家来访人进行谈话的时候，他尤其注意从打破肤色和民族自卑感出发，同时也要破除对白种人的优越感。“我们东方人有一种自卑感，总觉得自己不行，白种人比我们强。这是一种迷信，要破除。既要破除迷信，又要向西方学习。破除迷信与向它们学习并不矛盾。”③ 这是数百年来西方人通过运用科技和军事等方面的优势，对第三世界国家进行殖民统治时遗留在当地人民心中的意识和影响，而相互团结和支持是破解之道。“我们需要你们的援助和支持，同时我们也支持你们的斗争，要相互团结、相互支持。你们的斗争就是我们的斗争，你们的胜利就是我们的胜利；我们的斗争也是你们的斗争，我们的胜利也是你们的胜利。我们和你们没有利害冲突，只有团结友好。东方人民正在起来。”④ 在团结的时候，同样发展出现代的卫生习惯与工业生产能力

① 中华人民共和国外交部、中共中央文献研究室编：《毛泽东外交文选》，中央文献出版社 1994 年版，第 490、492 页。

② 同上书，第 466 页。

③ 同上书，第 393 页。

④ 同上书，第 401 页。

是中国与第三世界国家共同的目标与诉求。“西方人说我们中国人不行，是有色人种。他们说有色人种就是不行的，是成不了事的，是不讲卫生和不高尚的。我们这个人种似乎和你们非洲人也差不多。西方人也说你们不行，但又不帮助你们发展工业；你们就是发展一点工业，也是属于帝国主义所有的。所以我们和你们的地位相同。”①

“站起来”的中国，同样期望并且在帮助第三世界国家摆脱“蹲姿”甚至是“卧姿”，实现从仰视到平视的转变。团结起来，敢于斗争才是走向胜利的方向。“我们要扩大团结的范围，把全亚洲、非洲、拉丁美洲以及全世界除了帝国主义和各国反动派以外的百分之九十以上的人民团结在一起。”②而胜利也将属于第三世界人民。毛泽东的判断是：“世界上帝国主义的日子不大好过。它们怕第三世界，既怕你们这些人，也怕我们这些人。”③

对于“三个世界划分”理论的历史地位和价值，有学者认为它是“以国家利益与主权诉求为逻辑原点，以矛盾对立统一论为哲学基石，以冷战时代背景为历史平台，以反对霸权主义为主要外交方略”。作为中国外交战略和国际关系理论的标志性成果，这一理论“具有十分特殊的时代价值，特别是在国际伦理与正义原则、话语权与国家形象、安全机制与战略伙伴关系、相互依存与文化超越等领域形成的理念和原则”④。同时，这一理论的提出也“标志着中国外交已从过度强调履行无产阶级国际主义和世界革命义务转到强调国家安全及和平发展为第一需要，这是中国共产党外交战略和指导原则的根本性转变”。但是它有一定的历史局限性，它的“理论思维模式是国内革命战争时期的革命统一战线策略；在一定程度上忽略了世界和平发展的基本趋势，过度夸大世界战争的

---

① 中华人民共和国外交部、中共中央文献研究室编：《毛泽东外交文选》，中央文献出版社 1994 年版，第 403—404 页。

② 同上书，第 482 页。

③ 同上书，第 587 页。

④ 姜安：《毛泽东“三个世界划分”理论的政治考量与时代价值》，《中国社会科学》2012 年第 1 期。

危险”①。

美国知名左翼学者阿里夫·德里克则认为，讨论毛泽东这一理论对第三世界的影响可以从三个方面展开：第一是研究毛泽东思想对世界产生吸引力的原因；第二是研究毛泽东思想在20世纪60—70年代第三世界斗争全盛时期的重要影响；第三则是在后殖民社会的语境中讨论毛泽东的思想遗产。特别是“应从战后全球资本主义视角，以及同革命中国相类似的社会的本土意识背景下来理解这一影响”②。

第五节　反对霸权主义和推动建立国际新秩序

反对霸权主义和推动国际新秩序建立在词素上是并列关系，在逻辑上是因果关系。反对霸权主义，并不是为反对而反对，而是为了从根本上推动以体现亚非拉等“二战”后新兴民族独立国家在政治、经济、外交、文化等领域有更多平等参与国际事务权利的新秩序建设。中国提出反对霸权主义的说法和“三个世界划分”的理论几乎是同时，如果说“三个世界划分”的理论是基于中国共产党对于世界格局的整体构想，那么反对霸权主义就是实践这一理论的基本途径，而其主体目标都是推动国际新秩序的形成。

反对霸权主义和推动国际新秩序建立，有两层含义。第一，中国独立自主的和平外交政策是在维护国家主权和尊严的基础上，对美国的侵略进行坚决反击，对苏联损害我国利益的行为进行有效斗争，坚决反对国际霸权主义和强权政治。第二，中国共产党大力发展同亚非拉第三世界国家的团结和合作，加强

① 何理：《毛泽东关于三个世界划分理论与二十世纪七十年代中国外交战略调整》，《中共党史研究》2010年第4期。

② ［美］阿里夫·德里克：《毛泽东思想与第三世界》李永进编译，《毛泽东思想研究》2016年第2期。

对西欧和日本的外交关系，努力促成国际政治新秩序。这两层含义并不割裂，而是相辅相成，互为一体的。

一、反对霸权主义是争取独立、平等的基本要求

霸权主义一词的使用由来已久，一般而言，是指不同时代中的大国、强国压迫、支配、干涉小国、弱国的行为，不尊重这些国家的独立和主权，强行进行控制和统治。从大航海时代开始，世界开始通过海洋的纽带逐渐连接成为一个整体，全球性市场也随着资本主义的坚船与利炮逐步成型，霸权主义就开始正式进入人们的视野。近代以来，西班牙、葡萄牙、荷兰、英国、德国、俄国、日本、美国都企图夺取世界霸权。第一次世界大战就是由主要帝国主义国家为抢占殖民地，霸占世界资源和商品市场引起的。第二次世界大战之后，美国凭借着超强的经济、军事和政治实力妄图称霸世界。而在 20 世纪 60 年代后，随着苏联军事和科技力量的崛起，世界由此进入了美苏争霸的年代。反对霸权主义，既要反对美国的霸权主义，也要反对苏联的霸权主义。

1946 年，二战结束不久，美国就开始在亚洲和非洲推行它的霸权主义行径和价值观。而毛泽东已经开始敏锐地感受到了这一点，并指出："以前，世界上是法西斯和反法西斯的斗争，战后的世界变成了美国反动派和世界人民的对立。"① 在 1956 年发生了苏伊士运河事件之后，毛泽东认为这是新旧帝国主义国家之间发生的霸权主义争斗，而中国要做的，就是要和所有的社会主义国家以及受压迫的民族和国家团结起来，主动斗争。"从这个事件可以看出当前世界斗争的重点。……他们现在是假借反共产主义之名来争地盘。争什么地盘呢？争亚洲非洲十亿人口的地盘。目前他们的争夺集中在中东这个具有重大战略意义的地区，特别是埃及苏伊士运河地区。在那里冲突的，有两类矛盾和三种力

① 《毛泽东文集》第 4 卷，人民出版社 1996 年版，第 196 页。

量。两类矛盾，一类是帝国主义跟帝国主义之间的矛盾，即美国跟英国、美国跟法国之间的矛盾，一类是帝国主义跟被压迫民族之间的矛盾。三种力量，第一种是最大的帝国主义美国，第二种是二等帝国主义英、法，第三种就是被压迫民族。现在帝国主义争夺的主要场所是亚洲、非洲。”“我们的方针应当是，把社会主义国家巩固起来，寸土不让。谁要我们让，就一定要跟他斗争。”①

对于中国来说，美国的霸权主义行径的直接目标就是插手台湾事务，极力阻挠我们解放台湾。尤其是其利用各国、各民族之间的矛盾，采取支持代理人的手法，粗暴干涉所感兴趣的地区和国家，特别是社会主义国家的事务，已经成为新的世界战争的策源地以及世界和平的最大威胁。“美帝国主义顽固地要干涉各国的内部事务，包括社会主义国家的内部事务，例如，在中国干涉解放台湾，在匈牙利制造反革命叛乱。它特别放肆地干涉那些位于美国和社会主义阵营之间的中间地带各国的内部事务。美国现在还在策划通过土耳其或以色列侵入独立的叙利亚，还在阴谋颠覆反殖民主义的埃及政府。美国的这种疯狂的侵略政策，不但造成了中东的危机，而且造成了新的世界战争的危机。”②对于美国的霸权主义行为和言论，在鸦片战争的硝烟中一路走来，并在朝鲜战场让武装到牙齿的联合国军感到敬畏的中国人民，是不愿意也不可能接受这种不平等的屈辱安排的。自 1927 年以来坚持武装斗争的连续胜利以及自 1949 年以来国内各条建设战线均取得可喜可贺成绩的事实，让中国共产党不但有说话掷地有声的底气，更有抗衡霸权主义的能力。“美国帝国主义曾经而且还在继续竭力破坏中国人民的解放事业。但是它终究无法阻止中国的六亿人口勇敢地走上社会主义的道路。中国的各种建设事业已经在八年的短时期内取得了过去百年中所不可能有的成就。”③

① 《毛泽东文集》第 7 卷，人民出版社 1999 年版，第 188 页。

② 同上书，第 316 页。

③ 同上书，第 317 页。

对于20世纪60年代发生在广大亚非拉国家的民族解放和独立浪潮，毛泽东等中国共产党领导人不但表现出对世界反霸权主义斗争方向的判断，更指明了在这场斗争中走向胜利的途径，那就是团结。“社会主义阵营各国人民要联合起来，亚洲、非洲、拉丁美洲各国人民要联合起来，全世界各大洲的人民要联合起来，所有爱好和平的国家要联合起来，所有受到美国侵略、控制、干涉和欺负的国家要联合起来，结成最广泛的统一战线，反对美帝国主义的侵略政策和战争政策，保卫世界和平。”①而结果是“美帝国主义到处横行霸道，把它自己放在同全世界人民为敌的地位，使它自己越来越陷于孤立。美帝国主义手里的原子弹、氢弹，是吓不倒一切不愿意做奴隶的人们的。全世界人民反对美国侵略者的怒潮是不可阻挡的”②。反对霸权主义，团结受压迫民族和国家，具体有效的做法之一就是对非洲国家独立运动的支持，“20世纪60年代末独立的国家已经有41个，每当一个非洲新兴独立国家出现，中国政府都在坚持一个中国的前提下，立即宣布予以承认”③。中国共产党以及中国人民同非洲人民的友谊正是在这一次次的并肩前进中缔结的。

二、“两手准备、坚决斗争”的自主态度

在对待美国霸权主义的反对和声讨中，中国共产党表现出了高度的灵活性。虽然“声部”不同，但却奏出一曲刚柔并济、清晰有力的完美和声。既有高扬的战斗号角，也有平静表达的娓娓道来。周恩来在谈到爱国主义、世界主义、国际主义等概念的区别时提出，“我们的爱国主义是社会主义和人民民主主义的爱国主义，不是资产阶级的沙文主义。我们反对失去民族自信心的、投靠大国的‘世界主义’。美国所说的‘世界主义’、‘大国领导’，其目的是要小国永远

① 中华人民共和国外交部、中共中央文献研究室编：《毛泽东外交文选》，中央文献出版社1994年版，第511页。

② 同上书，第511—512页。

③ 胡锦山：《非洲的中国形象》，人民出版社2010年版，第123页。

跟它走，永远受它奴役剥削。我们的国际主义是要各国都独立平等”①。对于美国的霸权主义目的的揭露同样一针见血，“这些区域中的任何一国都在远离美国国境数千海里以外。显然，美国的国防安全同这些区域并无关系。这就说明，这些所谓防御集团的组织，并不是为了防御，也不是为了所谓保卫自由，而是为了在亚洲扩大殖民战争，建立新的殖民帝国，以奴役亚洲人民，并强迫他们为了美国少数人的垄断资本集团的利益而互相残杀”②。对于美国的盟友，也就是那些在第二次世界大战前在亚非拉殖民地国家实行霸权主义的帝国主义同行们，周恩来也表达了善意的警告。“这也不是为了保护它的西方盟友的利益，相反地，却是为了排挤几个古老了的竞争对手以便取而代之。”③针对具体目标，审时度势、仔细分析、区别对待、分进合击，这是中国共产党在反对国际霸权主义的斗争中展现出来的策略和技巧，其背后也都是同其在“站起来”后不断积累起来的国际观察和实际工作经验密不可分的。

对于苏联的霸权主义行为，中国共产党也进行了有针对性的斗争。但对苏与对美确有不同：第一，中国与苏联还同属社会主义阵营。虽然在涉及国家利益等问题时双方意见会有冲突，但对于以马克思列宁主义主义理论为核心的价值观，双方是共同坚守的。对于共产主义的实现目标，双方也是有继续合作的必要性和可能性的；第二，苏联在实行霸权主义所涉及的国家和区域、具体的手段上都与美国有一定的差距，不可一概而论。毛泽东就是用了矛盾论的分析方法来阐明这一问题的，“（马克思主义）就是讲矛盾讲斗争的。矛盾是经常有的，有矛盾就有斗争。现在中苏之间就有那么一些矛盾。他们想问题做事情的方法，他们的历史习惯，跟我们不同。因此，要对他们做工作”。④具体的工作方法上，先是直接

① 中共中央文献研究室编：《建国以来重要文献选编》第3册，中央文献出版社1992年版，第171页。

② 中共中央文献研究室编：《建国以来重要文献选编》第5册，中央文献出版社1993年版，第241—242页。

③ 同上书，第242页。

④ 《毛泽东文集》第7卷，人民出版社1999年版，第190—191页。

讲，然后是帮助为主，求同存异。“在形势的压迫下，苏联那些顽固分子还要搞大国沙文主义那一套，行不通了。我们目前的方针，还是帮助他们，办法就是同他们当面直接讲。”“矛盾总是有的，目前只要大体过得去，可以求同存异，那些不同的将来再讲。如果他们硬是这样走下去，总有一天要统统捅出来。”①

对于美帝国主义可能强加给中国的霸权主义行径，周恩来的态度是异常坚决的。“人民对帝国主义必须准备两手，争取最好的可能，准备对付最坏的可能。”谈判与准备战斗两手都要硬。“在同帝国主义进行斗争中，任何时候都不能放下武器，解散和改编武装队伍。谈判顺利的时候，要以武装力量作为后盾；谈判不顺利的时候，更需要以武装力量作为后盾。”②

对于霸权主义的战争威胁，中国政府的态度也是有理有力：

（1）中国不会主动挑起对美国的战争。

（2）中国人说话是算数的。那就是，如果亚洲、非洲或世界上任何国家遭到以美国为首的帝国主义的侵略，中国政府和中国人民是一定要给以支持和援助的。

（3）中国是做了准备的。如果美国把战争强加于中国，不论它来多少人，用什么武器，包括核子武器在内，可以肯定地说，它将进得来，出不去。既然一千四百万越南南方人民对付得了二十几万美军，那么六亿五千万中国人民也肯定对付得了一千万美军。美国侵略者不管来多少，必将被消灭在中国。

（4）战争打起来，就没有界限。③

---

① 《毛泽东文集》第7卷，人民出版社1999年版，第191—192页。

② 中华人民共和国外交部、中共中央文献研究室编：《周恩来外交文选》，中央文献出版社1990年版，第324页。

③ 同上书，第460—461页。

而关于逐步强大起来的中国会不会陷入帝国主义、霸权主义的窠臼中去，周恩来的回答是："我们承认，我们可以在几十年后发展成为一个强盛的国家。但我们声明，无论如何我们不做超级大国，现在不做，将来也不做。从整个世界来看，国家要独立，民族要解放，人民要革命，已成为不可抗拒的历史发展的趋势。"①

三、"一条线"与"一大片"的基本逻辑

当时间由20世纪60年代跨入70年代后，随着中美关系的融冰和接近，以及苏联自勃列日涅夫上台之后在世界舞台上开始以进攻姿态示人，世界反霸权主义斗争开始走向新的阶段，即"一条线"和"一大片"。直至1970年毛泽东发表的"五二〇声明"，其主要矛头还是指向美帝国主义。但在这之后，虽仍然提出反对两霸，但矛头已经主要转向"苏联社会帝国主义"。毛泽东在1973年2月会见来访的基辛格时首次提出了"一条线"联合抗苏的战略构想，"我说要搞一条横线，就是纬度，美国、日本、中国、巴基斯坦、伊朗、土耳其、欧洲"②；1974年1月5日，他在会见日本外务大臣大平正芳时，又进一步提出"一大片"的思想，就是把"一条线"周围的所有的国家都囊括进去。"一条线"和"一大片"的思想是毛泽东根据当时国际局势的变动提出的全新战略构想，反映的是这一时期中美苏三国关系的变化，其目的就是要团结包括美国在内的国际上一切可以团结的力量，共同反对苏联霸权主义。"这一国际战略的总体构想是：以苏联为主要对手，加强同第三世界国家的团结，争取同第二世界国家的联合，建立包括美国在内的反对苏联霸权主义的统一战线。"③

纵观自新中国成立后同美苏这两个第一世界超强国家的反对霸权主义斗争

① 中华人民共和国外交部、中共中央文献研究室编：《周恩来外交文选》，中央文献出版社1990年版，第491页。

② 毛泽东会见基辛格时的谈话，1973年2月17日。转引自王仲春：《中美关系正常化进程中的苏联因素（1969—1979）》，《党的文献》2002年第4期。

③ 迟爱萍：《毛泽东国际战略思想的演变》，《党的文献》1994年第5期。

史，有学者认为其帮助中国成长为一支独立于美苏之外的强大力量。也有学者认为中国共产党的决策让中国承受了过度的责任和压力，以及在这一过程中形成了与美苏两个超级大国对抗的不利局面。“中苏论战已经导致社会主义阵营分裂，1962 年中国和印度发生的边境摩擦和武装冲突，1964 年美国扩大对越南北方的轰炸使越南战争升级，中国对这些外部势力的反应越来越激烈。最终形成了中国同时要和美苏两个超级大国相对抗的既定格局”，这是脱离历史基本事实和模糊时间轴进行分析得出的看法。姑且不论毛泽东一直有“两霸我们总要争取一霸，不能两面作战”①的明确指示，即使就其文中提到的中印自卫反击战及中国协助越南进行反对美国霸权主义的斗争的基本史实来看，中国共产党对于反对霸权主义的目标及实现手段是一以贯之的清晰与连续，即积极利用霸权主义国家与受压迫民族之间的矛盾和霸权主义国家的矛盾来进行坚决、灵活的斗争，从而实现帮助亚非拉国家独立，建立起平等自由的国际新秩序。这一点自提出起就没有丝毫的动摇，也是中国共产党由此赢得了持续至今的世界声誉与地位的法宝。

第六节　党际关系的初步建立和曲折发展

一般而言，党际关系就是指政党之间的相互关系，包括国际党际关系和国内党际关系两种类型。在本书中的党际关系特指国际间的党际关系。政党，作为由一定阶级领导的，并代表本阶级利益的社会政治组织，都有着其特定而明确的政治目标和意识形态。党际关系，可以在具有相同或相似意识形态的政党

① 毛泽东同周恩来、姬鹏飞等人的谈话，1972 年 7 月 24 日。转引自王仲春：《中美关系正常化进程中的苏联因素（1969—1979）》，《党的文献》2002 年第 4 期。

之间建立和发展，也可以为了某些暂时的或者更深远的政治目标，在拥有不同的意识形态和政治目标的政党之间展开。

党际关系的建立和发展，主要是通过政党之间的交流来实现的。党际交流可以分为直接交流和间接交流两种。直接交流，就是指政党之间通过访问等直接方式进行接触；而间接交流则是指政党通过信件、电话等现代化通信手段以及传递文件和材料等方式来进行。不同的交流方式之内还存在着不同的层次，这是现代政党政治的通行规则。在具体情况下，往往是复合性的。“在党际交流的实践中，许多具体交流活动难以纳入某一个特定的层次，也有一些可以同时纳入几个不同的层次，并非一定拘泥于上述某一单个层次。”①

共产主义运动自诞生之日起，就具备了天然的国际属性。因为他们的最终目的并不是在一国或者一个地区之内建成共产主义，而是以全人类的解放为目标。当1847年6月2日，世界上第一个共产主义政党即共产主义者同盟建立，各国的共产主义组织和后来建立的共产党就开始了从理论和制度的探讨，到工人运动的开展以及武装斗争的互相支持等全方位的党际关系建立与交流的发展。随着第一个社会主义国家苏维埃的建立，各国共产党的党际交流因为有了一个稳定而强大的国家为依托，也进入了一个关系更为紧密，团结协作力度更大的时代。

中国共产党的成立，就离不开共产国际的帮助。一直到中华人民共和国建国前，中国共产党都与苏联共产党保持着持续和密切的沟通。在新中国成立后，中国共产党更是展现出了大国大党的担当与魄力，在党际关系交流与建立的数量、层次与效果上实现了质的飞跃与突破，展现了“站起来”的新姿态与新形象。当然，如同人际关系的复杂，党际关系的建立和发展也不会都是一帆风顺，双方会因为各种原因而出现停滞甚至是倒退，这都是党际交往和党际关系中的正常现象。

① 杜艳华等：《中国共产党对外党际交流史鉴》，上海人民出版社2011年版，第3页。

一、党际关系的建立与发展

从1949年到1978年，中国共产党与世界各国的政党建立了广泛的联系，并与其中的部分政党展开了合作。在这30年中，通过与各国政党的交往，加深了对于世界各国政治趋势走向的把握，也深化了自身的国际观理论发展和实践积累。这三十年间的党际关系发展，基本可以分为以下几个阶段：

1. 1949—1956年："一边倒"战略下的党际关系选择

在这一时期，是中国共产党开展党际交流的"蜜月期"。据统计，从新中国成立至中共八大召开期间，中国共产党与世界上90多个共产党或工人党建立了联系并保持友好往来，这极大地扩充了自身的党际"朋友圈"。在具体方针上，毛泽东指出："应当继续努力同苏联和一切兄弟国家团结一致，继续努力同世界上一切兄弟党、人民革命政党和广大人民群众团结一致，取得他们的同情和援助。"① 中国共产党在"一边倒"的外交政策选择下以全新的姿态与各国共产主义政党建立了良好的关系，为世界共产主义运动带来一股来自东方的暖风。其中，中国共产党与苏联共产党的交往，与南斯拉夫共产党的交往，与朝鲜劳动党的援助与交往，与越南劳动党的交往等，都堪称此时世界共产主义政党间交往的佳话。此外，这一时期，中国共产党还积极开展与西方国家左翼政党之间的交往并建立了比较深度的往来关系。比如，中国共产党与英国共产党之间，与美国共产党之间就保持着围绕世界热点话题交换意见和书信往来的关系。

在代表性事件上，以1949年12月毛泽东首次访问苏联为肇始，中国共产党领导人与苏联共产党领导人以面对面的形式讨论和广泛交流了意见；1951年1月16日，中共中央成立了对外联络部进行对外交往；中国共产党先后派出代表团出席苏共十九大和苏共二十大；中国共产党通过致贺电、互访等形式与南

① 中华人民共和国外交部、中共中央文献研究室编：《毛泽东外交文选》，中央文献出版社1994年版，第245页。

斯拉夫共产党开展交流；1955 年 6 月 25 日，毛泽东、周恩来赴机场迎接越南劳动党中央主席、国家主席胡志明。

1954 年，中国共产党邀请英国工党代表团访华。周恩来指出："我们和英国是有同有不同的，我们的态度是求同而不求异。当然，不同的地方，双方都不能去掉，不能要求双方改变立场和放弃立场，那是违背和平共处五项原则的。同在哪里呢？第一，双方要和平；第二，双方要做买卖；第三，它要取得政治资本，在国内多搞选票，就得推进中英关系。"①

2. 1956—1959 年：中苏分歧下的党际关系

1956 年是社会主义阵营内充满波澜的一年，苏共二十大召开，发生在这一年的波兰波兹南事件和十月危机，以及匈牙利危机，都成为中国共产党党际关系建设中面对的挑战。1956 年 2 月，苏共二十大召开，同时公布了引发各社会主义国家执政党讨论的二十大报告。中国共产党为探索符合中国国情的社会主义建设之路，围绕斯大林和苏联模式的评价问题与苏联及各国共产党进行了广泛交流。4 月 29 日，毛泽东在会见拉丁美洲 6 个国家共产党代表团时，就表明了他对苏共二十大的态度。同年 9 月，中国共产党第八次全国代表大会在北京召开。这次大会史无前例地迎来了 54 个共产党代表团参加，这是中国共产党在前期党际交流和关系建设的成果展示。10 月，酝酿已久的波兰"十月事件"爆发，最终结果是赫鲁晓夫被迫妥协，同意哥穆尔卡等人进入政治局，但坚持不能把罗科索夫斯基排除在外。哥穆尔卡明确指出，在波兰人民眼中，罗科索夫斯基是"苏联控制的象征"。其实早在苏共二十大召开之后，中国共产党与波兰共产党就苏联日趋严重的控制问题进行了密切的沟通。而苏联对这一事件的最终处理结果，也与中国共产党在此问题上的表态有直接关系。10 月 23 日，另一个社会主义国家匈牙利的首都布达佩斯爆发了声势浩大的群众示威游行，随

① 中华人民共和国外交部、中共中央文献研究室编：《周恩来外交文选》，中央文献出版社 1990 年版，第 81—82 页。

后演变为流血冲突。就在10月24日和11月4日，苏联两次出兵，史称“匈牙利事件”，波兰、匈牙利事件发生后，社会主义阵营内部对这两起事件的认识有了分歧。

1957年11月，毛泽东应苏联共产党邀请第二次访问苏联，并参加60国共产党代表会议，表明中国共产党对解决社会主义阵营内不同看法的态度，但双方并未达成有效理解。1958年，中国拒绝了苏联关于在东北设立长波电台和共同舰队的要求，双方矛盾加深。虽然中国共产党希望借助1959年中华人民共和国成立10周年庆典以及布加勒斯特会议等机会，与苏共交换意见，但并未取得实质性进展。

在这几年间，除了与苏共的特殊关系外，中国共产党与其他各国共产党均展开了持续的交流活动，包括与越南、老挝、罗马尼亚、阿尔巴尼亚等国的执政党。另外，中国共产党与美国共产党、英国工党等资本主义国家左翼政党的关系也在稳步推进。1959年1月17日，毛泽东在《给美国共产党主席福斯特的复信》中就说道：“十分感谢您一九五八年十二月十九日的来信。从您的充满热情的来信中，使我看到了伟大的美国共产党的灵魂，看到了伟大的美国工人阶级和美国人民的灵魂。”①

3. 1960—1969年：中苏关系走向分裂下的党际关系

这十年堪称中共和苏共关系的冰冻期，双方在共产主义运动的前景以及处理社会主义阵营内部问题等领域产生了根本性的分歧。由1962年开始的中苏大论战，更是将两党关系推向温度更低点。其间，双方的争论越演越烈，及至1969年发生的珍宝岛武装冲突，标志着双方关系已经到了兵戎相见的地步。20世纪60年代末，中国全国上下尤其是华北和西北地区，都投入围绕以苏联机械化部队全面进攻为设想的备战行动。正是在这样现实而巨大的威胁下，中国共

① 中华人民共和国外交部、中共中央文献研究室编：《毛泽东外交文选》，中央文献出版社1994年版，第366页。

产党开始思考国际关系与党际关系转型的战略问题。

在这一时期，由于中苏两国和两党的关系，在社会主义阵营内部也出现了声音不同的各派观点，即所谓的亲苏派、亲中派和观点中立的派别。毛泽东在会见南斯拉夫共产主义者联盟代表团时说："现在世界上马列主义的共产党的阵线，不管是在取得胜利的地方，或者是在尚未取得胜利的地方，都是团结一致的。但是也有过不团结的时候。我们有对不起你们的地方。……一九四八年我们写过文章批评你们。其实也不应该采取这种方式，该和你们商量。假如你们有些观点是错了，可以向你们谈，由你们自己来批评，不必那样急。反过来，你们对我们有意见，也可以采取这种办法，采取商量、说服的办法。在报纸上批评外国的党，成功的例子很少。这次事件对国际共产主义运动来说，是取得了一个深刻的历史教训。"①

4. 1970—1978年：以"三个世界划分"理论指导的党际交往

这一时期，是中国共产党的党际关系建设的重大进展期。外部，由于中美关系的接近与中苏关系的缓和，中国共产党整体的党际外交环境趋暖；内部，"文化大革命"对于社会生活与生产的波及渐小，稳定的环境也有利于对外伸出更多的橄榄枝。这一时期，也是"三个世界划分"理论逐渐成熟和出台的时间段。在这些因素中，与美国建交是标志性的事件。广泛加强与第三世界，尤其是与第三世界国家政党的交往则是中国共产党党际外交展开的重头，中国共产党大力支援亚非拉人民进行反帝反殖反霸的斗争。同时，收获与第二世界国家政党的友谊是这近十年间党际关系成绩的亮点。这都是与中国共产党世界观的进化与发展密不可分的，主要是对于资本主义国家阵营内的共识与分歧，已经上升到新的理论高度。在这段时间，中国共产党支持日本对美国的抵制，积极与澳大利亚、新西兰等太平洋发达国家进行沟通，积极开展各层次交流等等，

① 中华人民共和国外交部、中共中央文献研究室编：《毛泽东外交文选》，中央文献出版社1994年版，第251—252页。

都为之后的改革开放准备好了党际互动的基础。最后，中国共产党不放弃与第一世界的两个超级大国党际交流的可能性并取得很大成绩。

这一时期，党际交流的代表性事件有：与第一世界的交往主要是1972年美国总统尼克松访华。与第三世界的交往，则有1970年4月，周恩来总理正式访问朝鲜；1971年10月，在争取恢复中华人民共和国在联合国的合法权利问题上，中国共产党与非洲政党的广泛交流等。另外，关于中国共产党与第二世界国家政党的关系，也有突破性的一些进展，包括1972年7月，日本社会党前委员长佐佐木更三应邀访华；1972年7月25日，日本公明党委员长竹入义胜访问中国；1971年7月，澳大利亚前总理、工党代表惠特拉姆与工党全国委员会主席伯恩斯访华，受到周恩来总理的会见。这些多点开花式的党际外交成果，为十一届三中全会后中国进入改革开放时代的党际关系建设奠定了良好的基础和范本。

二、党际关系建设的基本特点

纵观这三十年中国共产党的党际关系建设，可以清晰地看到其根本出发点建立在意识形态基础之上。这就导致该时期的党际关系发展产生两个基本特点：

第一，“一边倒”的政党关系建设原则影响深远。政党是具有很强的政治性诉求的组织，中国共产党之所以能取得全国革命的胜利，其坚定的共产主义信仰是根本性的要素之一。在新中国成立后，中国共产党虽然在理论上提出了超越意识形态的想法，但是在全党以及整个社会主义阵营内部并未能达成共识。在某种程度上，这就是中国共产党开展党际关系建设的基准线。从建国初期的外部环境看，采取“一边倒”的政策，让中国共产党能够相对容易地在社会主义阵营内的国家中获得友谊与共识。但蜜月期一过，中苏两党间的某些无法跨越的认识障碍与问题，也就成为中国与其他社会主义国家政党之间一道难以轻易填平的深壑。这在20世纪60年代，中国共产党与其他国家共产党之间的关系浮沉中就很容易体现出来。以意识形态为坐标系，也导致其在五六十年代与美国和英国政党开展交往时，只能将目标限定在弱小的美国共产党和英国工党身上。这就使得中国共产党试图通过党际交往达到间接影响国际交往，甚至另辟蹊径的可能性在当时几乎不具备。经历了60年代的纷争，直到70年代“三个世界划分”理论的出台，才使得中国共产党在党际关系建设方面放开手脚，能够在世界上争取和团结一切可以团结的力量。这在某种程度上，是对当时实际面临的苏联威胁的一种反制，事实上也为收获超越意识形态之外的党际友谊提供了有利条件；但另一方面，它只是对原有的意识形态认同习惯的一种补充，而不是党际交往中的彻底改变。中国共产党作为中华人民共和国的执政党，党际关系的建立与党际外交的开展，当然是和国家利益与政党利益分割不开的。

第二，在开展党际关系建设的时候，会出于意识形态的原因影响到国家决策，加重了对外援助的负担。这一点，尤其是在与社会主义国家进行交往的时候表现得非常明显。同样作为国家的执政党，中国共产党与这些国家的共产党及共产主义政党在进行往来的时候，国家外交与政党外交的两条线往往是交织在一起的。

总之，关于中国共产党的党际关系研究，“学界对外党际交流系统的理论研究尚未形成系统，也缺乏具体个案研究。在对外党际交流日益活跃，作用日益巨大，研究亟待深入之际，总结、凝练学界研究成果，将有助于进一步深化中共对外党际交流的理论研究。”①

1949—1978年，是中国在20世纪革命与建设历史进程中的“站起来”阶段。在这30年中，“站起来”的表现，除了在经济、政治、社会、军事、文化、生活等领域取得了指数级的增长和发展改变外，另一项突出的指标，就是包含

① 崔辉：《中共对外党际交流理论研究述评》，《福建党史月刊》2014年第8期。

了国际观在内的国家意识与认同，以及全党认知水平的跃升。这是以马克思主义唯物史观和辩证法为指导，对于世界历史运行的形态、资本主义与社会主义的内在发展规律，通过执政党的实践与经验总结而得来的。这 30 年的建设成果，是对中国共产党自 1921 年建党后，以 28 年的时间完成革命胜利、确立社会主义建设方向的高度肯定，也是对改革开放新环境及新成就的良好奠基。中国共产党通过摸索，结合中国革命的具体实际，推进了马克思主义国际观的进一步发展："一边倒"的路线，是中国共产党对冷战格局下以立足为优先考虑的战略选择；和平共处五项原则的提出，"即是中国共产党应对战后国际力量格局和国际秩序变化而倡导的国际准则"；而"三个世界划分"理论，则是毛泽东基于国家安全和主权尊严的基本立场，以矛盾的对立统一为哲学基石，所构建起的新型理论形态。①其中，反对霸权主义与建设国际新秩序是贯穿这些理论与实践创新的线索与方法。这些都为已经"站起来"，并且有底气来为中国外交建构符合自身利益发展模式的中国共产党提供了必须和必要的支持，最终收获了丰硕的外交成果。

① 姜安：《马克思的国际观及其当代价值》，《中国社会科学》2017 年第 11 期。

第四章　改革开放新时期中国共产党的国际观

1978年12月召开的中共十一届三中全会，是新中国成立以来党和国家历史上具有深远意义的伟大转折，开启了以改革开放为鲜明特征的社会主义现代化建设新时期。从中共十一届三中全会到2012年11月召开的中共十八大为我国的改革开放新时期，党和国家面临的突出任务是充分发挥社会主义制度优越性，提升国家综合实力和提高人民生活水平。以邓小平同志为核心的第二代中央领导集体面对新的国内外形势审时度势，实现了党和国家工作中心的转移，确立了以经济建设为中心的社会主义初级阶段基本路线。以江泽民同志为核心的第三代中央领导集体和以胡锦涛同志为总书记的中央领导集体，不断深化改革开放，坚持发展中国特色社会主义。改革开放新时期，社会主义现代化建设取得了巨大成就，为中国特色社会主义进入新时代奠定了扎实的物质基础和理论基础。这一时期，中共中央领导集体将马克思列宁主义基本原理与当代中国实际和时代特征相结合，继承、丰富和发展毛泽东思想，形成了邓小平理论、"三个代表"重要思想、科学发展观等重要思想理论成果。

改革开放新时期，中共中央重新定位对外工作的出发点，突出了维护国家利益在中国国际战略和外交政策中所占的地位。努力争取世界和平，为国内经济建设创造一个良好的外部环境，成为党和国家对外工作总的指导方针。① 总

① 当代中国研究所：《中华人民共和国简史（1949—2019）》，当代中国出版社2019年版，第81页。

体而言，这一时期，中国共产党的国际观是在和平与发展成为时代主题，世界多极化和经济全球化深入发展，中国持续推进对内改革和对外开放的新的历史条件下逐步形成的。以邓小平、江泽民、胡锦涛等为主要代表的中国共产党人关于国际问题的论述，内容丰富、博大精深。本章主要围绕这一时期中国共产党国际观中的若干重大主题展开分析，即和平与发展时代主题的重要论断，关于世界多极化趋势的研判，关于建立国际政治经济新秩序和反对霸权主义的理论，以及独立自主、完全平等、互相尊重、互不干涉内部事务的新型党际关系原则。

第一节　和平与发展时代主题的重要论断

时代问题是观察和处理国际问题的立足点和出发点。科学观察和分析时代特征，正确把握时代主题，是制定内外政策的基础和依据。党的十一届三中全会后，邓小平等党的主要领导人根据变化了的国内国际形势逐步调整了对时代主题的认识，尤其是转变了对世界战争形势的判断。邓小平提出，和平问题与发展问题是当今世界的两大战略性问题，并强调指出，和平与发展的核心问题是南北问题，而解决南北问题的关键在于解决南方国家的经济发展问题。这一对国际形势的新的科学论断，摒弃了以往认为的“革命与战争”是时代主题以及“战争不可避免”的观点，并逐步发展为中共中央关于和平与发展是当今时代主题的重要认识。

和平与发展是时代主题的论断，是实施改革开放政策以来中国共产党国际观的核心内容，为中共中央制定国内外政策提供了重要依据。1987 年 7 月 4 日，邓小平在分析了改革开放政策对社会主义现代化建设的积极意义后指出：“过去我们过多地认为世界大战很快就要打起来，忽视发展生产力，忽视经济建设。现在根据新的观察、新的分析，下决心一心一意搞建设，已经搞了八年，取得了初步效果，但是路还很长，要坚定不移地搞下去。”①世纪之交，江泽民在中共中央政治局会议上指出：“我们坚持邓小平同志对国际形势的基本判断，强调和平与发展仍是当今时代的两大主题，国际形势总体趋向缓和，在相当长时期内避免新的世界大战是可能的，积极为我国现代化建设争取一个较长时期的和平国际环境和良好周边环境。”②2004年8月，胡锦涛在邓小平诞辰100周年纪念大会上高度强调时代主题认识的重要意义，他指出，“和平与发展是当代世界的两大问题的重要判断”“为党和国家的工作重点转移到社会主义现代化建设上来奠定了重要基础”。③

同时，和平与发展是时代主题的认识也增强了中国共产党和中国人民的战略自信和战略定力。尤其是在面对苏东剧变、两极格局解体等一系列重大事件时，坚持时代主题的判断促使中国能够很快稳住阵脚、沉着应对。例如，1989年9月，面对复杂的国内外局势，邓小平提出：“对于国际局势，概括起来就是三句话：第一句话，冷静观察；第二句话，稳住阵脚；第三句话，沉着应对。不要急，也急不得。要冷静、冷静、再冷静，埋头实干，做好一件事，我们自己的事。”④2001年，面对“9·11”事件引起的国际局势新变化，江泽民也指出，“用辩证的观点看，总体和平、缓和、稳定，局部战乱、紧张、动荡，是当前和今后一个时期国际局势的基本态势”。⑤历史证明，和平与发展是当今时代

---

① 《邓小平文选》第3卷，人民出版社1993年版，第249—250页。

② 《江泽民文选》第2卷，人民出版社2006年版，第545页。

③ 中共中央文献研究室编：《十六大以来重要文献选编》（中），中央文献出版社2006年版，第154—155页。

④ 《邓小平文选》第3卷，人民出版社1993年版，第321页。

⑤ 《江泽民文选》第3卷，人民出版社2006年版，第520页。

的主题的论断，符合客观的国际形势，为中国的改革开放和对外工作提供了理论依据和行动指南。

一、和平与发展时代主题论断的主客观条件

和平与发展是时代主题的论断，是中国共产党人立足新的历史条件，运用辩证唯物主义世界观和方法论观察和分析世界局势得出的科学判断。

1. 对时代主题的准确把握是中国共产党坚持实事求是工作作风的体现

新中国成立后尤其是“文革”期间，中共在分析国际形势时突出强调战争的紧迫性和不可避免性，并因此在对内对外政策上将备战作为重要的指导思想。改革开放后，通过真理标准大讨论等一系列思想解放运动，中共重新确立实事求是工作方针。邓小平认为，作为马克思主义者，必须坚持实事求是，理论联系实际，并把社会实践看作是检验真理的唯一标准。他指出：“我们的革命导师马克思、列宁、毛泽东同志历来重视具体的历史条件，重视从研究历史和现状中找出规律性的东西来指导革命。那种否定新的历史条件的观点，就是割断历史，脱离实际，搞形而上学，就是违反辩证法。”① 邓小平在《解放思想，实事求是，团结一致向前进》的讲话中还指出：“实事求是，是无产阶级世界观的基础，是马克思主义的思想基础。”“只有解放思想，坚持实事求是，一切从实际出发，理论联系实际，我们的社会主义现代化建设才能顺利进行，我们党的马列主义、毛泽东思想的理论也才能顺利发展。”②

坚持实事求是，要求在分析国际形势时避免意识形态挂帅带来的政治干扰，根据新的国内国际条件客观分析和把握世界的主要矛盾和基本特征，理性和务实地处理国家间关系和确定对外政策目标。邓小平 1986 年接受美国记者华莱

① 《邓小平文选》第 2 卷，人民出版社 1994 年版，第 121 页。

② 同上书，第 143 页。

士采访时就指出：中国观察国家关系问题不是看社会制度。中美关系是看中国和美国关系的具体情况来决定。中苏关系是看中国和苏联关系的具体情况来决定。① 1989年10月，在会见美国前总统尼克松时，邓小平再次表示："考虑国与国之间的关系主要应该从国家自身的战略利益出发。着眼于自身长远的战略利益，同时也尊重对方的利益，而不去计较历史的恩怨，不去计较社会制度和意识形态的差别，并且国家不分大小强弱都相互尊重，平等相待。这样，什么问题都可以妥善解决。"② 这种不以社会制度、意识形态的差别来考虑国家之间关系的新原则和新思路在冷战后得到坚持。1998年6月，江泽民就指出："时代在前进，人类在进步。那种坚持以意识形态划分世界、处理国家关系的思维和做法是落后的、危险的。世界是丰富多彩的、存在着各种不同的文化、意识形态、社会制度，强求一种模式是行不通的。"③

在坚持解放思想、实事求是原则的指引下，中国共产党对时代特征的认识不断深化。1984年5月29日，邓小平在会见巴西总统若昂·菲格雷多时首次明确提出，"和平问题"与"南北问题"已经成为世界上两个突出的问题。他指出："现在世界上问题很多，有两个比较突出。一个是和平问题。现在有核武器，一旦发生战争，核武器就会给人类带来巨大的损失。要争取和平就必须反对霸权主义，反对强权政治。二是南北问题。这个问题目前十分突出。发达国家越来越富，相对的是发展中国家越来越穷。"④ 此后，在1984年10月31日会见缅甸总统吴山友以及1985年3月4日会见日本工商界访华团时，邓小平进一步指出，现在世界上真正大的问题，带全球性的战略问题，一个是和平问题，

① 《邓小平文选》第3卷，人民出版社1993年版，第168页。
② 同上书，第330页。
③ 《江泽民文选》第2卷，人民出版社2006年版，第155页。
④ 《邓小平文选》第3卷，人民出版社1993年版，第56页。

一个是发展问题。①

和平与发展是时代主题的判断，得到中国共产党历届领导集体的继承和发展。1987年10月召开的中共十三大提出“和平和发展两大主题”的表述。②1992年10月召开的中共十四大明确提出，“和平与发展成为时代主题”。③1997年9月召开的中共十五大进一步指出：“当前国际形势总体上继续趋向缓和。和平与发展是当今时代的主题。……在相当长的时期内，避免新的世界大战是可能的，争取一个良好的国际和平环境和周边环境是可以实现的。”④此后，中共历次全国代表大会均旗帜鲜明地坚持和平与发展是时代主题的论断。时代主题的论断，对中国共产党领导全国人民持续推进改革开放进程起到了巨大的保障和推动作用。

同时，中国共产党坚持全面、辩证地分析国际局势，在准确认识到世界要和平、国家要发展、社会要进步、经济要繁荣已成为各国人民的普遍要求的基础上，并未忽视世界存在的战争威胁和发展不平衡问题。相反，中国共产党将维护和平和促进发展作为两项突出的问题和两大重要的任务。这是因为，尽管要和平、促发展、谋合作成为时代的主旋律，然而，世界和平与发展这两大问题还没有得到根本解决，实现普遍和平、共同发展的理想还任重道远。尤其是，国际和平环境面临着来自霸权主义的干涉行为、局部战争和冲突、非传统安全等多方面的挑战。1992年10月召开的中共十四大就指出：“在今后一个较长时期内，争取和平的国际环境，避免新的世界大战，是有可能的。同时也要看到，目前国际形势仍然动荡不安。”⑤1995年10月，江泽民指出：“人们居住的这个

① 《邓小平文选》第3卷，人民出版社1993年版，第96、105页。

② 中共中央文献研究室编：《十三大以来重要文献选编》(上)，人民出版社1991年版，第7页。

③ 中共中央文献研究室编：《十四大以来重要文献选编》(上)，人民出版社1996年版，第13页。

④ 中共中央文献研究室编：《十五大以来重要文献选编》(上)，人民出版社2000年版，第41—42页。

⑤ 中共中央文献研究室编：《改革开放三十年重要文献选编》，中央文献出版社2008年版，第669页。

星球远非一片乐土。今天，不公正、不合理的国际政治经济秩序尚未得到改变。领土、民族、宗教、资源等因素引发的政治摩擦、武装冲突乃至局部战争不断发生。贫困、失业以及生态环境恶化等事关人类生存与发展的全球性问题，也困扰着我们的世界。”① 进入21世纪，2005年1月，胡锦涛在党内的一次讲话中同样表示，“国际形势继续发生深刻变化，和平与发展仍然是当今时代主题。但局部战争和冲突此起彼伏，恐怖主义等非传统安全威胁明显上升，天下并不太平”，“世界经济可望保持增长态势，但发展不平衡问题也更加突出”。② 与此同时，中国也面临着来自外部的威胁和挑战。2004年9月，《中共中央关于加强党的执政能力建设的决定》关于国际形势部分就指出：“敌对势力对我国实施西化、分化的战略图谋没有改变，我们仍面临发达国家在经济、科技等方面占优势的压力。”③

在和平与发展时代主题论断的基础上，中共中央进一步提出，维护国际和平与促进世界发展已经成为历史发展不可阻挡的潮流。中共十六大报告就指出：“维护和平，促进发展，事关各国人民的福祉，是各国人民的共同愿望，也是不可阻挡的历史潮流。”④ 十七大报告进一步指出：“求和平、谋发展、促合作已经成为不可阻挡的时代潮流。”⑤ 全国党代会报告继承和发展了关于时代主题和历史潮流的判断，显示了中国共产党的国际观具有很强的连续性，也证明了和平与发展是时代主题的论断符合客观现实，具有强大的生命力。

2. 和平与发展时代主题的认识是国际形势深刻变化的反映

20世纪80年代以来，国际形势发生深刻变化，这尤其体现在政治安全和经济发展两个方面。

---

① 中共中央文献研究室编：《十四大以来重要文献选编》(中)，人民出版社1999年版，第1544页。

② 中共中央文献研究室编：《十六大以来重要文献选编》(中)，中央文献出版社2006年版，第617页。

③ 同上书，第271页。

④ 中共中央文献研究室编：《十六大以来重要文献选编》(上)，中央文献出版社2005年版，第35页。

⑤ 《中国共产党第十七次全国代表大会文件汇编》，人民出版社2007年版，第54页。

在政治安全方面，其一，美苏关系逐步转向缓和，且冷战两大阵营内部分歧明显加剧，美苏影响和控制国际事务的能力大为削弱。这些新的发展限制了美苏两国挑起世界大战的动机和能力。其二，第三世界国家获得民族独立后渴望和平稳定的国际环境，牵制了大国挑起战争的行为。对此，邓小平指出："战争的因素在增长，但制止战争的因素也在增长。从联合国的角度可以看出，第二次世界大战以后，国际政治中积极的因素是第三世界的兴起。"① 其三，国际力量对比更加均衡，总体上有利于国际局势趋于稳定。后冷战时期，大国关系深入调整，出现了既相互合作又相互竞争、既相互借重又相互制约、既有协调又有摩擦的新局面。"大国关系的这种调整，有出于各自战略考虑的一面，但在行动和步骤上多属策略性质，没有形成集团对抗。这是一个很重要的特点。尽管目前大国关系仍具有某些不确定，但要求协调和合作是主要倾向，这有利于国际局势继续趋向缓和。"② 概而言之，20 世纪 80 年代以来，基于国际形势新的发展，中共中央得出判断：国际形势趋向缓和，世界大战可以避免。③

在经济发展方面，世界同样发生着深刻的变化。一方面，世界经济发展不平衡的现象日趋严重，发达国家与发展中国家间的差距不断扩大。南北差距扩大成为一个世界性的突出问题。这集中表现在人均国民生产总值和经济结构现代化水平上。据统计，1950 年，发达国家人均收入为 3840 美元，发展中国家为 245 美元，相差 15.5 倍。1984 年，北方国家人均产值增加至 11430 美元，而低收入国家只有 260 美元，相差 44 倍。发达国家与发展中国家的贫富分化，还突出表现在战后几十年两类国家平均国民生产总值差距有扩大的趋势。1950 年至 1980 年，工业发达国家人均国民生产总值增长 31.6 倍，而同期发展中低收

① 《邓小平文选》第 2 卷，人民出版社 1994 年版，第 416 页。

② 《江泽民文选》第 2 卷，人民出版社 2006 年版，第 196 页。

③ 《邓小平文选》第 2 卷，人民出版社 1993 年版，第 289—290 页。

入国家仅增长47%。[①]对此，邓小平就表示："现实情况是当今世界只有四分之一的人口生活在发达国家，其他四分之三的人口是生活在发展中国家，或者叫不发达国家。国际社会虽然提出要解决南北问题，但讲了多少年了，南北之间的差距不是在缩小，而是在扩大，并且越来越大。"[②]

另一方面，经济和科技成为国家间竞争的核心要素。随着经济全球化深入发展，经济和科技因素在国际关系中的地位和作用不断上升。科学技术日益成为生产力中最活跃和决定性的因素，以经济为基础、科技为先导的综合国力的较量成为国际竞争的主要内容。邓小平深刻地把握住了科学技术在社会发展中的重要作用。1978年3月，邓小平出席全国科学大会并发表重要讲话，他指出，四个现代化，关键是科学技术的现代化。没有现代科学技术，就不可能建设现代农业、现代工业、现代国防。此后，邓小平在1985年就更加明确表达了对发展经济和科技的重视。"世界新科技革命蓬勃发展，经济、科技在世界竞争中的地位日益突出。这种形势，无论美国、苏联、其他发达国家和发展中国家都不能不认真对待。"[③]1988年，邓小平总结了第二次世界大战以来特别是七八十年代世界经济发展的新趋势和新经验，进一步鲜明地提出"科学技术是生产力，而且是第一生产力"。随着国家间围绕经济和科技的竞争日益激烈，中共中央提出综合国力竞争的理论。1991年5月，江泽民在中国科学技术协会第四次全国代表大会上指出："我们面对的是一个充满矛盾和激烈竞争的世界。国际间的竞争，说到底是综合国力的竞争，关键是科学技术的竞争。"[④]1992年6月，江泽民在中央党校讲话时再次指出："国际社会的竞争，归根到底是经济实力和以经济实力为基础的综合国力的竞争与较量。"[⑤]

---

① 李其炎主编：《中国共产党党务工作大辞典》，新华出版社1993年版，第569—570页。

② 《邓小平文选》第3卷，人民出版社1993年版，第281页。

③ 同上书，第127页。

④ 中共中央文献研究室编：《十三大以来重要文献选编》(下)，人民出版社1993年版，第1590页。

⑤ 同上书，第2061页。

二、对战争与和平问题认识的转变

改革开放新时期，党和国家工作重心转向经济建设。“同心同德地实现四个现代化，是今后一个相当长的时期内全国人民压倒一切的中心任务，是决定祖国命运的千秋大业。”① 为此，中国将维护世界和平、为现代化建设事业争取有利的国际环境作为总的对外战略目标。

和平与发展是时代主题的论断，顺应了这一总体目标。1984 年 5 月，邓小平在会见巴西总统菲格雷多时表示：“在争取和平的前提下，一心一意搞现代化建设，发展自己的国家，建设具有中国特色的社会主义。”② 20 世纪 80 年代和 90 年代，邓小平多次谈到争取世界和平和国际局势稳定的重要性。1982 年 8 月，在向到访的联合国秘书长德奎利亚尔介绍了中国的现代化建设规划后，邓小平指出，“所以我们希望有一个和平的国际环境。一打仗，这个计划就吹了，只好拖延”。③ 邓小平在 1985 年 4 月会见坦桑尼亚客人时进一步指出：“我们把争取和平作为对外政策的首要任务。争取和平是世界人民的要求，也是我们搞建设的需要。没有和平环境，搞什么建设！”④

1. 世界大战在较长时间可以避免

关于战争形势的研判对于准确把握国际局势的特征和走向具有全局性的意义。20 世纪七八十年代，在客观分析武器革新的影响、国际力量的对比以及国际竞争变化等因素后，中共中央对国际局势作出研判，即“争取比较长期的和平是可能的，战争是可以避免的”。⑤

关于战争形势，中共中央的认识是逐步清晰和完善的。1983 年，在视察江

---

① 中共中央文献研究室编：《三中全会以来重要文献选编》，人民出版社 1982 年版，第 264 页。

② 《邓小平文选》第 3 卷，人民出版社 1993 年版，第 57 页。

③ 《邓小平文选》第 2 卷，人民出版社 1994 年版，第 416—417 页。

④ 《邓小平文选》第 3 卷，人民出版社 1993 年版，第 116—117 页。

⑤ 同上书，第 233 页。

苏等地回北京后的谈话中，邓小平表示："现在的问题是要注意争取时间，该上的要上。大战打不起来，不要怕，不存在什么冒险的问题。以前总是担心打仗，每年总要说一次。现在看，担心得过分了。我看至少十年打不起来。"①1985年6月4日，在军委扩大会议上，邓小平系统阐述了对国际战略形势的判断和对外政策"两个重要的转变"。其中第一个转变便是，"对战争与和平问题的认识"。他说，"过去我们的观点一直是战争不可避免，而且迫在眉睫"，"根据对世界大势的这些分析，以及对我们周围环境的分析，我们改变了原来认为战争的危险很迫切的看法"，"得出结论，在较长时间内不发生大规模的世界战争是有可能的，维护世界和平是有希望的"。②

冷战结束后，中共中央继承了关于新的世界大战在较长时间可以避免的判断。1993年1月，江泽民在《国际形势和军事战略方针》的讲话中就表示："当今世界正处于大变动的历史时期。总的看来，目前国际形势对我国发展是有利的。首先，在今后一个较长时间内，争取和平的国际环境，避免新的世界大战，是有可能的。这是一个非常重要的战略判断，是我们集中精力进行经济建设的大前提。"③进入21世纪，以胡锦涛为代表的中国共产党人延续了这一判断。2006年8月，胡锦涛在中央外事工作会议上指出："维护和平力量继续发展，制约战争因素不断增长。虽然世界上局部战乱连绵不断，但酿成世界大战和大国全面对抗的可能性很小，世界总体和平稳定局面可望长期保持。"④

中国共产党对战争与和平问题的分析，是在反思历史、正视现实，充分总结经验教训的基础上得出的。尤其是，美苏是唯一有能力发动世界大战的国家，而两国都不敢轻易发动。邓小平就表示，"打世界大战只有两个超级大国有资

---

① 《邓小平文选》第3卷，人民出版社1993年版，第25页。

② 同上书，第127页。

③ 《江泽民文选》第1卷，人民出版社2006年版，第278页。

④ 《胡锦涛文选》第2卷，人民出版社2016年版，第506页。

格，别人没有资格，中国没有资格，日本没有资格，欧洲也没有资格”。① “美苏两家打不起来，就没有世界大战。” ② 同时，世界力量对比也发生了有利于世界和平的转变。和平力量的增长是对战争的有效制约。1985年，在军委扩大会议上，邓小平分析了和平力量的构成：“世界战争的危险还是存在的，但是世界和平力量的增长超过战争力量的增长。这个和平力量，首先是第三世界，我们中国也属于第三世界。第三世界的人口占世界人口的四分之三，是不希望战争的。这个和平力量还应该包括美苏以外的发达国家，真要打仗，他们是不干的呀！美国人民、苏联人民也是不支持战争的。世界很大，复杂得很，但一分析，真正支持战争的没有多少，人民是要求和平、反对战争的。” ③ 邓小平特别强调第三世界国家发展起来对于避免世界战争的重要性。1987年，邓小平就提出：“如果世界和平的力量发展起来，第三世界国家发展起来，可以避免世界大战。” ④ 此外，邓小平相信欧洲也是维护和平的力量，只要欧洲不绑在别人的战车上，战争就打不起来。⑤

2. 维护世界和平关键在于反对霸权主义和强权政治

邓小平多次强调，霸权主义和强权政治是当今世界和平的主要威胁。他说：强权政治、霸权主义的本质，就是要控制别的国家，是想垄断世界，“现在威胁世界和平的主要是霸权主义。不反对霸权主义，和平就靠不住” ⑥。此外，霸权主义还是阻碍发展中国家实现经济发展的主要障碍。邓小平指出：“霸权主义和帝国主义总是欺侮包括非洲国家在内的发展中国家，经常干预这些国家为摆脱

① 《邓小平文选》第3卷，人民出版社1993年版，第104页。

② 同上书，第319页。

③ 同上书，第127页。

④ 同上书，第249页。

⑤ 同上书，第233页。

⑥ 中共中央文献研究室编：《邓小平年谱（1975—1997）》（下卷），中央文献出版社2004年版，第973页。

控制、发展经济、争取政治独立与自主所作的努力。”[①] 为此，“反对超级大国的霸权主义也就是维护世界和平”[②]。“我们有信心，如果反霸权主义斗争搞得好，可以延缓战争的爆发，争取更长一点时间的和平。”[③] 冷战结束后，中国共产党继承了关于霸权主义是战争主要根源的理论。党的十四大明确地论述了霸权主义对世界和平的威胁：“霸权主义、强权政治的存在，始终是解决和平与发展问题的主要障碍。”[④] 党的十五大同样明确提出：“冷战思维依然存在，霸权主义和强权政治仍然是威胁世界和平与稳定的主要根源。扩大军事集团、加强军事同盟，无助于维护和平、保障安全。”[⑤]

为此，中国将反对霸权主义作为一项重要的外交任务。1980 年 1 月，邓小平在中共中央召集的干部会议上作题为《目前的形势和任务》的讲话时就指出，“全世界都估计到，80 年代是个危险的年代。反对霸权主义这个任务，每天都摆在我们的议事日程上”[⑥]。1982 年，邓小平将中国的对外政策进行了高度概括，他指出：“中国的对外政策是一贯的，有三句话，第一句话是反对霸权主义，第二句话是维护世界和平，第三句话是加强同第三世界的团结和合作，或者叫联合和合作。”[⑦] 20 世纪 80 年代末，面对苏东剧变、冷战有可能结束，中共中央清醒地认识到，冷战结束难以从根本上消除霸权主义及国家间的对抗。1989 年 11 月 23 日，邓小平在会见南方委员会主席、坦桑尼亚革命党主席尼雷尔时就表示：“我希望冷战结束，但现在我感到失望。可能是一个冷战结束了，另外的两个冷战已经开始。一个是针对整个南方、第三世界的，另一个是针对

① 《邓小平文选》第 3 卷，人民出版社 1993 年版，第 289 页。
② 同上书，第 104 页。
③ 《邓小平文选》第 2 卷，人民出版社 1994 年版，第 241 页。
④ 中共中央文献研究室编：《改革开放三十年重要文献选编》，中央文献出版社 2008 年版，第 669 页。
⑤ 中共中央文献研究室编：《十五大以来重要文献选编》（上），人民出版社 2000 年版，第 41—42 页。
⑥ 《邓小平文选》第 2 卷，人民出版社 1994 年版，第 240 页。
⑦ 同上书，第 415 页。

社会主义的。”①冷战结束以后，中国坚决反对霸权主义的新的表现形式——新干涉主义。江泽民就表示：“霸权主义和强权政治有新的表现。正在抬头的所谓‘新干涉主义’，就是霸权主义和强权政治的新的表现，已经引起了国际社会普遍关注和警惕。”②美国鼓吹“新干涉主义”，到处干预别国内政，甚至采用武力。③

三、站在全人类的高度认识发展问题

在经济全球化不断深入发展的时代，全球发展不均衡、南北差距拉大，已经成为一个严峻的世界性问题。中国共产党站在全人类的高度认识和看待发展问题，主张实现经济全球化平衡发展，使各国特别是广大发展中国家普遍受益。

1.“发展需要和平，和平离不开发展”④

和平与发展是一个辩证统一体，两者相辅相成。一方面，和平是人类社会实现发展目标的根本前提。没有和平，不仅新的建设无以推进，而且以往的发展成果也会因战乱而毁灭。另一方面，发展是人类文明进步的基础，是解决全球面临的各种矛盾和问题的关键所在。只有实现全球协调、平衡、普遍发展，才能实现世界的持久和平与稳定。

改革开放以来，中国共产党突出强调解决发展问题对于维护国际和平与安全、促进世界可持续发展的重要性。在庆祝中国共产党成立80周年大会上，江泽民明确提出，“和平与发展的核心问题是南北问题”。他指出：“如果发达国家能够本着平等、公正和互利互惠的原则，切实支持和帮助广大发展中国家发展经济文化，使之尽快摆脱贫困落后状态，世界的和平与发展问题就有了解决的

---

① 《邓小平文选》第3卷，人民出版社1993年版，第344页。

② 《江泽民文选》第2卷，人民出版社2006年版，第402页。

③ 同上书，第422—423页。

④ 中共中央文献研究室编：《改革开放三十年重要文献选编》，中央文献出版社2008年版，第669页。

重要基础。”① 胡锦涛也在国际场合多次论述发展对于实现持久和平的重要意义。2005 年 4 月，他强调指出：“发展是增进人民福祉、促进社会进步的根本途径，是巩固政治独立、维护国家稳定的重要保障。”②2006 年 4 月，胡锦涛进一步指出：“发展是维护和平、实现稳定的重要基础和保障。没有持续发展，难享长久和平。”③

2. 世界的发展绝不能长期建立在广大发展中国家贫穷落后的基础之上

“亚非的发展，同世界其他地区的发展息息相关。”“没有亚非发展中国家的发展，就没有世界的发展。”④ 然而，第二次世界大战结束以来，发展中国家在世界发展进程中的不利处境不仅没有改变，而且有进一步加剧的趋势。对此，中国共产党强调，南北问题不解决就会对世界经济的发展带来障碍，发展问题不是发展中国家独有的问题，而是需要发达国家与发展中国家一道加以解决。1984 年会见巴西总统菲格雷多时，邓小平就指出：“发达国家应该清楚地看到，第三世界国家经济不发展，发达国家的经济也不可能得到较大的发展。”⑤1985 年 3 月会见日本工商界访华团时，邓小平进一步指出：“南北问题是核心问题。欧美国家和日本是发达国家，继续发展下去，面临的是什么问题？你们的资本要找出路，贸易要找出路，市场要找出路，不解决这个问题，你们的发展总是要受到限制的”；“西欧，北美，日本，大洋洲的澳大利亚、新西兰，共十一二亿人口。很难说这十一二亿人口的继续发展能够建筑在三十多亿人口的继续贫困的基础上”。⑥ 为此，1988 年，邓小平高屋建瓴地指出：“应当把发展问题提

① 中共中央文献研究室编：《十五大以来重要文献选编》（下），人民出版社 2003 年版，第 1928 页。

②④ 中共中央文献研究室编：《十六大以来党和国家重要文献选编》（中），中央文献出版社 2006 年版，第 851 页。

③ 《胡锦涛文选》第 2 卷，人民出版社 2016 年版，第 446 页。

⑤ 《邓小平文选》第 3 卷，人民出版社 1993 年版，第 56 页。

⑥ 同上书，第 105—106 页。

高到全人类的高度来认识，要从这个高度去观察问题和解决问题。只有这样，才会明了发展问题既是发展中国家自己的责任，也是发达国家的责任。”①

3. 发展经济和改善民生是发展中国家的第一要务

中国共产党认为，在国际局势趋于稳定、较长时间战争能够避免的情况下，发展中国家应利用有利的和平国际环境来发展自己。1989年，邓小平向来访的非洲朋友表示，“现在国际形势趋向缓和，世界大战可以避免，非洲国家要利用这一有利的和平国际环境来发展自己”②。进入21世纪，中共中央高度重视发展经济对于发展中国家的意义，认为发展经济、提高人民生活水平是广大发展中国家最紧迫的任务。为此，首先，中国认识到，殖民主义、霸权主义、强权主义，依然是制约第三世界国家发展的障碍，主张继续反对殖民主义、霸权主义和强权政治。邓小平就指出：“非洲的解放和发展不是几年能够解决的。老殖民主义、新殖民主义、霸权主义、强权主义，真不少啊！现在贫穷弱小的国家，环境比过去更困难一些，需要更多的艰苦奋斗。”③其次，中国认为，为了发展，应首先有一个稳定的国内环境。邓小平就指出：“第三世界国家要求有稳定的政治环境来摆脱贫困。政治不安定，谁还有精力搞饭吃？更谈不上发展了。”④第三，中国主张，发展中国家在独立自主的基础上开展国际合作，在新的历史条件下，尽管应加强南北合作，然而发展中国家应该主要靠自己来摆脱贫困，靠自己发展起来，同时不要闭关自守。⑤

4. 中国积极推动南南合作，力所能及地帮助发展中国家

中国共产党积极主张，促进各国共同发展和世界普遍繁荣，尤其要支持和促进广大发展中国家加快发展，努力减少和消除贫困，缩小南北差距，以共享

①⑤《邓小平文选》第3卷，人民出版社1993年版，第282页。

② 同上书，第289—290页。

③ 同上书，第344页。

④ 同上书，第359—361页。

经济全球化和科技进步的成果。

南南合作是解决南北问题的一个重要路径。早在1982年会见印度客人时，邓小平就表示："所以，第三世界仅寄希望于南北问题的解决是不够的，南南之间还要进行合作。在可能的范围内，通过这种合作总能解决一些问题。"①后来，邓小平再次明确指出："解决这个问题当然要靠南北对话，我们主张南北对话。不过，单靠南北对话还不行，还要加强第三世界国家之间的合作，也就是南南合作。第三世界国家相互交流，相互学习，相互合作，可以解决许多问题，前景是很好的。"②

中国为加强南南合作作出巨大贡献。在20世纪80年代南南合作陷入低潮的时期，中国依然坚定地支持发展中国家间开展经济和科技合作。中国分别在1983年11月和1986年11月在北京举办了亚太和全球发展中国家政府间技术合作协商会议。进入21世纪以来，南南合作也已成为中国参与联合国事务的重要形式和核心内容之一。中国积极推动与77国集团、不结盟运动组织、金砖国家等发展中国家组织在联合国开展政策磋商协调，提升了发展中国家合作的机制化水平。中国还通过多种渠道为发展中国家，尤其是最不发达国家提供了援助，包括技术合作、人员培训、援外医疗、人道主义援助等多种方式。据统计，在1983年11月到1992年7月，中国政府先后承担了350多个多边技术援助项目，投入了1000多万元人民币，向亚、非、拉美、大洋洲和东欧近80个发展中国家的数百名来华学员传授了实用技术，派出了100多名专家到受援国进行现场培训或技术考察。③此外，为了提升多边援助在国家对外援助中的地位，1989年，中国政府在外经贸部对外援助司内设立"多边援外处"，专门负责通过联合国等国际组织开展对外援助工作。

---

① 《邓小平文选》第3卷，人民出版社1993年版，第20页。

② 同上书，第56页。

③ 杨树增：《中国多边援助成效显著》，《国际援助》2015年第1期。

进入21世纪以来，中国进一步加大了对联合国南南合作的资助力度。中国长期是联合国南南合作信托基金和77国集团佩雷斯—格雷罗南南合作信托基金（PGTF）的捐助国。联合国南南合作基金根据大会第50/119号决议于1996年在开发署内设立，是促进和支持南南合作和三角合作的联合国主要信托基金。中国是该基金最大的捐助国。根据联合国南南合作办公室公布的数据，2009—2016年，基金共收到捐款约2101万美元，其中中国捐款达950万美元，约占45%。① 佩雷斯—格雷罗南南合作信托基金根据联大1983年12月第38/201号决议设立，由南南合作特设局和77国集团按照其确定的优先事项共同管理，目的是支持会员国间经济和技术合作活动。2007年以来，中国累计向该基金捐款24.2万美元，占该基金总额的6.2%。② 中国还是最早参与联合国粮食署（FAO）“粮食安全特别计划”框架下南南合作的国家之一。2006年5月，中国农业部与FAO签署《中国政府与FAO关于开展南南合作的意向书》，成为首个与FAO建立南南合作战略联盟的国家。③ 中国是联合国粮农组织南南合作信托基金的最大出资国。2008年9月，中国向粮农组织捐款3000万美元设立“粮农组织——中国南南合作信托基金”。

第二节　关于世界多极化趋势的研判

多极化趋势是中国共产党看待国际局势的重要思想。多极格局是与两极格

---

① UNOSSC，“United Nations Fund for South-South Cooperation：2017 Report”，https://unsouthsouth.org/wp-content/uploads/2012/02/United-Nations-Fund-for-South-South-Cooperation-Report-2017.pdf.

② The Group of 77，“Status of Contributions to the Perez-Guerrero Trust Fund for South-South Cooperation”，http: //www.g77.org/pgtf/contribution.html.

③ 祝自冬：《中国参与农业多边南南合作的成效、面临的困难和前景》，《世界农业》2012年第11期。

局、单极格局相对应的国际格局的形态。主要国际力量或主要国际行为体在一定历史时期内相互联系、相互作用乃至相互制约所形成的一种较为稳定的结构状态和力量对比态势，就构成了国际格局。① 国际格局总是在不断发展变化，主要行为体间实力对比的变化构成了国际格局演变的物质基础和主要推动力量，而重大的带有全局性的国际事件又往往会起到关键的推动作用。在改革开放新时期，特别是冷战结束后，中国共产党关于国际格局的看法集中体现在对世界多极化趋势的认识上。“积极促进世界多极化，推动多种力量和谐并存”②，是这一时期中国共产党国际观及其实践的突出特征。

一、世界多极化趋势是历史发展潮流

东欧剧变和苏联解体导致第二次世界大战后产生的两极格局崩塌，然而新的世界格局尚未形成。面对新的形势，中国共产党冷静观察和思考，逐渐认识到多极化趋势是历史发展潮流，但将经历一个漫长、曲折、复杂的演进过程。同时，中国认为，新的诞生中的多极化政治格局，不同于历史上列强争霸、瓜分势力范围的政治局面，它与日益发展的经济全球化和科技进步相互结合、相互促进，最终将有利于维护世界的和平与发展。

邓小平从20世纪80年代后期的世界局势变化中准确认识到世界各种力量组合已经发生分化，新的力量组合正在形成之中。1990年3月3日，邓小平同中央负责同志谈话时讨论了国际格局的演进方向。邓小平提出，美苏垄断一切的情况正在变化，旧的格局正在改变，但实际上并没有结束，新的格局还没有形成。1990年的政府工作报告明确地将多极化视为国际格局演变的趋势，但同时认为美国和苏联仍然是最重要的国际力量。报告指出：“世界多极化趋势的发

① 杨洁勉：《当前国际大格局的变化、影响和趋势》，《现代国际关系》2019年第3期。

② 《中国共产党第十六次全国代表大会文件汇编》，人民出版社2002年版，第46页。

展，使美国和苏联影响国际事务的能力下降，但是美苏两国相互之间的关系仍然是影响国际局势的重要因素。”①

1991年12月，苏联解体，美苏两极格局发生根本性的变化。在这一背景下，1992年10月召开的中共十四大明确提出：“当今世界正处在大变动的历史时期。两极格局已经终结，各种力量重新分化组合，世界正朝着多极化方向发展。新格局的形成将是长期的、复杂的过程。”② 到1995年，党中央对国际格局演变的趋势已经形成更加清晰的认识，即世界多极化趋势。1995年9月，十四届五中全会通过的《中共中央关于制定国民经济和社会发展“九五”计划和二〇一〇年远景目标的建议》就表示：“世界加快向多极化发展，新的格局日渐明显，国际和平环境可望继续保持。”③ 1997年9月，江泽民在中共十五大指出：“世界上各种力量出现新的分化和组合。大国之间的关系经历着重大而又深刻的调整”，“多极化趋势在全球或地区范围内，在政治、经济等领域都有新的发展”。④ 20世纪末，中国已经将多极化趋势作为一项重要的判断加以论述。1999年11月，江泽民在《关于目前形势和经济工作》的报告中就指出：“多极化格局的最终形成将是一个充满复杂斗争的长期过程，但这一历史方向不可逆转。这是党中央在科学分析当代世界矛盾、全面审视和平力量和战争因素消长的基础上作出的重要判断。”⑤ 多极化趋势是不可阻挡的历史潮流，是中国共产党对国际局势发展演变的一个重要判断。

同一时期，中共中央也认识到，单极和多极的矛盾，称霸和反霸的斗争，

---

① 中共中央文献研究室编：《十三大以来重要文献选编》（中），人民出版社1991年版，第988页。

② 中共中央文献研究室编：《改革开放三十年重要文献选编》，中央文献出版社2008年版，第669页。

③ 同上书，第831页。

④ 同上书，第913页。

⑤ 《江泽民文选》第2卷，人民出版社2006年版，第422页。

将成为21世纪相当长一个时期内国际斗争的焦点。江泽民1998年在第九次驻外使节会议上强调："世界格局正在加速朝着多极化方向发展""但是，也要充分看到，当前世界各种力量的实力对比是很不平衡的。美国企图构筑单极世界，由它一家来主宰国际事务。尽管受到各方牵制，但在相当长的时间内，美国仍将在政治、经济、科技、军事等方面保持显著优势"，"总之，在可预见的将来，单极和多极的矛盾将更加突出，多极化趋势将在美国一个超级大国同其他几大力量的并存和竞争中逐步向前发展。世界新格局的最终形成，还有一个相当长的演变过程"。① 1999年11月，江泽民着重论述了国际力量对比的失衡问题，他指出，当前国际力量对比严重失衡，美国的经济、军事、科技实力明显优于其他国家，是当今世界超强的一极。美国正在加紧实施其全球战略，鼓吹"新干涉主义"，推行新的"炮舰政策"，到处干预别国内政，甚至采用武力。尽管如此，他也指出，美国国内矛盾及世界和平与进步力量对美国的牵制也在增强。②

进入新世纪，在坚持多极化是历史趋势的判断的同时，中共中央更加强调其曲折性和渐进性。2002年11月召开的十六大就提出，"世界多极化和经济全球化的趋势在曲折中发展"③。2004年9月，十六届四中全会通过的《中共中央关于加强党的执政能力建设的决定》进一步强调要"正确应对世界多极化、经济全球化和科技进步的发展趋势，做到审时度势、因势利导、内外兼顾、趋利避害"。④ 胡锦涛在十六届四中全会第三次全体会议上也强调了多极化进程中世界所面临的严峻挑战。他指出："世界格局处于向多极化过渡的重要时期，各

① 中共中央文献研究室编：《改革开放三十年重要文献选编》，中央文献出版社2008年版，第971—972页。

② 《江泽民文选》第2卷，人民出版社2006年版，第422—423页。

③ 《中国共产党第十六次全国代表大会文件汇编》，人民出版社2002年版，第2页。

④ 中共中央文献研究室编：《十六大以来重要文献选编》，中央文献出版社2006年版，第288页。

种力量进一步分化组合，但围绕多极还是单极的斗争依然十分激烈。”①尽管如此，冷战后，中国共产党坚持了“世界多极化不可逆转”②的总的趋势性判断。

二、世界多极化趋势有利于世界和平

多极化趋势是不以人的意志转移的历史发展潮流，同时中国共产党主张积极推动多极化进程，并倡导通过国际合作应对多极化进程中不可避免地出现的新的矛盾和挑战。

1. 多极化趋势有利于世界和平、稳定和繁荣

中国支持世界多极化进程，相信多极化趋势有利于实现国际力量的平衡，从而抑制霸权主义和维护世界和平。1997 年 9 月召开的中共十五大明确指出：“多极化趋势的发展有利于世界的和平、稳定和繁荣。”③进入新世纪，中共十六大同样肯定了多极化对世界和平的积极意义，指出：“世界多极化和经济全球化趋势的发展，给世界的和平与发展带来了机遇和有利条件。”在这一背景下，“新的世界大战在可预见的时期内打不起来。争取较长时期的和平环境和良好的周边环境是可以实现的”④。

第一，冷战后的世界多极化进程是由爱好和平的力量的增长所推动的。当前阶段的世界多极化趋势，是在国际局势趋向缓和、世界和平力量不断增长的情况下出现的。其中，第三世界兴起，并日益成为国际政治舞台上重要力量，是推动世界多极化的主要因素。邓小平就曾指出：“第二次世界大战以后，国际政治中的积极的因素是第三世界的兴起。……对这个变化的价值要给予充分的估量。霸权主义还要继续横行下去。但是，他们像过去那样随意主宰世界人民

① 中共中央文献研究室编：《十六大以来重要文献选编》，中央文献出版社 2006 年版，第 307 页。

② 《中国共产党第十七次全国代表大会文件汇编》，人民出版社 2007 年版，第 44 页。

③ 中共中央文献研究室编：《改革开放三十年重要文献选编》，中央文献出版社 2008 年版，第 913 页。

④ 《中国共产党第十六次全国代表大会文件汇编》，人民出版社 2002 年版，第 45 页。

命运的时代已经过去。第三世界国家尽管穷，但在国际政治中的分量已经大大增加，这是任何人不能忽视的。”①此外，欧洲一体化进程不仅提升了该地区国家的综合实力，而且其在政治和安全等领域的战略自主性不断增强，成为影响国际事务的不可或缺的重要力量。1987年，邓小平就指出：“我们在分析国际状况时特别注意欧洲，欧洲是决定和平与战争的关键地区。”②认为只要欧洲能够继续联合自强，采取独立的外交政策，那么就足以成为制约美苏对抗的强大因素。进入21世纪以后，虽然发达国家整体实力保持优势地位，但新兴市场国家和发展中国家整体实力的快速上升，特别是以金砖国家为代表的新兴国家和发展中国家的群体性崛起，成为国际格局发展的一个突出特征。这进一步推动了国际力量对比加速变化和世界多极化深入发展。③2012年召开的中共十八大就指出，新兴市场国家和发展中国家整体实力增强，国际力量对比朝着有利于维护世界和平方向发展，保持国际形势总体稳定具备更多有利条件。④

第二，新时期多极化格局不同于历史上的大国争霸。历史上，大国为了支配世界而展开霸权争夺，是引发世界矛盾和战争的主要原因。欧洲列强在“均势”名义下在欧洲及世界范围内争夺势力范围和殖民地，曾一再导致战争、侵略、奴役和掠夺。20世纪爆发的两次世界大战就是典型的例子。而在新的时期，多极化趋势主要是新兴国家和发展中国家以及欧洲等地区的总体爱好和平的力量所推动的，世界各种力量在独立自主、平等互利的基础上加强协调和对话，共同维护世界的和平、稳定和发展。因此，这种多极化格局促进了世界的和平。此外，经济全球化与世界多极化并行发生、相互促进，国家间的相互依赖性达到前所未有的程度，也成为世界和平的积极因素。2000年9月，江泽民在联合

① 《邓小平文选》第2卷，人民出版社1994年版，第416页。

② 《邓小平文选》第3卷，人民出版社1993年版，第233页。

③ 《胡锦涛文选》第3卷，人民出版社2016年版，第458页。

④ 胡锦涛：《坚定不移沿着中国特色社会主义道路前进　为全面建成小康社会而奋斗——在中国共产党第十八次全国代表大会上的报告》，人民出版社2012年版，第46页。

国千年首脑会议上就明确表示："推动国际格局走向多极化，是时代的进步的要求，符合各国人民的利益，有利于世界和平与安全。这种多极化格局，不同于历史上大国争霸、瓜分势力范围的局面。"①

第三，国际力量平衡更有利于世界和平。中国共产党相信，和平力量对战争力量的制衡，是世界和平的重要条件，因为"只有力量平衡才有利于世界稳定"②。由于霸权主义是世界和平的主要威胁，因此支持多极化是反对霸权主义的自然延伸。多极化的发展能够起到制约霸权主义的积极作用。1993 年 1 月，江泽民在《关于国际形势和军事战略方针》的讲话中就表示，"随着苏联解体、两极格局的终结，邓小平同志的这个基本估计（世界和平力量的增长超过战争力量的增长），可以看得更清楚了。世界正朝着多极化方向发展，国际上相互制衡的因素增多，和平力量进一步增长"③。1998 年，在对驻外使节的讲话中，江泽民更加明确地指出了多极化对于抑制霸权主义和强权政治的积极意义："这种多极化趋势在各个层次和领域的进一步发展，有利于削弱、抑制霸权主义和强权政治，有利于推动建立公正合理的国际政治经济新秩序，从而有利于争取把一个和平、稳定、繁荣的世界带入新的世纪。"④

2. 充分认识到多极化格局形成过程出现的新挑战

多极化是历史发展的潮流，然而多极化进程中依然充满了不确定性，即"由于各方利益和追求不同，多极化趋势不可避免地给国际关系特别是大国关系带来新的错综复杂的因素"⑤。综合来看，世界多极化进程中的不确定性因素主要包括：一是美国为了实现构建单极世界，对潜在的"挑战者"实施"分

① 中共中央文献研究室编：《十五大以来重要文献选编》（中），人民出版社 2001 年版，第 1353—1354 页。

② 中共中央文献研究室编：《改革开放三十年重要文献选编》，中央文献出版社 2008 年版，第 1058 页。

③ 同上书，第 691 页。

④ 同上书，第 972—973 页。

⑤ 同上书，第 972 页。

化”“弱化”战略，对社会主义国家推行“西化”战略，给这些国家的稳定和发展带来压力。二是新格局形成过程中各种力量重新组合，世界上各种矛盾深入发展，各种重大战略关系也在调整变化。这一背景下，由于资本主义经济政治发展不平衡，西方国家内部及相互之间的矛盾日益暴露和上升。① 三是过去一直被美苏对抗掩盖的一些民族矛盾、宗教纷争和领土争端也日益突出，造成流血冲突和局部战争加剧。②

为此，中国强调要更加灵活地应对多极化形成过程中出现的新挑战。1993年，江泽民在军委扩大会议上的一次讲话中指出：“在世界向多极化发展的过程中，国际上各种力量和矛盾相当尖锐复杂，我们在战略指导下很重要的一个问题，就是要善于利用矛盾，灵活应变，争取主动。” ③ 中共中央尤其意识到中国作为一个社会主义国家会遭受到西方大国的差别对待，并在多极化进程中面临更大的成长阻碍。1998 年 8 月，江泽民指出：“美国和其他西方大国，虽然相互存在着这样那样的矛盾和争斗，但这些国家中的一些人在不希望社会主义中国发展壮大这一点上是一致的。他们不会放弃对我国进行西化、分化的政治图谋。” ④

三、中国是世界多极化进程中的一支重要力量

中国是世界多极化的坚定支持者和积极推动者。中国坚持独立自主的和平外交，紧密团结第三世界国家，推动新兴国家和发展中国家合作，是多极化进程的一支重要力量。

首先，中国是多极世界中的一极。第二次世界大战后，中国坚持独立自主

① 《江泽民文选》第 1 卷，人民出版社 2006 年版，第 279 页。

② 同上书，第 280 页。

③ 中共中央文献研究室编：《改革开放三十年重要文献选编》，中央文献出版社 2008 年版，第 697 页。

④ 同上书，第 972 页。

的和平外交政策，在国际上的影响力不断提升。早在1971年，美国总统尼克松就提出，中国是世界五大力量中心之一。在分析世界多极化趋势时，邓小平明确提出，“所谓多极，中国算一极。中国不要贬低自己，怎么样也算一极”。[①]他特别指出，中国之所以能够在世界的多极格局中占有一极的地位，“就是因为中国是独立自主的大国”[②]。这是对冷战后中国所处的战略位置的准确定位。

其次，中国属于第三世界，永远不做超级大国。中国共产党在国际舞台上明确表示，中国属于第三世界，将来发展起来了，还是属于第三世界，永远不做超级大国。这是中国长期坚持的国际定位。早在1982年，邓小平就在题为《中国的对外政策》的报告中指出：“我们说，中国只是第三世界的一员，作为第三世界的一员，要尽到我们的责任。很多朋友说，中国是第三世界的头头。我们说，头头可不能当，头头一当就坏了。搞霸权主义的名誉很坏，当第三世界的头头名誉也不好。”[③] 1990年，邓小平进一步强调指出：“中国永远站在第三世界一边，中国永远不称霸，中国也永远不当头。”[④]中国属于第三世界，根本上在于中国同广大第三世界国家拥有相近的历史遭遇，在国际政治经济秩序中有着相似的现实处境，这决定了中国在国际事务上坚定地选择同第三世界站在一起。1984年，邓小平就指出：“联合国安全理事会常任理事国，中国算一个。中国这一票是第三世界的，是名副其实地属于第三世界不发达国家的。”[⑤]同年，邓小平再次明确地指出，“中国现在属于第三世界，将来发展富强起来，仍然属于第三世界。中国和所有第三世界国家的命运是共同的。中国永远不会称霸，永远不会欺负别人，永远站在第三世界一边。”[⑥]

---

① 《邓小平文选》第3卷，人民出版社1993年版，第353页。

② 中共中央文献研究室编：《改革开放三十年重要文献选编》，中央文献出版社2008年版，第728页。

③ 《邓小平文选》第2卷，人民出版社1994年版，第416页。

④ 《邓小平文选》第3卷，人民出版社1993年版，第363页。

⑤ 同上书，第94页。

⑥ 同上书，第56页。

再次，中国积极推动发展中国家的团结，致力于提高发展中国家的整体实力。1982 年 9 月召开的中共十二大就指出：“第三世界在战后国际舞台上的崛起是我们时代的头等大事。第三世界改变了联合国不仅仅是受某些大国操纵的一架表决机器的情况，使帝国主义、霸权主义、扩张主义经常在这里受到正义谴责。”“所有发展中国家为建立国际经济新秩序而进行的斗争，这一切形成了当代强大的正义潮流，大大改变了超级大国可以任意摆布世界命运的局面。”① 进入 21 世纪，中国推动成立了上海合作组织、金砖国家等合作机制，进一步促进了世界多极化和国际关系民主化。

此外，中国对多极化的支持立场还反映在坚决反对所谓的“中美共治论”。“中美共治论”2009 年由美国研究机构提出后，在国际上产生很大影响。然而，中国坚决反对这一提法，并相信，一两个国家或大国不可能解决全球的问题，多极化和多边主义是大势所趋，人心所向。胡锦涛就明确指出：“特别是像‘中美共治论’这样的观点，我们是不赞同的，因为这违背了世界多极化潮流，也不符合我国独立自主的和平外交政策。”②

第三节　推动建立国际政治经济新秩序

国际秩序观是中国共产党国际观的重要组成部分。中国共产党对国际秩序的认识是逐步深入的，也与中国和国际体系关系的演变密切相关。总体而言，新中国与国际体系的关系经历了从游离到融入，从抵制到改革的过程。1971 年恢复在联合国的合法席位，是新中国外交上的一个巨大成就，也是新中国参与

① 中共中央文献研究室编：《改革开放三十年重要文献选编》，中央文献出版社 2008 年版，第 284 页。

② 《胡锦涛文选》第 3 卷，人民出版社 2016 年版，第 238 页。

国际体系的开始。之后，中国陆续恢复了在联合国开发计划署、联合国教科文组织等联合国系统下的一些组织中的席位，也恢复和发展了同国际奥林匹克委员会、国际标准组织等国际非政府组织的关系。尽管如此，总体而言，改革开放以前，新中国通过国际组织对世界事务的参与非常有限。

1978 年底召开的中共十一届三中全会决定实施改革开放政策，使中国参与国际体系出现转折性变化。20 世纪 80 年代，中国参与国际组织的广度和深度大幅提升。最显著的是，中华人民共和国在 1980 年恢复了在世界银行和国际货币基金组织的席位，同年加入世界知识产权组织，1984 年加入国际原子能机构，1986 年加入亚洲开发银行。此外，中国也开始在国际维和、裁军、军备控制等领域的国际机制中发挥作用。20 世纪 90 年代以后，中国对国际组织的参与进一步提升。据统计，1996 年，中国参与的有影响的政府间国际组织的数量仅为美国的 70%，到 2003 年，这一比例已经达到 91%。进入 21 世纪，中国参与多边合作的深度和广度前所未有。特别重要的是，经过多年的谈判，2001 年，中国成功加入世界贸易组织，极大地推动了参与经济全球化的进程。同一年，中国还发起成立了上海合作组织，举办博鳌亚洲论坛，并成功获得 2008 年奥林匹克运动会的主办权。这一系列事件标志着中国真正地与世界联系起来。

在改革开放新时期，随着深度参与国际事务，中国以更加积极的态度看待国际秩序，形成“我们这个星球是世界各国人民的共同家园，人类发展面临的挑战和问题需要世界各国人员共同应对”的国际视野和关怀。[①] 同时，中国也深刻地认识到国际政治经济旧秩序没有发生根本改变，国际发展不均衡问题仍然突出，为此，中国积极主张以和平共处五项原则为基础建立公正合理的国际政治经济新秩序，并倡导维护世界多样性、树立新安全观、推进国际关系民主

① 中共中央文献研究室编：《改革开放三十年重要文献选编》，中央文献出版社 2008 年版，第 1520 页。

化、构建和谐世界等重要理念。

一、建立国际政治经济新秩序是时代发展的要求

建立国际政治经济新秩序的主张，是对新的时代要求的回应。要和平、求稳定、谋合作、促发展成为时代主流，然而在旧的国际秩序下，和平与发展两大问题没有能够得到有效解决。为此，中国在国际场合多次强调，“世界和平仍面临着威胁，不公正不合理的国际经济旧秩序还没有根本改变，局部冲突时有发生”①。同时认为，“只要公正合理的国际政治经济新秩序没有建立起来，世界各国的发展差距和贫富差距依然存在，围绕不同的现实政治、经济利益进行斗争和争夺”，“就会长期存在”。②

建立国际政治经济新秩序，尤其是要解决经济全球化中的发展不平衡问题。“经济全球化趋势，是在国际政治经济旧秩序没有根本改变的情况下形成和发展的”。③在经济全球化的过程中，发达国家是世界经济和贸易规则的制定者和主导者，也是最大的受益方，而发展中国家则处于明显的不平等的弱势地位，南北差距不断扩大。因此，建立国际政治经济新秩序的首要目标是创造一个对发展中国家来说更加公平合理的国际秩序，缩小南北差距。1982 年在会见印度客人时，邓小平就表示：“改变国际经济秩序，首先是解决南北关系问题，同时要采取新途径加强南南之间的合作。”④他还提出，“应该建立国际经济新秩序，解决南北问题，还应该建立国际政治新秩序，使它同国际经济新秩序相适应。”⑤

为此，1981 年 10 月，中国政府在墨西哥坎昆举行的关于合作与发展的国际会议上就提出建立国际新秩序的主张。其核心要点包括：一是按照公平合理

① 中共中央文献研究室编：《十五大以来重要文献选编》(上)，人民出版社 2000 年版，第 66 页。

② 中共中央文献研究室编：《改革开放三十年重要文献选编》，中央文献出版社 2008 年版，第 1208 页。

③ 同上书，第 974 页。

④ 《邓小平文选》第 3 卷，人民出版社 1993 年版，第 20 页。

⑤ 中共中央文献研究室编：《改革开放三十年重要文献选编》，中央文献出版社 2008 年版，第 542 页。

和平等互利的原则改革现存的国际经济秩序；二是将建立国际新秩序这一根本目标和解决发展中国家当前的紧迫问题，密切地结合起来；三是发展中国家有权采取适合本国国情的发展战略，发达国家不应以发展中国家的国内改革作为建立国际经济新秩序的前提；四是积极推动旨在改善发展中国家经济地位的南北谈判，以有利于发展世界经济和维护世界和平。①

冷战后，经济全球化迅猛发展，然而不合理的国际政治经济秩序没有根本改变，对实现共同发展造成了巨大的阻碍。江泽民 1998 年就表示：在经济全球化的过程中，发展中国家“总体上处于不利地位”，“不仅面临着发达国家经济技术占优势的巨大压力，而且国家主权和经济安全也受到挑战”；“经济全球化趋势的发展，使南北之间也就是发展中国家和发达国家之间的发展差距、贫富悬殊进一步扩大，在发达国家内部，财富也越来越向少数寡头集中”；“目前国际经济的‘游戏规则’，虽然其中有符合社会化大生产的一面，但总体上是在西方国家主导下制定的，加之国际经济和金融组织都控制在美国等发达国家手里，他们总要利用这些优势，推行经济霸权主义，谋取最大利益”②。特别是，在新技术革命持续推进的过程中，发展不平衡的问题非但没有得到缓解，反而愈加严重。“南北的发展、贫富差距问题越来越突出。发达国家和发展中国家在科技发展水平上存在严重不平衡，更加重了南北差距。信息技术的发展，促进了信息产业迅速成长，也带动了经济增长。但是，这种增长及其带来的利益主要集中在发达国家。”③

改革开放新时期，在和平与发展成为时代主题的新的历史条件下，推动建立国际政治经济新秩序，成为中国的一个重要的外交方向。1988 年 12 月，邓小平在会见印度总理拉吉夫·甘地时表示：“世界总的局势在变，各国都在考虑

① 人民出版社编辑部编：《十一届三中全会以来大事记》，人民出版社 1998 年版，第 74—75 页。
② 《江泽民文选》第 2 卷，人民出版社 2006 年版，第 201 页。
③ 《江泽民文选》第 3 卷，人民出版社 2006 年版，第 105 页。

相应的新政策，建立新的国际秩序。霸权主义、集团政治或条约组织是行不通了，那么应当用什么原则来指导新的国际关系呢？……世界上现在有两件事情要同时做，一个是建立国际政治新秩序，一个是建立国际经济新秩序。”①1990年12月，邓小平在党内一次谈话中进一步指出：“中国永远站在第三世界一边，中国永远不称霸，中国也永远不当头。但在国际问题上无所作为不可能，还是要有所作为。作什么？我看要积极推动建立国际政治经济新秩序。”②在建立国际政治经济新秩序的共同目标的指引下，中国加强同广大发展中国家和新兴国家在国际事务上的团结合作。推动建立国际政治经济新秩序，是中国共产党国际观的重要组成部分，既包含了中国共产党对世界秩序的期望，也成为对外工作的指导方针和重要目标。

这一时期，中国根据形势的变化不断深化和发展建立国际政治经济新秩序的具体主张，但始终强调有利于维护世界和平及有利于促进共同发展的目标。党的第十四大旗帜鲜明地提出，“建立什么样的国际新秩序，是当前国际社会普遍关心的重大问题。根据历史经验和现实状况，我们主张在相互尊重主权和领土完整、互不侵犯、互不干涉内政、平等互利、和平共处等原则的基础上，建立和平、稳定、公正、合理的国际新秩序”③。1995年10月24日，江泽民在联合国大会上发表的题为《让我们共同缔造一个更美好的世界》的报告，将国际政治经济新秩序的内涵总结为五个方面：创造安全可靠、长期稳定的国际和平环境；恪守以主权平等和互不干涉内政为核心的国际关系准则；建立互利互补、共同发展的新型国际经济关系；造成自主选择、求同存异的国际和谐局面；共同对付人类生存和发展面临的挑战。2003年5月，胡锦涛访问俄罗斯，在莫斯科国际关系学院的演讲中，从五个方面阐述了公正合理的国际政治经济新秩序，

---

① 《邓小平文选》第3卷，人民出版社1993年版，第282页。

② 中共中央文献研究室编：《改革开放三十年重要文献选编》，中央文献出版社2008年版，第585页。

③ 中共中央文献研究室编：《十四大以来重要文献选编》（上），人民出版社1996年版，第36页。

即促进国际关系民主化；维护和尊重世界的多样性；树立以互信、互利、平等和协作为核心的新安全观；促进全球经济均衡发展；尊重和发挥联合国及安理会的重要作用。①

二、以和平共处五项原则为准则建立国际新秩序

相互尊重主权和领土完整、互不侵犯、互不干涉内政、平等互利、和平共处五项原则，是国际关系的基本准则，有利于维护世界和平和促进共同发展。改革开放新时期，中国共产党在吸取新中国成立以来外交上的经验和教训之后，更加注重以和平共处五项原则来看待和处理国家间的关系。1984 年，邓小平就集中论述了和平共处原则的强大生命力。他指出："处理国与国之间的关系，和平共处五项原则是最好的方式。其他方式，如'大家庭'方式，'集团政治'方式，'势力范围'方式，都会带来矛盾，激化国际局势。总结国际关系的实践，最具有强大生命力的就是和平共处五项原则。"②

和平共处五项原则为建立国际政治经济新秩序提供了基础。1989 年 10 月，邓小平对来访的泰国总理差猜表示，"最近一个时期，我多次向国际上的朋友说，应该建立国际经济秩序，解决南北问题，还应该建立国际政治秩序，使它同国际经济秩序相适应。我特别推荐 50 年代由我们亚洲人提出的和平共处五项原则，作为今后国际政治秩序的准则"③。1991 年 7 月 1 日，在庆祝中国共产党成立 70 周年的讲话中，江泽民同样指出："我们要同世界各国和各国人民一道，为在和平共处五项原则的基础上建立国际政治经济新秩序，作出积极的贡献。"④冷战后，中国共产党坚定地支持在和平共处五项原则的基础上建立国际

① 中共中央文献研究室编：《改革开放三十年重要文献选编》，中央文献出版社 2008 年版，第 1323—1324 页。

② 《邓小平文选》第 3 卷，人民出版社 1993 年版，第 96 页。

③ 同上书，第 328 页。

④ 中共中央文献研究室编：《改革开放三十年重要文献选编》，中央文献出版社 2008 年版，第 602 页。

政治经济新秩序。1992 年 10 月召开的党的十四大对国际新秩序的基础作出了深入的阐述："建立什么样的国际新秩序，是当前国际社会普遍关心的重大问题。根据历史经验和现实状况，我们主张在互相尊重主权和领土完整、互不侵犯、互不干涉内政、平等互利、和平共处等原则的基础上，建立和平、稳定、公正、合理的国际新秩序。"① 1997 年 9 月召开的中共十五大进一步指出："要致力于推动建立公正合理的国际政治经济新秩序。这种国际新秩序是以和平共处五项原则为基础的，符合联合国宪章的宗旨和原则，反映了和平与发展的时代潮流。"②

坚持在和平共处五项原则基础上建立国际政治经济新秩序，核心是要求不干涉他国的内政。中国共产党坚持，每个国家的人民都应享有选择自己认为合适的社会制度和发展道路的权利，反对西方国家肆意介入发展中国家的内部事务。这尤其是因为，"如果西方发达国家坚持干涉别国内政，干涉别国的社会制度，那就会形成国际动乱，特别是第三世界不发达国家的动乱"③。1989 年 10 月，邓小平同到访的美国前总统尼克松会谈时就指出："国家关系应该遵守一个原则，就是不要干涉别国的内政。"④ 同年，针对中美关系，邓小平再次强调："我多次讲过，美国的制度中国不能搬，美国制度究竟好不好，美国人自己说，我们不干预。两国相处，要彼此尊重对方，尽可能照顾对方，这样来解决纠葛。"⑤

冷战结束以来，一些西方国家企图利用人权、宗教、民族等问题西化和分化发展中国家，造成了地区和第三世界国家动荡加剧。据统计，"一九九〇年以来，世界上发生的武装冲突百分之八十起因于民族矛盾、宗教矛盾和领土争

① 中共中央文献研究室编：《改革开放三十年重要文献选编》，中央文献出版社 2008 年版，第 670 页。
② 同上书，第 914 页。
③ 《邓小平文选》第 3 卷，人民出版社 1993 年版，第 350—351 页。
④ 同上书，第 322 页。
⑤ 同上书，第 350—351 页。

端”①。很多这些矛盾和争端都是由外国势力插手造成的。中国共产党坚决反对西方国家以人权、宗教、民族等问题为借口干涉发展中国家的内政，主张在尊重国家主权的基础上进行平等对话与合作。这是因为人权、宗教、民族等问题本质上是历史的产物，这些问题的解决需要一个同每个国家经济文化水平相联系的逐渐发展的过程，应该由本国政府依靠自己的人民自主地解决。江泽民就指出：“现在，世界上不少国家和地区的民族矛盾和宗教纷争十分突出，频频引发流血冲突和局部战争，动乱不断。国际敌对势力把民族问题和宗教问题，作为对社会主义国家实行‘西化’和‘分化’的突破口。”②“一些西方国家，把民族问题、宗教问题作为推行霸权主义和强权政治、干涉他国内政的借口，不断插手和利用民族纠纷、宗教纠纷，纵容和支持民族分裂势力和宗教极端势力，更加剧了民族问题、宗教问题的复杂性，民族分裂势力和宗教极端势力的活动，已危及一些国家的政局稳定甚至主权和领土完整，严重妨碍这些国家的经济发展，并往往引起所在地区的动荡，对国际形势的缓和与稳定构成了威胁。”③

坚持和平共处五项原则，要求以和平方式解决国家间的历史遗留问题和国际争端。中国共产党主张，在纷繁复杂的国际关系中，用和平的方式解决国际争端，根据新情况、新问题，提出新办法。为和平解决历史遗留问题，邓小平创造性地提出“一国两制”“搁置争议，共同开发”等新办法。1984 年，邓小平就表示：“世界上有许多争端，总要找个解决问题的出路。我多年来一直在想，找个什么办法，不用战争手段而用和平方式，来解决这种问题。”在论述了关于在台湾地区和香港地区实施“一个国家，两种制度”的国家统一方式后，邓小平表示，“世界上许多争端用类似这样的办法解决，我认为是可取的。否则始终顶着，僵持下去，总会爆发冲突，甚至武力冲突。如果不要战争，只能采取我

① 《江泽民文选》第 3 卷，人民出版社 2006 年版，第 160 页。

② 中共中央文献研究室编：《十四大以来重要文献选编》(上)，人民出版社 1996 年版，第 512 页。

③ 《江泽民文选》第 3 卷，人民出版社 2006 年版，第 161 页。

上面讲的这类方式”。[①] 同年，邓小平在中央顾问委员会第三次全体会议上进一步表示，“解决国际争端，要根据新情况、新问题，提出新办法。‘一国两制’，是从我们自己的实际提出来的，但是这个思路可以延伸到某些国际问题的处理上。好多国际争端，解决不好会成为爆发点。我说是不是有些可以采取‘一国两制’的办法，有些还可以用‘共同开发’的办法”。[②] “一国两制”和“共同开发”，是中国共产党人运用辩证唯物主义和历史唯物主义，立足于历史遗留问题和国际争端的复杂性，争取以和平方式解决的典范。

三、尊重世界多样性和倡导树立新安全观

面对经济全球化带来的机遇和挑战，特别是西方国家试图用西方资本主义的民主政治、价值观念和自由市场经济统一世界的政治图谋，以江泽民为核心的第三代中央领导集体在继续坚持和平共处五项原则的基础上，提出尊重和维护世界多样性，认为“多样性是世界存在的本质特征”[③]。早在1992年4月，江泽民就指出：世界是多样性的。在我们这个星球上，由上千个民族所组成的近200个国家，不仅存在着自然环境的差异，而且经历了不同的社会历史发展过程，这就形成了各种社会制度、价值观念、生活方式、宗教信仰和文化传统。基于这一现实，只有各国互相尊重、求同存异、平等相待、和平共处，才有可能维持持久的和平，为各国的发展创造必要的外部条件。[④] 1992年10月，江泽民在中共十四大上所作的报告进一步指出：“世界是多样性的，各个国家之间存在着种种差异。各国人民都有权根据本国的具体情况，选择符合本国国情的社会制度和发展道路。国家无论大小、强弱、贫富，都应该作为国际社会的平等成员参与国际事务。国与国之间理应互相尊重，求同存异，平等相待，友好

---

①② 《邓小平文选》第3卷，人民出版社1993年版，第49页。

③ 中共中央文献研究室编：《江泽民思想年编》，中央文献出版社2010年版，第598页。

④ 江泽民：《国际形势与中日关系》，《人民日报》1992年4月8日。

相处。”①

世界多样性理念，是和平共处原则的自然延伸，是建立国际政治经济新秩序的继承和发展。综合来看，世界多样性理念主要包括三个方面的具体主张：

第一，尊重彼此差异，求同存异。1995年10月24日，江泽民在联合国成立50周年纪念大会上指出，每个国家和民族都有自己的特点和长处，大家只有彼此尊重，求同存异，和睦相处，互相促进，才能创造百花争妍、万紫千红的世界；没有多样化，就不成其为世界；不承认、不尊重世界的多样性，企图建立清一色的一统天下，必定要碰壁。② 2003年5月，胡锦涛在莫斯科国际学院发表演讲论证了尊重世界多样性的必要性和重要意义：“多样性是世界文明的基本特征。多样性意味着差异，差异需要交流，交流促进发展。”③

第二，各国有权选择适合自己的社会制度和发展模式。1997年9月召开的中共十五大就提出：要尊重世界的多样性，各国都有权选择符合本国国情的社会制度、发展战略和生活方式，各国的事情要由各国人民自己作主。④ 2000年9月，江泽民在联合国千年首脑会议上再次提出：“如同宇宙间不能只有一种色彩一样，世界上也不能只有一种文明、一种社会制度、一种发展模式、一种价值观念。”⑤

第三，倡导国际关系民主化。中国共产党主张，国家不分大小强弱都应该以平等的身份参与国际事务，国际上的事情要由大家商量解决。江泽民在联合国千年首脑会议上就表示：无论是维护世界和平，还是促进共同发展，都要在国际事务中提倡和贯彻民主原则。⑥ 2002年11月召开的中共十六大明确提出：

---

① 中共中央文献研究室编：《改革开放三十年重要文献选编》，中央文献出版社2008年版，第670页。

② 《江泽民文选》第1卷，人民出版社2006年版，第480页。

③ 《胡锦涛文选》第2卷，人民出版社2016年版，第53页。

④ 中共中央文献研究室编：《十五大以来重要文献选编》(上)，人民出版社2000年版，第43页。

⑤ 《江泽民文选》第3卷，人民出版社2006年版，第110页。

⑥ 同上书，第110页。

“我们主张维护世界多样性，提倡国际关系民主化和发展模式多样化。世界是丰富多彩的。世界上的各种文明、不同的社会制度和发展道路应彼此尊重，在竞争比较中取长补短，在求同存异中共同发展。各国的事情应由各国人民自己决定，世界上的事情应由各国平等协商。”①2005年9月，胡锦涛在纪念中国人民抗日战争暨世界反法西斯战争胜利60周年大会上也强调指出：“我们要积极推动国际格局走向多极化，推进国际关系民主化，坚持各国无论大小、强弱、贫富都是国际社会的平等一员，大国应该尊重小国，强国应该扶持弱国，富国应该帮助穷国。”②

世纪之交，随着全球化在社会各领域深化发展，各国在安全上的相互依存不断加深，只有加强国际合作，才能有效应对全球安全挑战，实现普遍和持久的安全。中国主张树立新安全观，并将之作为建立国际政治经济新秩序的重要途径。1999年3月，江泽民在日内瓦裁军谈判会议上提出建立适应时代需要的新安全观。他指出：“历史告诉我们，以军事联盟为基础、以加强军备为手段的旧安全观，无助于保障国际安全，更不能营造世界的持久和平。这就要求必须建立适应时代需要的新安全观，并积极探索维护和平与安全的新途径。”“只有建立新安全观和公正合理的国际新秩序，才能从根本上促进裁军进程健康发展，使世界和平与国际安全得到保障。”③2002年4月，江泽民在德国外交政策协会发表的题为《共同创造一个和平繁荣的新世纪》的演讲中进一步强调，各国在安全上的相互依存不断加深，共同点在增多，任何国家都难以单独实现其安全目标。只有加强国际合作，才能有效应对全球安全挑战，实现普遍和持久的安全。④

① 中共中央文献研究室编：《十六大以来重要文献选编》(上)，中央文献出版社2005年版，第36—37页。

② 中共中央文献研究室编：《十六大以来重要文献选编》(中)，中央文献出版社2006年版，第984页。

③ 《江泽民文选》第2卷，人民出版社2006年版，第313页。

④ 《江泽民文选》第3卷，人民出版社2006年版，第475页。

新安全观体现了中国建立国际新秩序的基本理念和新型国际关系准则，成为中国对外政策的一项重大理论创新。① 新安全观的核心是增强互信、互利、平等、协作。按照 2002 年 7 月的《中方关于新安全观的立场文件》的解释：互信，指超越意识形态和社会制度异同，摒弃冷战思维和强权政治心态，互不猜疑，互不敌视。各国应经常就各自安全防务政策以及重大行动展开对话与相互通报。互利，指顺应全球化时代社会发展的客观要求，互相尊重对方的安全利益，在实现自身安全利益的同时，为对方安全创造条件，实现共同安全。平等，指国家无论大小强弱，都是国际社会的一员，应相互尊重，平等相待，不干涉别国内政，推动国际关系的民主化。协作，指以和平谈判的方式解决争端，并就共同关心的安全问题进行广泛深入的合作，消除隐患，防止战争和冲突的发生。②

根据这些核心原则，中国的新安全观追求的是国家安全和国际安全的统一，即在促进国际安全的过程中实现各国的国家安全，为此强调的是共同安全和合作安全的思想。具体而言，在对利益的界定、对威胁的识别、对实现利益和克服威胁的方法的设计以及对世界未来前景的看法等四个方面，中国的新安全观以其特有的内涵展现了自己独特鲜明的个性。首先，中国的新安全观对利益的界定并不局限于军事安全，主张要重视发展问题、民生问题。中国将国内的社会稳定和经济发展都视作自己重要的安全利益，并且认为它们与地区以及世界的和平繁荣是相互促进的。其次，中国的新安全观对威胁的界定超越了传统的外部军事威胁，显示了对非传统安全问题以及国内问题的重视。中国不仅注重传统的军事威胁，而且看到了恐怖主义、环境灾难、气候变化、严重传染疾病、跨国犯罪、海盗等非传统安全问题的威胁。第三，中国新安全观主张的维护利

① 当代中国研究所：《中华人民共和国简史（1949—2019）》，当代中国出版社 2019 年版，第 110 页。

② 上海国际问题研究所编：《国际形势年鉴 2003》，上海教育出版社 2003 年版，第 489 页。

益和克服威胁的手段是合作性的和多边的。中国强调互信、互利、平等、合作，主张在平等基础上的对话、协商和谈判。按照新安全观，各国的利益能够而且必须通过国际合作加以实现，它们面临的威胁能够而且必须通过国际合作加以克服。换言之，要以人类的共同安全取代结盟，对话取代对立，协商和谈判取代冲突，合作取代对抗。最后，中国的新安全观对未来采取了一种乐观主义态度，认为多极化的趋势、经济全球化、克服人类共同威胁的需要和国际机制的发展，都有助于世界的和平与稳定。总之，中国的新安全观鼓励和坚持各国对别国主权和独立的尊重，相信国际体系中的新的积极因素正在涌现出来，只要各国能够改变自己的冷战思维，并采取合作性的行动方式，就能减少冲突和战争，就能实现国际社会的稳定与和平。①

中国积极践行新安全观。首先，中国积极发展同世界各国在政治、安全、经济、卫生、文化等各领域的合作。在安全合作方面，既积极参加约束力较强的多边安全机制，也参加具有论坛性质的多边安全对话和旨在增进信任的双边安全磋商，还参加具有学术性质的非官方安全对话等。例如，2009 年 9 月，胡锦涛出席联合国安理会核不扩散与核裁军峰会。这是联合国安理会历史上首次专门就核不扩散与核裁军问题举行峰会。胡锦涛在题为《共同缔造普遍安全的世界》的演讲中就摆脱核战争威胁提出了中国的五点主张，还重申了中国在核武器方面的承诺，即坚定奉行自卫防御的核战略，始终恪守在任何时候和任何情况下不首先使用核武器政策，明确承诺无条件不对无核武器国家和无核武器区使用或威胁使用核武器，不参加任何形式的核军备竞赛，将继续把自身核力量维持在国家安全需要的最低水平，将继续为推进国际核裁军进程作出努力。②

其次，中国积极寻求通过和平谈判解决与他国、特别是邻国的争议问题。

---

① 朱明权：《国际安全与军备控制》，上海人民出版社 2011 年版，第 176—177 页。

② 《胡锦涛主席在联合国系列会议及二十国集团领导人金融峰会上的讲话》，人民出版社 2009 年版，第 17—20 页。

中国目前已经同绝大多数周边国家解决了陆地边界问题。2002 年 11 月，中国同东盟各国在金边签署《南海各方行为宣言》。此外，中国还在非传统安全问题上与其他国家广泛开展交流与合作。例如，2007 年 12 月，在印度尼西亚巴厘岛举行的联合国气候变化大会上，中国为最后通过减少温室气体排放的“巴厘岛路线图”作出了重要贡献。中国应对气候变化的积极态度为 2015 年《巴黎协定》的通过和生效奠定了坚实的基础。

第三，中国努力推动联合国和地区国际安全合作机制的建设。作为联合国安理会常任理事国，中国积极支持联合国在国际安全事务中发挥作用。同时，中国积极推动构建对话而不对抗的地区安全架构。为此，中国高度重视并积极参与上海合作组织、东盟地区论坛和关于朝鲜半岛无核化问题的六方会谈等。2005 年，胡锦涛在联合国成立 60 周年首脑会议上指出：“联合国作为集体安全机制的核心，在保障全球安全的国际合作中发挥着不可替代的作用。其作用只能加强，不能削弱。联合国宪章确定的宗旨和原则，对维护世界和平与安全发挥着举足轻重的作用，已经成为公认的国际关系基本准则，必须得到切实遵循。安理会作为联合国维护世界和平与安全的专门机构，其维护世界和平与安全的权威必须得到切实维护。”①

四、建设和谐世界的理念

建设持久和平、共同繁荣的和谐世界，是中国共产党人对国际政治经济新秩序的期盼和追求。进入 21 世纪，面对国际上普遍关心快速崛起的中国将朝什么方向发展，将以什么样的方式行事，以胡锦涛为总书记的中央领导集体在提出构建社会主义和谐社会这一重大战略思想的基础上，提出建设和谐世界。和谐世界理念是以人为本、构建和谐社会的国内政策的延伸和继续。2005 年 4 月

① 《胡锦涛文选》第 2 卷，人民出版社 2016 年版，第 353 页。

22日，胡锦涛在雅加达亚非峰会上提出推动建设“和谐世界”的主张。2005年9月，胡锦涛在联合国成立六十周年首脑会议上发表题为《努力建设持久和平、共同繁荣的和谐世界》的演讲，首次全面、系统地向全世界阐述了和谐世界理念。2007年10月召开的中共十七大再次提出：“各国人民携手努力，推动建设持久和平、共同繁荣的和谐世界。”①

和谐世界理念体现了中国共产党国际观一以贯之的价值取向，顺应了和平、发展、合作的时代潮流，是对冷战后世界面临的突出问题的积极回应。一方面，伴随着世界多极化和经济全球化深入发展，商品、资本、服务、技术、人才、信息等生产要素在世界范围内跨国流动，世界各国的经济联系日益增多，相互依存日益加强。然而，另一方面，人类所面临的全球性挑战也更为严峻。错综复杂的新旧矛盾、霸权主义和强权政治以及局部冲突，威胁着地区与世界的和平稳定。国际恐怖主义、跨国犯罪、严重传染性疾病等非传统安全问题有增无减，气候变化、自然灾害、人口环境、能源资源等人类可持续发展矛盾日益突出，国际社会共同应对全球性挑战的重要性和紧迫性不断增强。②

建设持久和平、共同繁荣的和谐世界，回答了在新的历史条件下如何建立国际政治经济新秩序，维护世界和平、促进共同发展的重大问题。根据中国领导人在一系列国内国际场合的阐述，和谐世界理念的核心内容主要包括：

第一，坚持多边主义，实现共同安全。“和平是人类社会实现发展目标的根本前提。”应对全球安全威胁，要求摒弃冷战思维，树立互信、互利、平等、协作的新安全观，建立公平、有效的集体安全机制。为此，应维护联合国作为集

① 中共中央文献研究室编：《十七大以来重要文献选编》(上)，中央文献出版社2009年版，第36页。

② 郑必坚：《中国和平发展与构建和谐世界》，人民出版社2012年版，第108页。

体安全机制核心的权威和地位，还应鼓励和支持以和平方式解决国际争端，加强反恐合作，及通过有效裁军和军备控制等举措维护全球战略稳定。

第二，坚持互利合作，实现共同繁荣。“发展事关各国人民的切身利益，也事关消除全球安全威胁的根源。没有普遍发展和共同繁荣，世界难享太平。”为此，应采取切实措施落实千年发展目标，推动建立健全开放、公平、非歧视的多边贸易体制和完善国际金融体制，共同维护能源安全和能源市场稳定，促进和保障人权。发达国家应该进一步对发展中国家特别是重债穷国和最不发达国家开放市场，转让技术，增加援助，减免债务。

第三，坚持包容精神，共建和谐世界。“文明多样性是人类社会的基本特征，也是人类文明进步的重要动力。”应该尊重各国自主选择社会制度和发展道路的权利，加强不同文明间的对话和交流，在竞争比较中取长补短，在求同存异中共同发展，促进国际关系民主化，协力构建各种文明兼容并蓄的和谐世界。

为推进建设和谐世界，中国明确提出走和平发展道路，积极扩大和深化同各方利益的汇合点，全方位地与不同国家和地区建立不同领域、不同层次的利益共同体。通过走和平发展道路，中国成为世界发展更加重要的一部分，中国与世界也将拥有更加系统和更可持续发展的共同利益。①

为推进建设和谐世界，中国积极开展全方位国际合作。这尤其体现在，进入 21 世纪以来，中国更加全面、深入地参与以联合国为重点的国际组织多边活动，在气候变化、粮食安全、安全反恐、公共卫生、减少贫困等事关人类前途命运的全球性问题上，发挥了独特的建设性作用。2002 年，中国提出“参与和开展多边外交，在国际和地区事务中发挥建设性作用”。2006 年 1 月，中国在世界卫生组织框架下倡导建立禽流感防控多边援助资金框架，并向该基金捐款 1000 万美元。2008 年全球金融危机爆发后，中国参与发达国家与新兴市场国家

① 郑必坚：《中国和平发展与构建和谐世界》，人民出版社 2012 年版，第 125 页。

共同参与的旨在合作化解全球金融风险的机制化平台。此外，中国在地区性国际组织中也发挥着重要的建设性作用。由中国推动建立的上海合作组织在2012年召开的北京峰会上发表《上海合作组织成员国元首关于构建持久和平共同繁荣地区的宣言》，对加强地区安全、经济和人文合作发挥着积极的引领作用。截至2010年底，中国参加了100多个政府间国际组织，签署了300多个国际公约。①

第四节　倡导建立新型党际关系

党际关系是国家总体外交的重要组成部分，党际关系的好坏在一定程度上直接影响到国家间关系的好坏。中共十一届三中全会作出党和国家的工作重心转向经济建设以后，党的对外工作也面临迫切的调整。事实上，在国际共运历史上，曾长期存在未能处理好各国共产党之间的关系的情况，为此国际共产主义运动和中国共产党都曾付出过沉重代价。在历史上，中国共产党同国际共运中的大国、大党沙文主义等错误倾向和做法进行过长期的坚决斗争，然而在处理同其他党的关系时，也犯过根据中国自己的经验和实践来判断和评价国际共运是非的错误。②十一届三中全会以后，中国共产党摆脱了“左”的思想束缚，在总结国际共运历史经验和中共处理党际关系经验教训的基础上，对党的对外工作和党际交往作出重大调整。中国共产党党章总纲就明确规定：“中国共产党主张积极发展对外关系，努力为我国的现代化建设争取有利的国际环境。”这就确定了党在新时期对外工作的根本目标和任务，把党的对外工作和政府外交统

① 当代中国研究所:《中华人民共和国简史（1949—2019）》，当代中国出版社2019年版，第136页。

② 戴秉国:《邓小平外交思想与新时期中国共产党对外工作的历史性调整与开拓》,《求是》1999年第1期。

一到维护世界和平、为现代化建设事业争取和平国际环境这一总的对外战略目标上。中共中央根据关于和平与发展是时代主题的科学论断以及党和国家工作重心的调整，不仅提出了正确处理党际关系的四项原则，而且在此基础上冲破意识形态藩篱，扩大了党际交往对象，有力地促进了同外国政党间的关系，有效地服务了社会主义现代化建设。

一、新型党际关系的四项原则

改革开放后，党际关系作为国家总体外交的重要组成部分，服从和服务于社会主义现代化建设的总的战略目标。1980 年 5 月，邓小平在《处理兄弟党关系的一条重要原则》和其他重要讲话中，在总结国际共运正反两方面经验教训，特别是总结我党在对外交往实践中获取的经验教训的基础上，对党与党之间的关系进行新的理论阐述，提出了正确处理党际关系的一系列指导思想。其核心内容主要包括：反对以一国一党的理论与实践来判断别国、别党和国际共运的是与非；坚持各国党要根据本国实际独立自主地决定自己的事情；强调完全平等、相互尊重和互不干涉内部事务；主张意识形态的差异不应成为建立新型党际关系的障碍；对历史遗留问题，主张结束过去，开辟未来。①

在邓小平思想的基础上，中共中央提出建立和发展新型党际关系的四项原则，并在 1982 年 9 月召开的中共十二大上形成完整的表述，即“我们党坚持在马克思主义的基础上，按照独立自主、完全平等、互相尊重、互不干涉内部事务的原则，发展同各国共产党和其他工人阶级政党的关系”②。1997 年 9 月召开的中共十五大上对这一原则进行完善，指出：“要坚持在独立自主、完全平等、互相尊重、互不干涉内部事务原则的基础上，同一切愿与我党交往的各国政党

① 戴秉国：《邓小平外交思想与新时期中国共产党对外工作的历史性调整与开拓》，《求是》1999 年第 1 期。

② 《邓小平文选》第 3 卷，人民出版社 1993 年版，第 407 页。

发展新型的党际交流和合作关系，促进国家关系的发展。”① 报告将四项原则的适用范围由“同各国共产党和其他工人阶级政党的关系”扩展为“同一切愿与我党交往的各国政党”，并首次明确提出，政党交往的目的是“促进国家关系的发展”。

第一，独立自主是新型党际关系的重要保障。独立自主原则在新型党际关系四项原则中居于统领性地位。独立自主原则首先就要求各国政党根据本国、本党的实际情况选择自己的发展道路和制定自己的发展战略。邓小平在同外国共产党领导人的谈话中多次谈到，对马克思主义的最大尊重，就是把马克思主义基本原理同本国实际结合起来，独立自主地制定自己的战略，走出有自己特色的革命和建设的道路。1983 年 4 月，邓小平在会见印度共产党（马克思主义）中央代表团时就指出：“一个国家的革命要取得胜利，最根本的一条经验就是，各国共产党应该根据自己国家的情况，找出自己的革命道路。任何大党或老党都不能以最高发言人自居。”② 1989 年 5 月，在会见苏共中央总书记戈尔巴乔夫时，邓小平进一步表示：“不以新的思想、观点去继承、发展马克思主义，不是真正的马克思主义者。”“革命是这样，建设也是这样。在革命成功后，各国必须根据自己的条件建设社会主义。固定的模式是没有的，也不可能有。”③

第二，完全平等是新型党际关系的重要基础。各国政党之间完全平等是独立自主原则的自然延伸。各国政党之间的关系只有在平等的基础上才能健康发展，党与党之间的关系应该是完全平等的关系。在国际共产主义运动史上，个别大国的党以“老子党”自居，对其他国家的共产党指手画脚，发号施令，造成极其恶劣的影响，严重损害了整个国际共产主义运动。中国共产党主张国际共产主义运动中各国共产党之间是完全平等的关系，反对搞“大家庭”制，反

① 《中国共产党第十五次全国代表大会文件汇编》，人民出版社 1997 年版，第 45 页。

② 《邓小平文选》第 3 卷，人民出版社 1993 年版，第 27 页。

③ 同上书，第 292 页。

对“老子党”。1980 年 11 月，邓小平会见西班牙共产党总书记卡里略，在谈到党与党的关系时说：党与党之间的关系是兄弟党关系，不是父子党关系。他还说：父子党关系，要控制人家，我们是深有感受的；后来我们就强调，国家无论大小，党无论大小，应该一律平等。① 邓小平的这一论述充分阐述了关于政党关系的原则尤其是完全平等的原则。此后，邓小平还多次论述了国际共产主义运动不应有“中心”的观点。1986 年 11 月，邓小平在会见日本首相中曾根康弘时表示：“我们历来主张世界各国共产党根据自己的特点去继承和发展马克思主义，离开自己国家的实际谈马克思主义，没有意义。所以我们认为国际共产主义运动没有也不可能有中心。我们不赞成搞什么‘大家庭’，独立自主才体现了马克思主义。”② 1987 年 6 月，邓小平与到访的南斯拉夫共产主义者联盟中央主席团委员科罗舍茨会谈时进一步指出：“因为每一个国家，每一个党都有自己的经历，情况千差万别。我们反对‘老子党’，这一点我们是反对得对了。我们也不赞成有什么‘中心’。”③

第三，相互尊重是新型党际关系的基本要求。相互尊重首先是尊重各政党有选择本国和本党政策的权利，只有做到相互尊重，才能真正地开展合作。1980 年 5 月，邓小平在同中央负责工作人员谈话时强调：“各国党的国内方针、路线是对还是错，应该由本国党和本国人民去判断。最了解那个国家情况的，毕竟还是本国的同志。”“各国的事情，一定要尊重各国的党、各国的人民，由他们自己去寻找道路，去探索，去解决问题，不能由别的党充当老子党，去发号施令。我们反对人家对我们发号施令，我们也绝不能对人家发号施令。这应该成为一条重要的原则。”④ 1987 年 6 月会见南斯拉夫客人时，邓小平进一步指

① 中共中央文献研究室编：《邓小平思想年谱（1875—1997）》，中央文献出版社 1998 年版，第 174 页。

② 《邓小平文选》第 3 卷，人民出版社 1993 年版，第 191 页。

③ 同上书，第 236—237 页。

④ 《邓小平文选》第 3 卷，人民出版社 1994 年版，第 318—319 页。

出：总结过去的经验，“我想有一点最重要，就是任何大党、中党、小党，都要相互尊重对方的选择和经验，对别的党、别的国家的事情不应该随便指手画脚”①。

第四，互不干涉内部事务是新型党际关系重要内容，是建立新型党际关系的一个重要落脚点。互不干涉内部事务原则，就是既不允许别的党干涉我们党的内部事务，我们也绝不去干涉别的党的内部事务，也不通过党的关系去干涉对方国家的内政，不利用党的关系去损害其他党及任何的第三者。这首先要求不任意地评判别国党的是非，不干涉别国党的内部事务。邓小平在《处理兄弟党关系的一条重要原则》的谈话中就强调：“一个党评论外国兄弟党的是非，往往根据的是已有的公式或者某些定型的方案，事实证明这是行不通的。各国的情况千差万别，人民的觉悟有高有低，国内阶级关系的状况、阶级力量的对比又很不一样，用固定的公式去硬套怎么行呢？就算你用的公式是马克思主义的，不同各国的实际相结合，也难免犯错误。”②1980年11月，邓小平会见西班牙共产党总书记时进一步指出：“任何国家的事情只能由那个国家的马列主义者、共产主义者自己去判断，而他们所犯的错误也应该由他们自己去纠正。任何人都不应当把自己的观点和革命经验作为‘模式’强加于人。”③其次，互不干涉内部事务原则要求不用党的双边关系损害第三者。1980年10月，邓小平在会见法国共产党总书记乔治·马歇尔时就表示：“一个国家的革命和建设应当由这个国家的党自己独立处理，任何外国党对于别国的情况总是比较生疏的，总不如本国党和人民对自己的问题了解得那么清楚。即便犯了错误，也要靠本国党的同志自己去总结，去纠正，这才靠得住。外国党的同志说三道四，指手画脚，

① 《邓小平文选》第3卷，人民出版社1994年版，第236—237页。

② 同上书，第318—319页。

③ 中共中央文献研究室编：《邓小平思想年谱（1875—1997）》，中央文献出版社1998年版，第174页。

肯定要犯错误。例如，对法国同志有些事情我们是不赞成的。但是不赞成是一回事，指手画脚却是另一回事。这是个原则问题。在这个原则基础上建立党与党之间的关系比较好。”① 这就告诉我们，在处理与各国共产党的关系时，应该坚持互不干涉内部事务的原则，不允许任何外来的强制与包办代替，也决不允许把自己的观点强加于别国党，更不能用党的双边关系去损害第三者。②

二、党际关系取得突破性发展

实施改革开放政策后，中共在对外交往中面临的重大理论和实践问题是，在中国实行全方位对外开放的情况下，如何处理意识形态和社会制度的差异同国家利益之间的关系，党与党之间应该建立一种什么样的关系，这种关系应建立在什么样的原则基础上，其合作领域及主要内容是什么。③

改革开放新时期，按照新型党际关系理论和党际关系四项原则，中国共产党纠正了过去在党的对外关系中以意识形态划线的偏向，冲破了意识形态藩篱，交往对象从党的十二大的“各国共产党和其他工人阶级政党”，到十三大的“外国共产党和其他政党”，再到十四大的“各国政党”，十五大的“一切愿与我交往的各国政党”，十六大的“各国各地区政党和政治组织”，十七大的“各国政党和政治组织”，开创了党的对外工作的崭新局面。党与党之间的关系的主要目的是在平等的基础上，增进政党和人民之间的了解和友谊，促进国家关系的发展，为社会主义现代化建设争取良好的和平国际环境。

1. 20 世纪 80 年代党际关系取得突破性进展

从 20 世纪 70 年代末开始，党的对外关系逐步突破了交往对象、范围、形

---

① 中共中央文献研究室编：《回忆邓小平》(中)，中央文献出版社 1998 年版，第 39 页。

② 赵云献：《马克思主义党学基础》，人民出版社 1994 年版，第 235 页。

③ 戴秉国：《邓小平外交思想与新时期中国共产党对外工作的历史性调整与开拓》，《求是》1999 年第 1 期。

式和内容上的局限。首先，恢复了与一些国家的共产党和工人党已经中断的党际关系。1978 年 6 月，中共中央致南斯拉夫共产主义者联盟十一大的贺电标志着中南两党关系的正式恢复。中南两党关系的恢复，是中国共产党对外关系的重大突破。从 1982 年至 1988 年，中国共产党陆续同东欧五党、荷兰共产党、比利时共产党、瑞士共产党、奥地利共产党、英国共产党、挪威共产党、丹麦共产党、瑞典左翼党、希腊共产党、卢森堡共产党、芬兰共产党等有影响的老党恢复了关系。其次，为加强同广大发展中国家的团结合作，中国共产党逐步与非洲、拉美和亚洲国家执政的民族民主政党建立起多种形式的交流与合作关系。从 1978 年至 1990 年，同非洲 43 个国家和地区共 49 个政党和政治组织建立关系和联系。最后，本着“超越意识形态的差异，谋求相互了解和合作”的精神，中共同欧洲国家的社会党、社会民主党、工党及其国际组织逐步建立了联系。1980 年 7 月，中央批准了中联部《关于对社会党开展工作的请示报告》后，开始有选择地同各国社会党进行接触。1981 年 2 月，以党的领导人密特朗为团长的法国社会党政治代表团应中国共产党邀请来华访问，双方建立友好关系。这是西欧社会党中第一个与中国共产党建立关系的党。到 1988 年底，中共已同 40 多个社会党、110 多个国家的 270 多个政党建立各种形式的交往。①

2. 20 世纪 90 年代党际关系在服务国家关系方面发挥了突出作用

20 世纪 80 年代末 90 年代初，面对国内外的政治风波，中国共产党确立了“冷静观察、稳住阵脚、沉着应付”的战略方针，党际关系得到深化发展。首先，面对西方的制裁，中共贯彻“坚持原则，利用矛盾，广交朋友，多做工作，打破制裁，避免孤立”的指导方针，与西班牙共产党、法国共产党等一些共产党开展双边交往，争取其对中国的理解和支持，并积极做欧洲有关国家社会党及社会党国际的工作，以及适时做发达国家右翼政党的工作，促其逐步改

① 齐鹏飞主编:《中国共产党与当代中国外交（1949—2009）》，中共党史出版社 2010 年版，第 371—372 页。

善和发展对华关系。其次，在苏联和东欧发生剧变后，很多国家出现了新的政党，中共遵循党际关系四项原则，淡化意识形态色彩，以促进国家关系的发展为目标，逐步与俄罗斯、独联体国家及东欧国家的各类政党建立关系和开展交往。再次，进入90年代，中共全面恢复和发展了与越南、老挝、马来西亚、印度、尼泊尔、孟加拉、朝鲜、韩国、蒙古等周边国家的政党交往。最后，针对一些发展中国家出现的多党制浪潮，中共在党际交往中继承过去好的历史传统，同时超越意识形态差异，拓宽交往面，围绕共同关心的经济发展和国家外交等重点问题进行务实交流和合作，服务了国家的总体外交。

3. 新世纪初党际关系实现创新发展

进入21世纪，中国共产党更加注重以开放、积极的姿态开展与国外政党及政治组织的交流，不断创新对外交往的内容和形式，推动政党外交、公共外交和民间外交一体化发展，基本形成全方位、多渠道、深层次的中国特色的政党外交格局。政党外交在国家总体外交中的地位和作用更加突出。第一，与越南、朝鲜、老挝、古巴等社会主义国家执政党的交往更加务实。双方重视通过党际交往分享治党治国经验，探索符合自身国情的发展道路。政党交往增强了双方的政治互信，在战略上扩大了社会主义国家之间的团结与合作。第二，推进与周边国家党际交流机制化建设。中共围绕加强睦邻友好关系重点推进了与日本、俄罗斯、印度等国家的党际交流机制化。在中方的倡议下，中日两国建立“中日执政党交流机制”。此外，中共还与日本民主党建立交流机制。中共与俄罗斯的政党交往也呈现良好态势。中共与统一俄罗斯党签署《中国共产党与俄罗斯统一俄罗斯党合作协议》和《中国共产党与俄罗斯统一俄罗斯党2009—2011年合作备忘录》。双方连续共同主办了多届“中俄政党论坛”及建立了中俄执政党对话机制等。中共与印度各主要政党的关系也进入快速发展阶段。2003年，中印两国党和政府有关部门建立定期交流机制，推动两国政党之间的互访。此外，中共与韩国、蒙古、印度尼西亚、巴基斯坦等东北亚、东南亚、南亚等周边国家的主要政党的交往也不断深化。第三，积极发展与发展中国家政党的交往。例如，加强了与非洲政党间的机制化交往；通过安排专题考察和举办研修班等形式满足非洲政党了解、学习中国经验的迫切需要。第四，本着“超越分歧和差异，寻求理解与合作”的方针不断深化与西欧、北欧、大洋洲、北美等发达地区政党的交流对话，努力寻求共同点和利益汇合点。第五，在对外交往中，中国共产党也进一步加强了与政党国际和地区性组织的交流，更加主动地参与政党多边活动。例如，从2004年开始，中共多次派观察员出席社会党国际的各类活动。2004年，中方承办了亚洲政党国际会议第三届大会，包括中国在内的35个国家的81个政党、政治组织的领导人和代表350人与会。2010年，中共倡导和举办了首届中欧政党高层论坛，来自欧洲22个国家的35个政党及多个欧洲地区性政党、欧洲议会党团的代表出席论坛。通过一系列努力，21世纪初，党际交往呈现出全面发展的良好态势，在提升国家间关系、服务现代化建设目标方面发挥了积极作用。

第五章　中国特色社会主义新时代中国共产党的国际观

实现中华民族伟大复兴是中国共产党人的历史使命。经过几代人的不懈努力，中华民族迎来了从站起来、富起来到强起来的伟大飞跃，正前所未有地走近世界舞台中央，前所未有地接近实现中华民族伟大复兴的目标。党的十八大以来，中国特色社会主义进入新时代，以习近平同志为核心的党中央坚持辩证唯物主义和历史唯物主义，继承和发展了中国共产党在革命、建设和改革各个历史时期形成的思想精华，明确提出“两个一百年”奋斗目标和实现中华民族伟大复兴的中国梦。①

在中国特色社会主义新时代，中国共产党人坚持用全面、辩证、发展的观点分析国际问题和看待中国与世界的关系，既强调要顺应和平、发展、合作、共赢的时代潮流，坚定走和平发展道路，又深刻地认识到在世界百年未有之大变局加速演进和中华民族伟大复兴的关键时期，我国面临的风险挑战明显增多。2022 年 10 月召开的党的二十大强调指出：世界之变、时代之变、历史之变正以前所未有的方式展开。人类社会面临前所未有的挑战。世界又一次站在历史的

① “两个一百年”奋斗目标，是指在 2021 年中国共产党成立一百年时全面建成小康社会；在 2049 年中华人民共和国成立一百年时，建成富强民主文明和谐的社会主义现代化国家。

十字路口，何去何从取决于各国人民的抉择。[1] 这一时期，中国共产党针对日益突出的全球性问题在国际上大力弘扬多边主义和人类命运共同体理念，发起共建“一带一路”倡议，积极参与全球治理体系改革，展现了鲜明的全球视野和国际担当，中国共产党的国际观在发展中实现了历史继承与时代创新的统一。

第一节　世界正经历百年未有之大变局

国际格局的演进对于国际关系基本特征具有深刻塑造作用。地理大发现和率先完成第一次工业革命催生了西方国家在世界近现代史上的主导地位。第二次世界大战后，亚非拉民族逐渐觉醒，获得主权独立和经济发展，并在冷战结束后日益成为重要的国际力量。当今世界，多极化趋势日益明朗，并正处于形成基本稳定、相对平衡的国际新格局的关键时期。以习近平同志为核心的党中央站在历史演进的高度，深刻把握时代风云，作出“当今世界正经历百年未有之大变局”的重要战略判断。

世界大变局蕴藏着推动国际社会进步的重大变革力量，同时也面临着各种新旧因素、力量、矛盾相互叠加碰撞。2014 年 11 月，习近平在中央外事工作会议上指出：“当今世界是一个变革的世界，是一个新机遇新挑战层出不穷的世界，是一个国际体系和国际秩序深度调整的世界，是一个国际力量对比深刻变化并朝着有利于和平与发展方向变化的世界。”[2]

2017 年 12 月 28 日，习近平会见驻外使节工作会议与会使节时首次公开提出“百年未有之大变局”的判断。他指出：“放眼世界，我们面对的是百年未有

① 习近平：《高举中国特色社会主义伟大旗帜　为全面建设社会主义现代化国家而团结奋斗——在中国共产党第二十次全国代表大会上的报告》（2022 年 10 月 16 日），人民出版社 2022 年 10 月版，第 60 页。

② 《习近平谈治国理政》第 2 卷，外文出版社 2017 年版，第 442 页。

之大变局。”① 此后，习近平在国内外场合多次明确从世界百年未有之大变局的论断出发分析当前国际局势的主要特点和演变趋势。综合来看，中国经济社会发展及对外工作所处历史方位的基本特征是：“当今世界正经历百年未有之大变局，我国正处于实现中华民族伟大复兴关键时期。”②

世界大变局对中国的影响是复杂的，深入理解和把握大变局是做好党和国家对外工作的关键。在 2018 年 6 月召开的中央外事工作会议上，习近平总书记就指出，“当前，我国处在近代以来最好的发展时期，世界处于百年未有之大变局，两者同步交织、相互激荡。”他同时提出要全面、辩证地看待大变局下的国际局势：“我们要深入分析世界转型过渡期国际形势的演变规律，准确把握历史交汇期我国外部环境的基本特征，统筹谋划和推进对外工作。既要把握世界多极化加速推进的大势，又要重视大国关系深入调整的态势。既要把握经济全球化持续发展的大势，又要重视世界经济格局深刻演变的动向。既要把握国际环境总体稳定的大势，又要重视国际安全挑战错综复杂的局面。既要把握各种文明交流互鉴的大势，又要重视不同思想文化相互激荡的现实。”③

2020 年，突如其来的新冠肺炎疫情冲击全球，与百年未有之大变局相互影响，世界进入动荡变革期，但和平与发展的时代主题没有变。世界百年未有之大变局是多重因素共同作用的结果，尤其是国际力量对比态势、经济全球化进程、新一轮科技和产业革命等三个方面。

一、更加均衡的国际格局正在形成

以中国为代表的新兴市场国家和发展中国家群体性崛起，是近代以来国际力量对比最具革命性的变化，也是世界百年未有之大变局最主要的推动因素。

① 《习近平谈治国理政》第 3 卷，外文出版社 2020 年版，第 421 页。

② 《中国共产党第十九届中央委员会第四次全体会议文集汇编》，人民出版社 2019 年版，第 21 页。

③ 习近平：《坚持以新时代中国特色社会主义外交思想为指导　努力开创中国特色大国外交新局面》，《人民日报》2018 年 6 月 24 日。

回顾国际格局形成和演变的历史可以发现，自第一次工业革命以来，西方国家把持世界政治经济格局，造成非西方国家和地区对西方世界的长期依附和从属。第二次世界大战后，广大亚非拉国家获得民族独立并实现联合自强，开始改变世界政治版图。进入21世纪以来，新兴市场国家和发展中国家抓住经济全球化历史机遇，实现了快速发展，引发国际政治经济格局的深刻变化。据统计，新兴市场国家和发展中国家对全球经济增长的贡献率已经达到80%。① 另外根据国际货币基金组织的数据，按购买力平价计算，新兴市场国家和发展中国家经济总量2008年已经超过发达国家，到2018年占世界经济比重达59%。②

新兴市场国家和发展中国家的群体性崛起，引发国际权力对比的深刻变化。传统上国际权力在少数几个西方国家之间“倒手”的局面走向终结，任何国家或者国家集团都再也无法单独主宰世界事务。2013年3月，习近平在莫斯科国际关系学院发表演讲时就指出，一大批新兴市场国家和发展中国家走上发展快车道，十几亿、几十亿人口正在加深现代化，多个发展中心在世界各地区逐渐形成，国际力量对比继续朝着有利于世界和平与发展的方向发展。③2016年1月，习近平在省部级主要领导干部研讨班上进一步指出：国际力量对比正在发生前所未有的积极变化，新兴市场国家和发展中国家群体性崛起正在改变全球政治经济版图，世界多极化和国际关系民主化大势难逆，以西方国家为主导的全球治理体系出现变革迹象。④

新兴国家和发展中国家的群体性崛起，推动着国际秩序和全球治理体系作出相应的重大调整。第二次世界大战后形成的国际秩序基本上是由美国为首的西方发达国家主导建立的，全球治理机制和治理规则主要反映了西方国家的利益和价值，与广大发展中国家的利益和所追求的公正合理的国际秩序相距甚远。

---

① 《习近平谈治国理政》第2卷，外文出版社2017年版，第479页。

② 中华人民共和国国务院新闻办公室：《新时代的中国与世界》，人民出版社2019年版，第39页。

③ 《习近平谈治国理政》第1卷，外文出版社2018年版，第272页。

④ 《习近平谈治国理政》第2卷，外文出版社2017年版，第212页。

为此，在国际格局深刻变化的背景下，新兴市场国家和发展中国家积极行动起来，通过补充、修改和变革措施积极完善现有的国际秩序和全球治理机制，在国际事务中的发言权不断提升。世界开启了“后西方中心”国际秩序建设进程。这突出地表现在，二十国集团取代七国集团成为国际经济金融治理的主平台，新兴市场国家和发展中国家占到二十国集团成员的一半。不仅如此，新兴市场国家和发展中国家不断加强在全球治理领域的合作，相继创建金砖机制，设立亚投行、新开发银行等多边金融机构，并依托上海合作组织、亚洲相互协作与信任措施会议等平台开展政治安全等领域的合作。

作为世界上最大的发展中国家，中国是世界大变局中的关键性因素。随着综合实力持续增强，中国已经成为推动国际权力对比更趋均衡的重要因素。2020 年，中国 GDP 总量达到 101.6 万亿元人民币，稳居世界第二经济大国。中国还是世界最大货物出口国、第二大货物进口国、第二大对外直接投资国、最大外汇储备国和最大的旅游市场。经过不懈努力，2021 年 2 月，在迎来中国共产党成立一百周年的重要时刻，习近平总书记庄严宣布，我国脱贫攻坚战取得全面胜利，现行标准下 9899 万农村贫困人口全部脱贫，832 个贫困县全部摘帽，12.8 万个贫困村全部出列，区域性整体贫困得到解决，完成消除绝对贫困的艰巨任务，创造了彪炳史册的人间奇迹。[①] 我国全面建成小康社会，顺利实现第一个百年奋斗目标，开启了建设社会主义现代化国家的新征程。

客观准确地认识国际力量对比状况，是形成科学的国际观和制定有效的国内外政策的必要条件。多极国际格局和新的全球治理机制的形成并不会一蹴而就。伴随着国际权力对比的变化，单极与多极之间的较量日趋激烈，守成大国与新兴大国之间矛盾日益显现。国际上的各种主要力量相互借重又相互制约的复杂局面，深刻影响着国际格局的发展演变。中国共产党始终对国际格局转型

① 《习近平谈治国理政》第 4 卷，外文出版社 2022 年版，第 125 页。

的曲折性及中国与发达国家的差距保持着清醒的认识。2016 年 1 月，习近平在省部级主要领导干部研讨班上就强调指出，争夺全球治理和国际规则制定主导权的较量十分激烈，西方发达国家在经济、科技、政治、军事上的优势地位尚未改变，更加公正合理的国际政治经济秩序的形成依然任重道远。① 客观而言，中国经济大而不强问题依然突出，人均收入和人民生活水平同发达国家相比仍存很大差距。根据国际货币基金组织（IMF）的报告，2020 年，中国大陆人均国内生产总值仅为美国的 1/6 左右、欧盟的 1/3 左右，在世界位列第 63 位。此外，我国参与全球治理的能力亟待提升。支撑高水平开放和大规模走出去的体制和力量仍显薄弱，与之相应的法律、咨询、金融、人才、风险管控、安全保障等都难以满足现实需要，将经济实力转化为国际制度性权力的能力依然不足。② 习近平在 2017 年 10 月举行的中共十九大上所作报告就明确指出，我国仍处于并将长期处于社会主义初级阶段的基本国情没有变，我国是世界最大发展中国家的国际地位没有变。③

二、经济全球化面临动能转换和深度调整

当前的世界经济正处于动能转换的换挡期，面临全球增长动能不足、全球经济治理滞后、全球发展失衡等突出矛盾。总体而言，经济全球化为世界经济增长提供了强劲动力，促进了商品和资本流动、科技和文明进步以及各国人民之间的交往。国际社会关于经济全球化的立场，对于世界经济的发展方向起着关键性作用。然而，当前阶段，主要受部分西方国家保护主义、单边主义抬头的影响，多边主义和自由贸易体制受到严重冲击，经济全球化动力面临衰退风险。

---

① 《习近平谈治国理政》第 2 卷，外文出版社 2017 年版，第 212 页。

② 同上书，第 213 页。

③ 习近平：《决胜全面建成小康社会　夺取新时代中国特色社会主义伟大胜利——在中国共产党第十九次全国代表大会上的报告》，人民出版社 2017 年版，第 12 页。

当今世界正面临全球化与逆全球化的激烈对抗，开放还是封闭，顺应全球化还是抗拒全球化，世界再次走到了十字路口。经济全球化的推动力量正在一定程度上发生角色转换。进入新世纪以来，美国等二战后经济全球化的主要推动国家出现严重社会分化，“内顾”倾向凸显，与此相伴的是右翼民粹主义、保护主义在西方世界泛滥。民粹主义和反全球化在西方的兴起，本质上根源于金融资本泛滥、民众收入差距拉大、政府治理失灵，然而一些国家的政客出于选举政治的目的，有意将矛头指向全球化，干扰自由贸易体制的正常运行，对世界经济健康发展造成破坏性冲击。2016 年，英国以公投形式决定退出欧洲联盟及以反全球化著称的唐纳德·特朗普赢得美国总统大选，成为民粹主义运动的标志性事件。特朗普上台后，美国为了一己私利大肆实施保护主义，挑起与中国等国家的贸易战，导致经济全球化进展严重受挫，国际经贸规则制定加速政治化和碎片化。世贸组织 2018 年 11 月发布的一份关于 20 国集团成员贸易措施的报告就指出，贸易限制行为的扩散及由此导致的不确定性可能将导致世界经济复苏陷入停滞，而进一步的恶化将潜在地给全球贸易带来巨大风险。① 美国的贸易保护主义政策引起国际社会包括其西方盟友的普遍不满。2018 年 6 月在加拿大举行的七国首脑会议上，美国之外的其他国家均表示，只有合作才能够实现世界经济的可持续发展。之后，欧盟及 IMF 等国际组织负责人联合发声维护国际自由贸易体系，“日益严重的保护主义倾向使我们有明确的动机和机会表达对多边贸易体系的强烈支持”②。

新冠肺炎疫情对经济全球化造成严重冲击，甚至有评论认为，“冠状病毒大流行可能是压倒经济全球化这一骆驼的最后一根稻草”。③ 这尤其体现在疫情使

① WTO Secretariat, “Report on G20 Trade Measures (Mid-May 2018 to Mid-October 2018),” November 22, 2018, p.2, https://www.wto.org/english/news_e/news18_e/g20_wto_report_november18_e.pdf.

② U.S. News, “EU, IMF War of US Protectionism, Back Multilateral Trade,” June 11, 2018, https://www.usnews.com/news/world/articles/2018-06-11/eu-backs-canadian-leader-after-trumps-sharp-words.

③ Robin Niblett, “The End of Globalization as We Know It,” in “How the World Will Look After the Coronavirus Pandemic,” *Foreign Policy*, March 20, 2020.

全球生产遭受供应链中断所造成的负面影响，强化了各国对供应链潜在风险的认知，并可能成为主要经济体未来产业和经济政策的主要指导思想之一。以及美国借疫情强化了将中国视为战略竞争对手的认识，并动员其盟友在经济、科技、意识形态等领域进一步打压遏制中国。

中国积极支持经济全球化，已经成为世界上推动贸易和投资自由化便利化的重要力量。中国根据世界历史发展经验和中国改革开放经验深刻地认识到，经济全球化尽管是一把双刃剑，但却是历史发展的潮流。为此，中国积极支持经济全球化进程，旗帜鲜明地反对保护主义和单边主义，主张理性看待全球化带来的冲击和积极消解经济全球化的负面影响，逐步建设开放、包容、普惠、平衡、共赢的经济全球化。

首先，中国对经济全球化的支持源于相信全球化是世界经济发展的必然趋势，契合各国人民要发展、要合作的时代潮流。进入新时代以来，中国领导人在国际国内场合多次强调，经济全球化是不以人的意志为转移的历史发展潮流。2017 年 1 月，习近平先后访问世界经济论坛和联合国日内瓦总部，全面阐明中方对于经济全球化的看法："历史地看，经济全球化是社会生产力发展的客观要求和科技进步的必然结果，不是哪些人、哪些国家人为造出来的。经济全球化为世界经济增长提供了强劲动力，促进了商品和资本流动、科技和文明进步、各国人民交往。"①"经济全球化是历史大势，促成了贸易大繁荣、投资大便利、人员大流动、技术大发展。"② 习近平结合中国的发展经验指出："我们认为，融入世界经济是历史大方向，中国经济要发展，就要敢于到世界市场的汪洋大海中去游泳，如果永远不敢到大海中去经风雨、见世面，总有一天会在大海中溺水而亡。所以，中国勇敢迈向了世界市场。在这个过程中，我们呛过水，遇到过漩涡，遇到过风浪，但我们在游泳中学会了游泳。这是正确的战

① 《习近平谈治国理政》第 2 卷，外文出版社 2017 年版，第 477 页。

② 同上书，第 543 页。

略抉择。”①2018 年 11 月，习近平在亚太经合组织工商领导人峰会上再次指出：经济全球化是人类社会发展的必经之路，多边贸易体制为各国带来了共同机遇。在各国相互依存日益紧密的今天，全球供应链、产业链、价值链紧密联系，各国都是合作链条中的一环，日益形成利益共同体、命运共同体。这是经济规律使然，不以人的意志为转移。②2019 年 6 月，在二十国集团领导人峰会上，习近平进一步指出：要尊重经济运行的客观规律；要把握人类从闭塞走向开放、从隔绝走向融合的发展大势；要立足共同利益，着眼长远发展。③

其次，中国明确反对将困扰世界的问题简单归咎于经济全球化，反对人为地阻断全球化的发展。当前，个别国家把内部治理问题归咎于经济全球化，归咎于其他国家，动辄采取单边主义、保护主义，动辄“退群”“脱钩”。对此，习近平指出：“经济全球化确实带来了新问题，但我们不能就此把经济全球化一棍子打死，而是要适应和引导好经济全球化，消解经济全球化的负面影响，让它更好惠及每个国家、每个民族。”“把困扰世界的问题简单归咎于经济全球化，既不符合事实，也无助于问题解决……想人为切断各国经济的资金流、技术流、产品流、产业流、人员流，让世界经济的大海退回到一个一个孤立的小湖泊、小河流，是不可能的，也是不符合历史潮流的。”④“如果人为设置壁垒，切断各国经济上的密切联系，不仅违背经济规律和历史潮流，也不符合各国人民普遍愿望，既是短视的，也是不会成功的。”“走保护主义、单边主义的老路，不仅解决不了问题、还会加剧世界经济的不确定性。”⑤

再次，中国主张逐步完善全球经济治理体系，促进经济全球化健康发展。为应对经济全球化带来的社会冲击，中国主张，各国应主动作为、适度管理，

① 《习近平谈治国理政》第 2 卷，外文出版社 2017 年版，第 478 页。

② 《习近平谈治国理政》第 3 卷，外文出版社 2020 年版，第 456 页。

③ 同上书，第 473 页。

④ 《习近平谈治国理政》第 2 卷，外文出版社 2017 年版，第 477—478 页。

⑤ 《习近平谈治国理政》第 3 卷，外文出版社 2020 年版，第 456 页。

着力解决公平公正问题，使经济全球化的正面效应更多释放出来，使经济全球化进程更有活力、更加包容、更可持续，增强广大民众参与感、获得感、幸福感。[①]国际发展不平衡和全球经济治理滞后，是制约经济全球化的突出问题。目前的经济全球化模式，难以反映广大发展中国家的呼声和体现广大发展中国家利益；“弱肉强食”的丛林法则和“你输我赢”“赢者通吃”的零和博弈，造成富者愈富、贫者愈贫，发达国家与发展中国家以及发达国家内部的贫富差距越拉越大。[②]

维护各国获得公平发展的权利，是改革和完善全球经济治理体系的重要目标。习近平总书记指出：“缺乏道德的市场，难以撑起世界繁荣发展的大厦。富者愈富、穷者愈穷的局面不仅难以持续，也有违公平正义。”[③]为此，既要做大“蛋糕”，更要分好“蛋糕”，着力解决公平公正问题。[④]中国提出全球经济治理要“以平等为基础、以开放为导向、以合作为动力、以共享为目标”，推动经济全球化朝着开放、包容、普惠、平衡、共赢的方向发展，让世界各国人民共享经济全球化发展成果。

最后，中国积极以实际行动支持建设开放型世界经济体系。党的十八大以来，中国坚持对外开放基本国策，坚定不移奉行互利共赢开放战略，展示了推进经济全球化的决心和大国担当。在双边层面，中国努力提升双边开放水平，加快与有关国家商签双边自贸协定和投资协定。在博鳌亚洲论坛2018年年会上，习近平主席宣布了四条扩大开放举措：一是大幅度放宽市场准入，二是创造更有吸引力的投资环境，三是加强知识产权保护，四是主动扩大进口。在地区层面，中国致力于推进区域经济一体化。2020年11月，与东盟十国及中、

---

① 习近平：《深化伙伴关系　增强发展动力——在亚太经合组织工商领导人峰会上的主旨演讲》，《人民日报》2016年11月21日。

② 中华人民共和国国务院新闻办公室：《新时代的中国与世界》，2019年9月，第46—47页。

③ 《习近平在联合国成立70周年系列峰会上的讲话》，人民出版社2015年版，第17页。

④ 《习近平谈治国理政》第2卷，外文出版社2017年版，第543页。

日、韩、澳、新西兰共同签署《区域全面经济伙伴关系协定》。2020 年 12 月，与欧盟完成中欧投资协定谈判。在多边层面，中国积极落实世界贸易组织《贸易便利化协定》，加快世贸组织《政府采购协定》谈判进程。①2018 年 11 月，中国首创了以进口为主题的国家级展会的经贸制度，中国（国际）进口博览会是迄今为止世界上第一个以进口为主题的国家级展会。

新冠肺炎疫情发生后，中国加大向国际市场供应原料药、生活必需品、防疫物资等产品，坚定不移扩大改革开放，放宽市场准入，持续优化营商环境，积极扩大进口，扩大对外投资，为世界经济稳定作出了巨大贡献。中国在经济全球化进程中的引领者角色得到彰显。

三、新一轮科技和产业革命蕴藏巨大变革

科学技术是引领世界大变局的革命性力量。回顾历史，每次大的科技产业革命都会对国际格局产生重大影响。当今世界，新一轮科学技术革命和产业变革深入发展，新一代信息技术广泛应用，大量催生新技术新产业新业态新模式，人类社会处于生产力大发展大跃升的前夜。②以人工智能、大数据、物联网、机器人、区块链为引领的第四次工业革命正在深刻地改变着国际产业格局、创新格局和投资格局，并在世界范围内掀起一场系统性的深刻变革。对此，世界经济论坛主席施瓦布就表示，第四次工业革命正在以前所未有的态势向我们席卷而来，发展速度之快、范围之广、程度之深丝毫不逊于前三次工业革命，它将数字技术、物理技术、生物技术有机融合在一起，迸发出强大的力量，影响着我们的经济和社会。③

① 马涛：《着力构建开放型世界经济》，《学习时报》2018 年 7 月 18 日，http://theory.people.com.cn/n1/2018/0718/c40531-30153903.html。

② 中华人民共和国国务院新闻办公室：《新时代的中国与世界》，2019 年 9 月，第 39 页。

③ 全国干部培训教材编审指导委员会：《全面推进中国特色大国外交》，党建读物出版社、人民出版社 2019 年版，第 8 页。

中国共产党历来高度重视创新能力在国际竞争中的核心地位。习近平总书记多次论述科技创新对于国家发展和国际格局的重要意义。他深刻地指出："纵观人类发展历史，创新始终是一个国家、一个民族发展的重要力量，也始终是推动人类社会进步的重要力量。"①

首先，科技创新是关系国家和民族前途命运的决定性因素。习近平强调："谁在创新上先行一步，谁就能拥有引领发展的主动权。"②他指出："回顾近代以来世界发展历程，可以清楚看到，一个国家和民族的创新能力，从根本上影响甚至决定国家和民族前途命运。""历史经验表明，那些抓住科技革命机遇走向现代化的国家，都是科学基础雄厚的国家；那些抓住科技革命机遇成为世界强国的国家，都是在重要科技领域处于领先行列的国家。"③习近平在总结16世纪以来人类所取得的科技进展的基础上指出："每一次科技和产业革命都深刻改变了世界发展面貌和格局。一些国家抓住了机遇，经济社会发展驶入快车道，经济实力、科技实力、军事实力迅速增强，甚至一跃成为世界强国。"④

其次，对于发展中国家而言，新一轮科技和产业革命既是机遇，也是挑战。当今世界已经进入新一轮科技创新周期，发展中国家能否抓住发展机遇，将在相当程度上决定未来的国际经济格局走向。发展中国家在科技竞争方面处于明显的弱势地位。面对新一轮科技和产业革命，发展中国家和发达国家之间存在明显的数字鸿沟，且鸿沟还在不断拉大。这不仅削弱发展中国家实现产业升级的潜在能力，而且有导致国际产业分工格局固化的风险。2016年1月，习近平深刻地指出："当前，新一轮科技和产业革命蓄势待发，其主要特点是重大颠覆性技术不断涌现，科技成果转化速度加快，产业组织形式和产业链条更具垄断性。世界各

① 《习近平谈治国理政》第2卷，外文出版社2017年版，第267页。

② 同上书，第203页。

③ 同上书，第268页。

④ 同上书，第202页。

主要国家纷纷出台新的创新战略，加大投入，加强人才、专利、标准等战略性创新资源的争夺。”① 2017年9月，习近平主席在厦门举行的新兴市场国家与发展中国家对话会上进一步指出：“新一轮科技和工业革命催生新的发展动能，也带来千载难逢的发展机遇。抓住这个机遇，新兴市场国家和发展中国家就可能实现‘弯道超车’。失去这个机遇，南北鸿沟、发展失衡将进一步扩大。”②

面对新一轮科技和产业革命，迫切需要发展中国家加强团结协作，共同把握世界经济结构调整的历史机遇。为此，中国主张，国际社会在筹划和开展新一轮科技和产业革命时应平衡照顾各国特别是发展中国家的利益，不能仅以发达国家、个别国家的安全、标准要求全世界。要尊重各国主权，不搞技术霸权、不干涉他国内政，不从事、不纵容、不保护危害他国安全的技术活动。要坚持多边主义，在相互尊重、相互信任的基础上，广泛开展对话合作，构建和平安全、民主透明、包容普惠的技术规则体系和国际合作新框架。

第二节　推动构建人类命运共同体

当今世界，世界各国越来越成为“你中有我，我中有你”的利益共同体和命运共同体。没有哪个国家能够独自应对人类面临的各种挑战，也没有哪个国家能够退回到自我封闭的孤岛。③ 以习近平同志为代表的中国共产党人，从全人类福祉的高度，深入思考“建设一个什么样的世界、如何建设这个世界”这一关乎人类前途命运的重大课题，提出构建人类命运共同体重要思想。构建人类命运共同体思想是习近平外交思想的核心和精髓，体现了中国将自身发展同

① 《习近平谈治国理政》第2卷，外文出版社2017年版，第203页。

② 习近平：《习近平在出席金砖国家领导人厦门会晤时的讲话》，人民出版社2017年版，第24页。

③ 《中国共产党第十九次全国代表大会文件汇编》，人民出版社2017年版，第47页。

世界发展相统一的全球视野、世界胸怀和大国担当。①

中国共产党始终把为人类作出新的更大的贡献作为自己的使命。推动构建人类命运共同体既是中国深度融入全球体系的重要方略，也是中国在全球化面临困难的关键时期，为推进全球体系开放、包容发展而作出的积极努力。2020年以来，世界各国政府为应对新冠病毒的破坏性影响而实施的措施导致全球化的暂时性倒退，然而，全球范围的大流疫突出了世界各国和人民的相互依存，表明国际社会对国际合作和团结的需求比以往任何时候都更加迫切。

人类命运共同体思想已经成为新时代中国共产党国际观的核心内容。2017年10月，中共第十九次全国代表大会把推动构建人类命运共同体作为新时代坚持和发展中国特色社会主义的基本方略之一，并写入新修改的《中国共产党章程》。2018年3月，第十三届全国人民代表大会第一次会议通过《中华人民共和国宪法修正案》，“序言”部分写入推动构建人类命运共同体内容。这是1982年宪法公布施行后，首次充实完善宪法中关于外交政策方面的内容，以载入根本大法的形式反映党的十八大以来在习近平新时代中国特色社会主义思想指导下外交理论和实践创新的主要成果，成为我国外交政策理念在国家法治上的最高宣示，使构建人类命运共同体思想正式上升为国家意志。2022年10月召开的中共第二十次全国代表大会强调：构建人类命运共同体是世界各国人民前途所在；中国始终坚持维护世界和平、促进共同发展的外交政策宗旨，致力于推动构建人类命运共同体。2023年6月颁布的《中华人民共和国对外关系法》在总则第一条即旗帜鲜明地指出，促进世界和平与发展，推动构建人类命运共同体。

一、人类命运共同体思想的丰富内涵

党的十八大以来，习近平同志在一系列国内外重要场合系统阐述了人类命

① 杨洁篪：《推动构建人类命运共同体》，《党的十九大报告辅导报告》，人民出版社2017年版，第94—95页。

运共同体思想，为世界各国合力共建美好世界提供了指南。2013 年 3 月 23 日，习近平在莫斯科国际关系学院发表题为《顺应时代前进潮流，促进世界和平发展》的重要演讲，首次阐明构建人类命运共同体理念。他指出："这个世界，各国相互联系、相互依存的程度空前加深，人类生活在同一个地球村里，生活在历史和现实交汇的同一个时空里，越来越成为你中有我、我中有你的命运共同体。"① 同年 3 月 25 日，在坦桑尼亚尼雷尔国际会议中心发表题为《永远做可靠朋友和真诚伙伴》的重要演讲，强调"中非从来都是命运共同体"。10 月 3 日，习近平在印度尼西亚国会发表题为《携手建设中国—东盟命运共同体》的重要演讲，明确提出"携手建设更为紧密的中国—东盟命运共同体"的倡议。

人类命运共同体理念是以习近平同志为代表的中国共产党人，在继承和发展马克思主义国际观的基础上积极回应当今世界现实问题而作出的重要理论创新。在经济全球化深入发展的今天，世界各国共同生活在同一个地球村，各国间的相互依存不断加深，同时世界性问题呈现出明显的扩散效应，全人类的命运被紧紧地联系在一起。在这一背景下，通过合作建设更加美好的世界，既是各国人民的普遍愿望，也成为世界各国的共同责任。人类命运共同体思想，体现了中国坚定做世界和平的建设者、全球发展的贡献者、国际秩序的维护者的定位和决心。

其一，人类命运共同体思想是东西方思想文化发展的结晶，反映了全人类共同的追求。马克思从人类社会发展规律的高度深刻地阐明人类社会从"自然形成的共同体"过渡到"虚幻的共同体"，最终形成以"自由人联合体"为特征的"真正的共同体"。② 人类命运共同体思想站在全人类的高度思考世界的发展问题，是对实现人的自由全面发展进行的现实探索。此外，人类命运共同体思想也是对中华优秀传统文化及人类社会发展优秀成果的继承和发展。中华传统文化自古推

① 《习近平谈治国理政》第 1 卷，外文出版社 2018 年版，第 272 页。

② 王公龙等：《构建人类命运共同体思想研究》，人民出版社 2019 年版，第 10—11 页。

崇天下一家、世界大同，人类文明长河中诞生了康德的“永久和平论”等丰富多彩的共同体理念。人类命运共同体理念，凝聚了人类发展进步所积淀的共同理想和共同追求，继承和发展了人类共同的精神财富。天下一家、和衷共济、和谐共生等东西方思想，为推动构建人类命运共同体奠定了深厚的历史文化底蕴。

其二，人类命运共同体思想以世界各国合力应对日益突出的全球性挑战为根本目标。随着世界多极化、经济全球化、社会信息化、文化多样化深入发展，世界各国间的相互依存日渐增强，利益交汇点日益增多。面对全球性挑战，任何国家都难以独善其身或包打天下，这构成了人类命运共同体建设的现实基础。2017 年 5 月，习近平在“一带一路”国际合作高峰论坛上指出：“从现实维度看，我们正处在一个挑战频发的世界。世界经济增长需要新动力，发展需要更加普惠平衡，贫富差距鸿沟有待弥合。地区热点持续动荡，恐怖主义蔓延肆虐。和平赤字、发展赤字、治理赤字，是摆在全人类面前的严峻挑战。”①2019 年 3 月，习近平在中法全球治理论坛上鲜明指出国际社会正面临治理赤字、信任赤字、和平赤字、发展赤字四大挑战。② 治理赤字突出表现在，全球热点问题此起彼伏、持续不断，气候变化、网络安全、难民危机等非传统安全威胁持续蔓延，保护主义、单边主义抬头，但全球治理体系和多边机制却受到冲击。信任赤字突出表现在，国际竞争摩擦呈上升之势，地缘博弈色彩明显加重，国际社会的信任和合作受到侵蚀。和平赤字突出表现在，人类所处的安全环境堪忧，地区冲突和局部战争持续不断，恐怖主义仍然猖獗，不少国家民众饱受战火摧残，恐怖主义、网络安全、重大传染性疾病、气候变化等非传统安全问题持续蔓延。发展赤字突出表现在，世界经济增长动能不足，形形色色的保护主义、民粹主义思潮泛滥，收入分配不平等、发展空间不平衡成为全球经济治理面临

① 习近平：《携手推进“一带一路”建设——在“一带一路”国际合作高峰论坛开幕式上的演讲》，人民出版社 2017 年版，第 4 页。

② 《习近平谈治国理政》第 3 卷，外文出版社 2020 年版，第 460—462 页。

的最突出问题。

在全球化深入发展的今天，没有与世隔绝的孤岛；面对日益严峻的全球性挑战，任何国家都难以独善其身。人类命运共同体思想正是对人类所面临的共同挑战所作出的积极回应，旨在推动世界各国“携手努力、共同担当、同舟共济、共渡难关”。2017 年 12 月，习近平在中国共产党与世界政党高层对话会上明确指出：“面对这种局势，人类有两种选择。一种是，人们为了争权夺利恶性竞争甚至兵戎相见，这很可能带来灾难性危机。一种是，人们顺应时代发展潮流，齐心协力应对挑战，开展全球性协作，这就将为构建人类命运共同体创造有利条件。我们要抓住历史机遇，作出正确选择，共同开创人类更加光明的未来。”① 他同时指出：“人类命运共同体，顾名思义，就是每个民族、每个国家的前途命运都紧紧联系在一起，应该风雨同舟，荣辱与共，努力把我们生于斯、长于斯的这个星球建成一个和睦的大家庭，把世界各国人民对美好生活的向往变成现实。”②

其三，人类命运共同体思想源于中国共产党致力于为人类进步事业贡献力量的宗旨和使命。实现中华民族伟大复兴和维护世界和平与发展，是人类命运共同体建设的出发点。中共十九大报告明确指出：“中国共产党是为中国人民谋幸福的政党，也是为人类进步事业而奋斗的政党。中国共产党始终把为人类作出新的更大的贡献作为自己的使命。”③ 随着中国综合国力的提升，中国共产党深刻地认识到，中国的发展与世界的发展密不可分，更加强调为促进国际和平与发展作出自己应有的贡献。推动构建人类命运共同体，是中国共产党积极为人类进步事业贡献力量的生动体现。为世界贡献中国智慧和中国方案，是中国

① 习近平：《携手建设更加美好的世界——在中国共产党与世界政党高层对话会上的主旨讲话》，人民出版社 2017 年版，第 2 页。

② 同上书，第 4 页。

③ 《中国共产党第十九次全国代表大会文件汇编》，人民出版社 2017 年版，第 46 页。

共产党推动构建人类命运共同体的具体体现。“世界那么大，问题那么多，国际社会期待听到中国声音、看到中国方案，中国不能缺席。”① 中共十八大以来，习近平在不同场合多次明确指出，中国要做国际社会中负责任大国，要树立世界眼光，更好地把国内发展与对外开放统一起来，把中国发展与世界发展联系起来，把中国人民利益同各国人民共同利益结合起来。

其四，人类命运共同体思想立足于中国坚定走和平发展道路的战略抉择。改革开放四十年来，中国发展取得举世瞩目的成就，与世界的互动越来越紧密，日益呈现出明显的关联效应。国际社会越来越关注中国与世界关系的发展。坚定走和平发展道路和奉行互利共赢开放战略，是中国共产党的战略抉择，也是促进世界和平发展的基础。2013 年 1 月，习近平总书记在主持中央政治局集体学习时就强调：“走和平发展道路，是我们党根据时代发展潮流和我国根本利益做出的战略抉择。”② 同年 5 月，习近平再次强调指出：“我们将始终不渝走和平发展道路，始终不渝奉行互利共赢的开放战略，不仅致力于中国自身发展，也强调对世界的责任和贡献。”③

走和平发展道路要求把中国人民利益同各国人民共同利益相结合，在促进本国发展的同时带动世界的发展，进而争取外部世界对中国和平发展的支持，最终带动国际秩序的转型和完善。中国坚定地相信，只有坚持走和平发展道路，只有同世界各国一道维护世界和平，中国才能实现自己的目标，也才能为世界作出更大贡献。《中国共产党党章》旗帜鲜明地指出：“中国共产党坚持独立自主的和平外交政策，坚持和平发展道路，坚持互利共赢的开放战略，统筹国内国际两个大局，积极开展对外关系，努力为中国的改革开放和现代化建设争取有利的国际环境。”习近平也指出：“什么是当今世界的潮流？答案只有一个，

① 《习近平主席新年贺词（2014—2018）》，人民出版社 2018 年版，第 13 页。

② 《习近平谈治国理政》第 1 卷，外文出版社 2018 年版，第 247 页。

③ 同上书，第 57 页。

那就是和平、发展、合作、共赢。中国不认同‘国强必霸’的陈旧逻辑。”① “无论中国发展到什么程度，我们都不会威胁谁，都不会颠覆现行国际体系，都不会谋求建立势力范围。中国始终是世界和平的建设者、全球发展的贡献者、国际秩序的维护者。”②

推动构建人类命运共同体，实现世界各国的普遍安全和共同繁荣，是中国走和平发展道路的应有之义。习近平指出：“和平发展道路能不能走得通，很大程度上要看我们能不能把世界的机遇转变为中国的机遇，把中国的机遇转变为世界的机遇，在中国与世界各国良性互动、互利共赢中开拓前进。”③ 中共十九大报告明确指出：“中国人民的梦想同各国人民的梦想息息相通，实现中国梦离不开和平的国际环境和稳定的国际秩序。”④

推动构建人类命运共同体，是中国式现代化的本质要求。党的二十大宣示了新时代新征程中国共产党的中心任务，即团结带领全国各族人民全面建成社会主义现代化强国、实现第二个百年奋斗目标，以中国式现代化全面推进中华民族伟大复兴。中国式现代化是走和平发展道路的现代化，而不是一些国家通过战争、殖民、掠夺等方式实现现代化的老路。中国以和平、发展、合作、共赢为旗帜，在坚定维护世界和平与发展中谋求自身发展，又以自身发展更好维护世界和平与发展。

二、人类命运共同体的建设路径

人类命运共同体思想具有丰富的时代价值，然而，构建人类命运共同体仍是一个持续的过程，需要各国共同努力。对此，习近平总书记指出：“构建人类命运共同体是一个历史过程，不可能一蹴而就，也不可能一帆风顺，需要付出

① 《习近平谈治国理政》第 1 卷，外文出版社 2018 年版，第 266 页。
② 《习近平谈治国理政》第 3 卷，外文出版社 2020 年版，第 194 页。
③ 《习近平谈治国理政》第 1 卷，外文出版社 2018 年版，第 248 页。
④ 《中国共产党第十九次全国代表大会文件汇编》，人民出版社 2017 年版，第 20 页。

长期艰苦的努力。为了构建人类命运共同体，我们应该锲而不舍、驰而不息进行努力，不能因现实复杂而放弃梦想，也不能因理想遥远而放弃追求。”①

中国共产党高度重视人类命运共同体的建设路径问题。2015 年 9 月，习近平在纽约联合国总部出席第 70 届联合国大会一般性辩论并发表题为《携手构建合作共赢新伙伴，同心打造人类命运共同体》的重要讲话，提出了伙伴关系、安全格局、经济发展、文明交流、生态建设“五位一体”建设路径和布局：政治上建立平等相待、互商互谅的伙伴关系，安全上营造公道正义、共建共享的安全格局，经济上谋求开放创新、包容互惠的发展前景，文化上促进和而不同、兼收并蓄的文明交流，生态上构筑尊崇自然、绿色发展的生态体系。②2017 年 1 月，习近平访问联合国日内瓦总部，发表题为《共同构建人类命运共同体》的主旨演讲，精辟回答了“中国为何要推动构建人类命运共同体”、“要构建一个什么样的人类命运共同体”，以及“怎样构建人类命运共同体”三大基本问题，对“五位一体”行动方略进行了全面充实。③

2017 年 12 月，习近平总书记在中国共产党与世界政党高层对话会再次从四个方面集中论述了人类命运共同体的建设路径。

第一，建立一个远离恐惧、普遍安全的世界。习近平指出，纵观人类文明发展进程，尽管千百年来人类一直期盼永久和平，但战争从未远离，人类始终面临着战争的威胁。面对日益复杂、综合化的安全威胁，各个国家单打独斗不行，迷信武力更不行；一国安全不能建立在别国不安全之上，别国面临的威胁也可能成为本国的挑战。中国共产党倡导树立共同、综合、合作、可持续的新安全观，营造公平正义、共建共享的安全格局。“不能身体已进入 21 世纪，而

① 习近平：《携手建设更加美好的世界——在中国共产党与世界政党高层对话会上的主旨讲话》，第 7 页。

② 《习近平谈治国理政》第 2 卷，外文出版社 2017 年版，第 523—525 页。

③ 同上书，第 541—544 页。

脑袋还停留在冷战思维、零和博弈的旧时代。”① 新安全观要求世界各国在思想上和行动上自觉摒弃冷战思维、零和博弈的旧思维，摒弃弱肉强食的丛林法则，树立共同维护国际安全的责任意识。

综合而言，新安全观摆脱了西方传统安全观的窠臼，立足新的安全视野，设计新的安全思路，追求新的安全目标。一是新安全观主张，安全应该是普遍的、平等的、包容的，要“尊重和保障每一个国家的安全。不能一个国家安全而其他国家不安全，一部分国家安全而另一部分国家不安全，更不能牺牲别国安全谋求自身所谓绝对安全”。② 二是新安全观坚持以和平方式解决争端，反对动辄使用武力或以武力相威胁，反对为一己私利挑起事端、激化矛盾，反对以邻为壑、损人利己。三是新安全观认为，国家不分大小、强弱，参与地区安全的权利和责任都应该得到充分的尊重和保障，“各国都有平等参与地区安全事务的权利，也都有维护地区安全的责任。任何国家都不应该谋求垄断地区安全事务，侵害其他国家正当权益”。③ 四是新安全观主张，安全治理不局限于政治和军事领域，涵盖了经济、文化、信息、环境等综合领域，为此要推动政治、经济和社会领域的国际合作齐头并进，统筹维护传统和非传统安全，综合应对各种安全威胁，共同消除引发战争的根源，实现可持续的安全。中国强调发展与安全互为基础和条件。2014 年 5 月，习近平主席在亚信会议第四次峰会上指出，对亚洲大多数国家来说，发展就是最大的安全，也是解决地区安全问题的“总钥匙”。④ 中国共产党主张发展与安全并重，通过改善民生、缩小贫富差距，不断夯实安全根基，实现持久安全。

第二，建设一个远离贫困、共同繁荣的世界。“发展不平衡是当今世界最大

---

① 《习近平谈治国理政》第 1 卷，外文出版社 2018 年版，第 354 页。

② 习近平：《弘扬和平共处五项原则　建设合作共赢美好世界——在和平共处五项原则发表 60 周年纪念大会上的讲话》，人民出版社 2014 年版，第 7—8 页。

③ 《习近平谈治国理政》第 1 卷，外文出版社 2018 年版，第 355 页。

④ 同上书，第 356 页。

的不平衡。”①习近平指出，当今世界，物质技术水平已经发展到古人难以想象的高度，然后发展不平衡不充分问题依然普遍存在，南北发展差距依然巨大，贫困和饥饿依然严重，新的数字鸿沟正在形成，世界上还有很多国家的民众生活在困境之中。中国主张促进贸易和投资自由化、便利化，积极推动经济全球化朝着更加开放、包容、普惠、平衡、共赢的方向发展。发展是第一要务，人类命运共同体追求的是共同发展。习近平提出，经济全球化是推动世界经济增长的引擎，要坚持创新驱动，打造富有活力的增长模式；坚持协同联动，打造开放共赢的合作模式；坚持公平包容，打造平衡普惠的发展模式，让世界各国人民共享经济全球化发展成果。②为了建设共同繁荣的世界，中国强调，各国要根据自身禀赋特点，制定适合本国国情的发展战略；要共同维护和改善国际发展环境；还要创造良好的外部制度环境，加强全球经济治理，健全发展协调机制；要维护世界贸易组织规则，建设开放型世界经济体制；要优化发展伙伴关系，最大限度地解决南北之间和地区内部发展失衡问题。③

第三，建设一个远离封闭、开放包容的世界。不同文明是各民族智慧的结晶，没有高低之别，更无优劣之分。中国共产党历来主张维护人类文明的多样性，致力于同世界各国共同消除现实生活中的文化壁垒。中国倡导各种文明和谐共处，主张促进和而不同、兼收并蓄的文明交流对话。人类命运共同体思想是对西方一些人鼓吹的“文明冲突论”“文明优越论”的根本否定。习近平就指出，不同民族、不同文明没有优劣之分，只有特色之别；不同文明和谐共处、交流互鉴，可以成为增进各国人民友谊的桥梁、推动人类社会进步的动力、维护世界和平的纽带。④因此，构建人类命运共同体思想，主张各国根据本国国

① 《习近平谈治国理政》第 3 卷，外文出版社 2020 年版，第 493 页。

② 《习近平谈治国理政》第 3 卷，外文出版社 2020 年版，第 461—462 页。

③ 杨洁篪：“推动构建人类命运共同体”，载《党的十九大报告辅导读本》，人民出版社 2017 年版，第 92—93 页。

④ 中共上海市委党校编：《强起来：新时代中国共产党人的历史使命》，人民出版社 2018 年版，第 191 页。

情选择适合自己的政治和社会制度，致力于推动不同社会制度、意识形态、历史文明、发展水平的国家，坚持利益共生、权利共享、责任共担的理念，通过合作促进人类社会的整体发展。

第四，建设一个山清水秀、清洁美丽的世界。地球是人类共同的家园，生态文明关乎人类的未来。中共十八大以来，中共中央坚持人与自然共生共存的理念，强调树立尊重自然、顺应自然、保护自然的意识，致力于解决好工业文明带来的矛盾。人类命运共同体思想主张建立环境友好型社会，倡导绿色、低碳、循环、可持续的生产生活方式。中国共产党尤其重视平衡推进2030年可持续发展议程，主张世界各国采取行动应对气候变化问题，共同呵护好赖以生存的地球家园。中国作为负责任的发展中大国，深度参与全球环境治理，为世界可持续发展提供了中国理念、中国方案，作出了中国贡献。2016年9月在杭州举行的二十国集团领导人峰会上，中国作为主席国推动制定了《二十国集团落实2030年可持续发展议程行动计划》。截至2017年底，中国已批准加入30多项与生态环境有关的多边公约或议定书。① 在美国特朗普政府2019年正式退出应对气候变化的《巴黎协定》的背景下，中国依然坚持百分百兑现减排承诺，而且提前兑现了部分承诺。② 中国以实际行动落实建设清洁美丽世界的理念，为构建人类命运共同体作出切实的贡献。

推动构建人类命运共同体理念提出十年来，内涵不断丰富，建设路径日益清晰，国际影响不断扩大。

第一，提出全球发展倡议，引领全球发展合作。受新冠疫情、地缘动荡等多重因素冲击，联合国2030年可持续发展议程进展缓慢，多个领域的成果遭到

---

① 陈吉宁编：《着力解决突出环境问题》，《党的十九大报告辅导读本》，人民出版社2017年版，第382—383页。

② 刘瑾：《中国已提前三年落实〈巴黎协定〉部分承诺》，2018年11月27日，http: //www.gov.cn/xinwen/2018-11/27/content_5343609.htm（上网时间：2020年2月25日）。

逆转。2021年9月，习近平主席在第76届联合国大会一般性辩论期间首次提出全球发展倡议，呼吁国际社会加快落实2030年可持续发展议程，实现更加强劲、绿色和健康的全球发展。全球发展倡议在理念、资源、机制等多个层面为全球发展治理作出贡献，为全球落实2030年可持续发展议程注入了新的活力。倡议提出的“六个坚持”，即坚持发展优先、坚持以人民为中心、坚持普惠包容、坚持创新驱动、坚持人与自然和谐共生、坚持行动导向。[①]全球发展倡议顺应了世界各国人民谋发展的强烈愿望，反映了广大发展中国家在国际发展合作中的迫切需求。倡议提出后得到国际社会积极响应，70多个国家加入在联合国成立的“全球发展倡议之友小组”。2022年6月，中国成功举办全球发展高层对话会，对全球发展合作的引领作用越来越突出。

第二，提出全球安全倡议，推动政治解决国际争端。中国积极参与全球安全规则制定，推动构建安全共同体，为维护世界和平和地区稳定发挥建设性作用。2022年4月，面对国际安全局势复杂变化，习近平主席在博鳌亚洲论坛上首次提出全球安全倡议。倡议以消弭国际冲突根源、完善全球安全治理、实现世界持久和平与发展为目标，倡导坚持共同、综合、合作、可持续的新安全观，坚持尊重各国主权、领土完整，坚持遵守联合国宪章宗旨和原则，坚持重视各国合理安全关切，坚持通过对话协商以和平方式解决国家间的分歧和争端，坚持统筹维护传统领域和非传统安全。[②]2023年2月，中国正式发布《全球安全倡议概念文件》，受到国际社会普遍欢迎。自2022年2月乌克兰危机全面升级以来，中国始终着眼事情本身的是非曲直，秉持客观公正立场，积极推动政治解决危机。中国政府先后提出化解乌克兰危机的四点主张，发布《关于政治解决乌克兰危机的中国立场》文件，积极劝和促谈，推动停火止战，在联合国等多边机制主持正义，为推动危机政治解决发挥着重要的建设性作用。2023年3

① 《习近平谈治国理政》第4卷，外文出版社2022年版，第467—471页。

② 《习近平谈治国理政》第4卷，外文出版社2022年版，第451页。

月，在中国协助下，沙特和伊朗同意恢复外交关系，并在北京发表三方联合声明，带动了中东地区国际关系缓和，赢得国际社会高度赞誉。

第三，提出全球文明倡议，促进文明交流互鉴。党的二十大向世界各国发出呼吁，弘扬和平、发展、公平、正义、民主、自由的全人类共同价值，促进各国人民相知相亲，尊重文明多样性，以文明交流超越文明隔阂、文明互鉴超越文明冲突、文明包容超越文明优越。2023 年 3 月，习近平总书记在中国共产党与世界政党高层对话会上提出全球文明倡议，呼吁共同倡导尊重世界文明多样性，共同倡导弘扬全人类共同价值，共同倡导重视文明传承和创新，共同倡导加强国际人文交流。① 全球文明倡议为构建人类命运共同体奠定了更加扎实的价值基础。过去十年，中国积极搭建文明对话、政党交流、人文交流等互学互鉴平台，推动召开中欧文明对话、中阿文明对话、中非文明对话、亚洲文明对话，先后两次举办中国共产党与世界政党高层对话会，为世界各文明、各政党、各团体携手共建人类命运共同体创造了有利条件。

三、“一带一路”助力人类命运共同体建设

丝绸之路是古代连接东西方的贸易之路，也是沟通沿线各民族的友谊之路。中华民族在同其他民族的友好交往中，逐步形成了以和平合作、开放包容、互学互鉴、互利共赢为特征的丝绸之路精神。习近平主席 2013 年 9 月和 10 月分别访问哈萨克斯坦和印度尼西亚时提出了共建“一带一路”倡议。在哈萨克斯坦纳扎尔巴耶夫大学发表演讲时，习近平首次提出共同建设“丝绸之路经济带”的设想，并期望以点带面、由点到线、从线到片、逐步形成欧亚区域大合作。在印度尼西亚国会大厦发表演讲时，习近平强调愿同东盟国家加强海上合作，发展好海洋合作伙伴关系，共同建设“21 世纪海上丝绸之路”。“丝绸之路经济

① 习近平：《携手同行现代化之路——在中国共产党与世界政党高层对话会上的主旨讲话》（2023 年 3 月 15 日），《人民日报》2023 年 3 月 16 日第 2 版。

带”和“21 世纪海上丝绸之路”统称为“一带一路”倡议。习近平总书记形象地将“一带一路”比喻为大鹏的两只翅膀，建设好了，大鹏就可以飞得更高更远。①

“一带一路”倡议是中国推动构建人类命运共同体的重要实践平台。正如习近平在 2017 年底召开的中国共产党与世界政党高层对话会上所指出的，中国提出“一带一路”倡议，就是为了实践人类命运共同体理念。②“一带一路”倡议顺利推进将惠及欧亚及非洲大陆 60 个国家的 40 亿人口。③在共建“一带一路”的过程中，中国积极主张沿线各国实现经济政策协调，共同建设开放、包容、均衡、普惠的区域经济合作架构，使“一带一路”成为顺应经济全球化潮流的最广泛国际合作平台。

（一）“一带一路”是中国全方位对外开放的重大举措

“一带一路”倡议是以习近平同志为核心的党中央统筹国内国际两个大局，顺应地区和全球合作潮流和中国内外环境深刻变化而提出的重大国际合作构想。这一倡议已经成为我国构建开放型经济新体制的顶层设计，是我国参与和完善全球治理体系的主动作为，是助力实现“中国梦”的重大举措。④2018 年 8 月，习近平在推进“一带一路”建设工作 5 周年座谈会上指出，以共建“一带一路”为实践平台推动构建人类命运共同体，这是从我国改革开放和长远发展出发提出来的，也符合中华民族历来秉持的天下大同理念，符合中国人怀柔远人、和

---

① 中共中央文献研究室编：《习近平关于社会主义经济建设论述摘编》，中央文献出版社 2017 年版，第 247 页。

② 习近平：《携手建设更加美好的世界——在中国共产党与世界政党高层对话会上的主旨讲话》，第 4 页。

③ 徐浩良：《利用国际机构助力“一带一路”》，UNDP，2015 年 9 月 14 日，https://www.cn.undp.org/content/china/zh/home/presscenter/op-eds/2015/09/china-should-work-with-international-organizations-to-facilitate-belt-and-road-initiative1.html。

④ 徐绍史：《统筹国内国际两个大局中的战略决策——深入学习习近平总书记关于“一带一路”战略构想的重要论述》，载《求是》2015 年第 19 期。

谐万邦的天下观，占据了国际道义制高点。①

建设“一带一路”，是中国立足于新的世情国情实施新一轮扩大开放的重大举措，标志着中国开放型经济新体制加快形成。② 一方面，“一带一路”倡议将有利于构筑我国对外开放“一体两翼”新格局。改革开放以来，受地理区位、资源禀赋、发展基础等因素影响，中国的对外开放主要是面向太平洋方向和发达国家的开放，这就造成对外开放总体呈现东快西慢、海强陆弱的格局。③ 东部沿海发达地区和中西部内陆欠发达地区之间的区域发展不平衡问题，成为制约中国经济发展和社会全面进步的重要因素。“一带一路”建设促进了我国中西部地区和沿边地区对外开放，进而有利于形成海陆统筹、东西互济、面向全球的开放新格局。另一方面，“一带一路”倡议的实施将有利于提升新兴经济体和发展中国家在中国对外开放格局中的地位。“一带一路”沿线国家大多是新兴经济体和发展中国家，这些国家资源禀赋各异，经济互补性较强，且普遍处于经济发展上升期，共建“一带一路”激发了中国与沿线国家互利合作的巨大潜力。

在“一带一路”倡议的推动下，中国与周边国家的互联互通建设取得快速发展。中老铁路、中泰铁路、匈塞铁路、雅万高铁，以及汉班托塔港二期工程、科伦坡港口城项目、比雷埃夫斯港等一大批基础设施开工建设。④ 中国中西部地区参与国际交往的机会和能力也得到明显提升，四川、陕西、甘肃、宁夏等内陆省市成为对外开放的高地和前沿，涌现出连接成都至波兰的“蓉新欧”国际铁路、重庆至德国杜伊斯堡的“渝新欧”国际铁路、义乌至西班牙马德里的“义新欧”国际铁路、武汉至德国汉堡的“汉新欧”国际铁路、

① 《习近平谈治国理政》第 3 卷，外文出版社 2020 年版，第 487 页。

② 国家发展改革委宏观经济研究院对外经济研究所：《开放：中国繁荣发展的必由之路》，人民出版社 2018 年版，第 17—28 页。

③ 梁昊光、张耀军：《“一带一路”：二十四个重大理论问题》，人民出版社 2018 年版，第 2 页。

④ 国家发展改革委员会：“‘一带一路’建设五年来取得显著成效”，光明网，2018 年 8 月 10 日，http: //politics.gmw.cn/2018-08/10/content_30441576.html。

郑州至德国汉堡的“郑新欧”国际铁路等一批新的连通中国与世界的物流大动脉。

（二）“一带一路”是开放性合作平台

中国秉持开放的区域合作精神推进“一带一路”建设。“一带一路”倡议提出以来，国际社会经历了从不理解到逐渐认同、广泛参与的过程。“一带一路”以开放包容、合作共赢为基本理念，本质上是一个各方共商、共建、共享的国际公共产品，具有非竞争性、非排他性、非零和性的特征。①

首先，“一带一路”倡议以人类命运共同体理念为指引，追求参与方之间的合作共赢、共同发展。2016 年 4 月，习近平总书记在主持中共中央政治局第三十一次集体学习时明确指出，在新的历史条件下，我们提出“一带一路”倡议，就是要继承和发扬丝绸之路精神，把我国发展同沿线国家发展结合起来，把中国梦同沿线各国人民的梦想结合起来，赋予古代丝绸之路以全新的时代内涵。②他在国内外场合多次强调指出，“一带一路”追求的是百花齐放的大利，而不是一枝独秀的小利；走的是大家携手前进的阳光大道，而不是某一方的私家小路。③

其次，“一带一路”具有鲜明的开放性特征。“一带一路”建设不是封闭的，而是开放包容的。中国推动共建“一带一路”不是要建立封闭性的小圈子，不搞排他性，不谋求势力范围，不针对第三方，不以此干涉别国内政。④ 2017 年 5 月，习近平主席在首届“一带一路”国际合作高峰论坛开幕式上就强调指出，我们要打造开放型合作平台，维护和发展开放型世界经济，共同创造有利于开放发展的环境；我们欢迎各国结合自身国情，积极发展开放型经济，参与全球

---

① 赵可金：《大国方略：“一带一路”在行动》，人民出版社 2017 年版，第 4 页。

② 《习近平谈治国理政》第 2 卷，外文出版社 2017 年版，第 501 页。

③ 中共中央宣传部编：《习近平总书记系列重要讲话读本》（2016 年版），人民出版社 2016 年版，第 268 页。

④ 傅梦孜：《“一带一路”建设的持续性》，时事出版社 2019 年版，第 42 页。

治理和公共产品供给，携手构建广泛的利益共同体。[①] 2018 年 4 月，习近平主席在博鳌亚洲论坛 2018 年年会开幕式上再次指出："共建'一带一路'倡议源于中国，但机会和成果属于世界，中国不打地缘博弈小算盘，不搞封闭排他小圈子，不做凌驾于人的强买强卖。"[②]

再次，"一带一路"倡议虽由中国首先倡导和推动，但并非中国一家的事情，而是需要世界各国人民的共同努力。习近平总书记多次指出，"一带一路"建设不是中国一家的独奏，而是沿线国家的合唱。[③] 为此，中国积极推进沿线国家发展战略的相互对接，主张汇集各方力量，引导、协调和组织政治力量、智库媒体、工商企业、民间组织等共同参与"一带一路"建设框架内各领域交流合作。为更好地推进"一带一路"建设，中国发起创办了"一带一路"国际合作高峰论坛，并使之逐步机制化。2019 年 4 月，第二届"一带一路"国际合作高峰论坛在北京举行，150 多个国家和 90 多个国际组织的近 5000 名外宾受邀参加。这一论坛已经成为由中国首倡和主办的规格最高的多边外交活动。

第四，"一带一路"建设遵循联合国 2030 年可持续发展议程等主流国际发展规范。"一带一路"建设目标与 2030 年议程的理念高度一致。例如，实现绿色可持续发展是"一带一路"建设的一项核心规范，中国政府把绿色生态理念贯穿于共建"一带一路"的全过程。中国政府先后与联合国环境规划署签署关于建设绿色"一带一路"的谅解备忘录，与 30 多个沿线国家签署生态环境保护合作协议。[④] 自 2013 年首次提出以来，"一带一路"倡议得到联合国等国际组织的高度评价和积极支持。截至 2019 年 4 月底，中国已经与联合国开发计划署、环境规划署、儿童基金会、人口基金会、贸发会议等 29 个国际组织签署"一

---

① 《习近平谈治国理政》第 2 卷，外文出版社 2017 年版，第 512—513 页。

② 《习近平谈治国理政》第 3 卷，外文出版社 2020 年版，第 196 页。

③ 何毅亭编：《以习近平同志为核心的党中央治国理政新理念》，人民出版社 2017 年版，第 188 页。

④ 当代中国研究所：《中华人民共和国简史（1949—2019）》，当代中国出版社 2019 年版，第 172 页。

带一路”合作文件。[①] 世界银行前行长金镛就曾表示，当今世界面临许多难题，强有力的领导和坚持多边主义可以为此提供解决方案，而“一带一路”倡议就具有这样的特点。他表示，相信越来越多的国家会参与到“一带一路”建设中来。[②]

（三）“一带一路”建设是一项系统工程

“一带一路”建设是一项系统工程，它已经超越了一般意义上的经济合作，致力于打造政治互信、经济融合、文化包容的利益共同体、责任共同体和命运共同体。2015 年 3 月，中国政府发布《推动共建丝绸之路经济带和 21 世纪海上丝绸之路的愿景与行动》（以下简称《愿景与行动》），将“一带一路”建设的主要内容概括为“五通”：政策沟通、设施联通、贸易畅通、资金融通、民心相通。[③]

第一，政策沟通。加强政策沟通是“一带一路”建设的重要保障。作为需要沿线国家共同参与建设的宏伟工程，“一带一路”要求相关国家加强经济政策协调和发展战略对接。《愿景与行动》提出，沿线各国可以就经济发展战略和对策进行充分交流对接，共同制定推进区域合作的规划和措施，协商解决合作中的问题，共同为务实合作及大型项目实施提供政策支持。

第二，设施联通。“一带一路”建设的重点和优先是促进基础设施建设和互联互通，包括陆上、海上、空中、管道、网络（光缆）、线路（输变电）等联通性措施。设施联通契合亚欧大陆的实际需要。根据《愿景与行动》，“一带一路”在陆上的重点建设方向为：中国经中亚、俄罗斯至欧洲（波罗的海），中国经中亚、西亚至波斯湾、地中海，中国至东南亚、南亚、印度洋；在海上的重点方

---

① 当代中国研究所：《中华人民共和国简史（1949—2019）》，当代中国出版社 2019 年版，第 181 页。

② 傅梦孜：《“一带一路”建设的持续性》，时事出版社 2019 年版，第 42—43 页。

③ 国家发展改革委、外交部、商务部：《推动共建丝绸之路经济带和 21 世纪海上丝绸之路的愿景与行动》，人民出版社 2015 年版，第 7—14 页。

向是：从中国沿海港口过南海到印度洋，延伸到欧洲，从中国沿海港口经南海到南太平洋。

第三，贸易畅通。“一带一路”沿线国家资源禀赋各异，合作潜力巨大。《愿景与行动》提出，沿线国家宜着力研究解决投资贸易便利化问题，消除投资和贸易壁垒，构建区域内和各国良好的营商环境，积极共同商建自由贸易区，激发释放合作潜力。“一带一路”致力于维护全球自由贸易体系和开放型世界经济，促进经济要素有序自由流动、资源高效配置和市场深度融合。

第四，资金融通。资金融通是“一带一路”建设的重要支撑。《愿景与行动》就沿线国家深化金融合作，推进亚洲货币稳定体系、投融资体系和信用体系建设，加强金融监管合作等提出了一系列具体建议。为推进“一带一路”建设，中国设立了丝路基金，倡议成立了亚洲基础设施投资银行、金砖国家新开发银行等新型金融机构。此外，“一带一路”建设不仅发挥各国主权基金的作用，还主张引导商业性股权投资基金和社会资金的共同参与。

第五，民心相通。《愿景与行动》指出，民心相通是“一带一路”建设的社会根基。中国将人文交流作为“一带一路”建设的重要内容，主张广泛开展文化交流、学术往来、人才交流合作、媒体合作、青年和妇女交往、志愿者服务等各层次交流合作。《愿景与行动》还提出，充分发挥政党、议会交往的桥梁作用，以及积极开展城市交流合作和智库间合作。习近平总书记在首届“一带一路”国际合作高峰论坛上提出建立多层次人文合作机制，搭建更多合作平台，开辟更多合作渠道。①

“一带一路”是中国共产党把握和平、发展、合作、共赢时代潮流，立足于新的国际和国内发展需求而提出的国际合作倡议。“一带一路”倡议体现了中国共产党秉持和平合作、开放包容、互学互鉴、互利共赢的丝绸之路精神，致力

① 习近平：《携手推进“一带一路”建设——在“一带一路”国际合作高峰论坛开幕式上的演讲》，人民出版社2017年版，第11页。

于推动构建人类命运共同体的国际观，已经成为中国参与全球发展合作、改善全球经济治理体系、促进全球共同发展繁荣、推动构建人类命运共同体的中国方案。

第三节　坚持多边主义和完善全球治理

坚持多边主义、完善全球治理，是中国共产党国际秩序观的核心。中共十八大以来，中国高举构建人类命运共同体旗帜，坚定维护多边主义，倡导共商共建共享的全球治理观，推动全球治理体系朝着更加公正合理的方向发展。作为国际社会负责任大国，中国积极参与全球治理体系改革和建设，为国际社会贡献中国智慧和中国方案，以实际行动成为国际秩序的重要参与者、贡献者和引领者。

一、以公平正义为理念推进全球治理体系改革

中共十八大以来，习近平总书记高度重视全球治理问题，积极推动全球治理体系改革。2015 年和 2016 年，中共中央政治局先后组织两次集体学习专题研讨全球治理问题，中国对全球治理体系的参与进入到一个新的历史时期。在 2015 年 10 月举行的集体学习上，习近平强调指出，我们参与全球治理的根本目的，就是服从服务于实现“两个一百年”奋斗目标、实现中华民族伟大复兴的中国梦。要审时度势，努力抓住机遇，妥善应对挑战，统筹国内国际两个大局，推动全球治理体制向着更加公正合理方向发展，为我国发展和世界和平创造更加有利的条件。他指出，随着全球性挑战增多，加强全球治理、推进全球治理体制变革已是大势所趋。这不仅事关应对各种全球性挑战，而且事关给国际秩序和国际体系定规则、定方向；不仅事关对发展制高点的争夺，而且事关

各国在国际秩序和国际体系长远制度性安排中的地位和作用。①2018 年 6 月，在中央外事工作会议上，“坚持以公平正义为理念引领全球治理体系改革”成为新时代中国特色社会主义外交思想的核心内容之一。②积极参与全球治理，推进全球治理体系改革，是新时代中国共产党国际观的重要实践。

（一）加强全球治理效能，维护多边主义国际秩序

随着全球化持续推进，世界各国之间的联系日益紧密，人类进入“天涯若比邻”的地球村时代。与此同时，阻碍国际社会实现可持续和平与发展的深层次原因，不仅没有消失，而且有愈演愈烈的趋势。

世界亟须解决全球治理赤字问题。当前阶段，人类面临日益严重的跨国性和全球性挑战，全人类的命运被紧紧地联系在一起，加强全球治理成为时代的需要和不可阻挡的潮流。一方面，当今世界发展不平衡、不充分问题突出，严重制约着世界经济可持续发展，也成为很多地区动荡不安的根源。另一方面，全球性风险相互关联，且呈现出明显的扩散效应，导致产生系统性破坏影响的可能性上升，对世界各国理解、预测和管控风险的能力提出了更高的要求。例如，金融危机、气候变化、能源危机、恐怖主义、大规模杀伤性武器扩散构成的挑战依然严峻，地区冲突、难民危机、重大传染性疾病等全球性问题严重威胁着国际社会的安全和稳定，网络、极地、深海、外空等新兴领域的世界性议题不断涌现。为此，解决人类社会发展中的突出挑战，提升世界各国人民的福祉，需要积极解决全球治理供需失衡问题，着力提升全球治理机制效能。

世界亟须维护多边主义国际秩序。2008 年全球金融危机爆发以来，民粹主义浪潮席卷欧美国家。2016 年，英国“脱欧”公投和特朗普赢得美国总统大选，成为民粹主义运动的标志性事件。随后，民粹主义政治势力在欧洲主要国家的

---

① 《习近平：推动全球治理体制更加公正更加合理　为我国发展和世界和平创造有利条件》，中国共产党新闻网，2015 年 10 月 14 日，http://cpc.people.com.cn/n/2015/1014/c64094-27694665.html。

② 《习近平谈治国理政》第 3 卷，外文出版社 2020 年版，第 427 页。

选举中大有撼动各国既有政治秩序的势头。[①]受此影响，美国等西方国家对外政策内向性严重，单边主义和保护主义倾向明显。它们肆意破坏国际规则、拒绝履行国际承诺，导致战后国际秩序和全球治理体系受到严重冲击。尤其是，美国特朗普政府奉行狭隘的国家利益观，以美国利益至上为圭臬，对多边机制采取“合则用、不合则弃”的机会主义政策，退出了联合国教科文组织、人权理事会、世界卫生组织等多个重要的国际机构和国际协定。美国还阻挠世界贸易组织（WTO）上诉机构新法官甄选程序致使其陷入瘫痪状态。这种拒绝多边主义和轻视国际组织的政策，严重阻碍了多边机制作用的发挥，极大削弱了国际社会通过国际合作应对全球性危机的能力和意愿。更重要的是，美国针对中国发起战略竞争，企图通过强制和联盟手段在经济、科技、人文、全球治理等领域遏制中国的发展。这种做法加剧了国际紧张，导致国际不确定性加剧。维护多边主义国际秩序已经成为国际社会的共同责任。

中国共产党高度认同全球治理理念，主张凝聚各方智慧和力量共同应对全球性挑战，积极推动改革和完善全球治理体系，使之更加符合世界生产力的发展要求，促进世界各国共同发展。2014年3月，习近平在德国科尔伯基金会发表演讲时就指出：“我们将从世界和平与发展的大义出发，贡献处理当代国际关系的中国智慧，贡献完善全球治理的中国方案，为人类社会应对21世纪的各种挑战作出自己的贡献。”[②]在2015年10月举行的中共中央政治局第二十七次集体学习中，习近平再次指出，“随着全球性挑战增多，加强全球治理、推进全球治理体制变革已是大势所趋”。他提出：“要推动建设国际经济金融领域、新兴领域、周边区域合作等方面的新机制新规则，推动建设和完善区域合作机制，加强周边区域合作，加强国际社会应对资源能源安全、粮食安全、网络信息安全、

① 林德山：《欧美民粹主义盛行的根源、影响及应对》，《人民论坛·学术前沿》2019年第17期。

② 习近平：《习近平在德国科尔伯基金会的演讲》（2014年3月28日），人民网，2014年3月30日，http://cpc.people.com.cn/n/2014/0330/c64094-24773108.html。

应对气候变化、打击恐怖主义、防范重大传染性疾病等全球性挑战的能力。”①

多边机制是共同建设人类命运共同体的重要依托，中国共产党致力于维护行之有效的国际制度。为此，中国主张，各国要坚定维护以联合国为核心的国际体系，坚定维护以《联合国宪章》宗旨和原则为基石的国际法和国际关系基本准则，坚定维护联合国在国际事务中的核心作用。中国共产党相信，维护联合国的权威与作用，就是维护国际社会共同利益和各国合法利益，就是维护全人类的美好未来。中国还主张，世界贸易组织代表着以规则为基础的多边贸易体系，其核心价值和基本原则必须得到坚守。中国支持对世贸组织进行必要改革，并认为改革的目的是使世贸组织能够更加有效地践行其开放市场、促进发展的宗旨，改革的结果应当有利于维护自由贸易和多边主义、收窄发展鸿沟。②此外，中国认为，作为发达国家和发展中国家就国际经济事务进行充分协商的重要平台，二十国集团在全球经济治理中的作用应当得到加强。中国支持将二十国集团建设成为稳定世界经济、构建国际金融安全网、改善全球经济治理的重要力量。

（二）推进适应国际经济格局的全球治理体系改革

冷战结束以来，国际力量对比发生了重大变化，新兴市场国家和发展中国家群体性崛起正在改变全球政治经济版图。根据世界银行公布的数据，按现价美元计算，从 1992 年至 2018 年，中国、俄罗斯、印度、巴西、南非组成的金砖国家在世界 GDP 总量中的占比从 6.71%上升到 23.53%，相比之下，美、欧、日的比重则从 74.78%下降至 51.55%。③自 2006 年以来，中国对世界经济增长的贡献率连续居于世界第一，成为世界经济增长的重要引擎。根据中国国家统计局的报

---

① 国家发展和改革委员会国际合作中心对外开放课题组：《中国对外开放 40 年》，人民出版社 2018 年版，第 309 页。

② 《习近平谈治国理政》第 3 卷，外文出版社 2020 年版，第 474 页。

③ 世界银行，《世界发展指标》，https: //data.worldbank.org.cn/indicator/NY.GDP.MKTP.CD，访问时间：2019 年 12 月 20 日。

告，2013 年至 2018 年，中国对世界经济增长的年均贡献率达到 28.1%。①

尽管国际力量对比发生深刻演变，然而全球经济治理体系滞后于国际格局的发展变化，代表性和包容性不足。提升治理有效性，需要根据世界多极化和国际关系民主化发展趋势不断改革全球治理体制和机制。

中国共产党主张改革全球经济治理体制中不公正不合理的安排，推动国际货币基金组织、世界银行等国际经济金融组织切实反映国际经济格局的变化，特别是要增加新兴市场国家和发展中国家的代表性和发言权。2013 年 3 月，习近平总书记接受金砖国家媒体联合专访时就指出："全球经济治理体系必须反映世界经济格局的深刻变化，增加新兴市场国家和发展中国家的代表性和发言权。"② 在金砖国家领导人第五次会晤上习近平进一步指出："不管全球治理体系如何变革，我们都要积极参与，发挥建设性作用，推动国际秩序朝着更加公正合理的方向发展，为世界和平稳定提供制度保障。"③ 2017 年 1 月，习近平在世界经济论坛 2017 年年会开幕式再次表示："国际经济力量对比深刻演变，而全球治理体系未能反映新格局，代表性和包容性很不够。"④

中国共产党主张维护行之有效的全球治理机制。改革开放四十多年来，中国已经成为国际体系不可分割的组成部分，是国际秩序的维护者、建设者和贡献者。正如习近平总书记所强调的，"现行国际秩序并不完美，但只要它以规则为基础，以公平为导向，以共赢为目标，就不能随意被舍弃，更容不得推倒重来"。⑤ 中国倡导建立新的全球治理机制和推动全球治理体制机制的调整，不是

① 《中国对世界经济增长贡献率稳居世界第一位》，《人民日报》2019 年 8 月 30 日第 1 版。

② 《中国对外开放 40 年》，人民出版社 2018 年版，第 307 页。

③ 《习近平谈治国理政》第 1 卷，外文出版社 2018 年版，第 324 页。

④ 《习近平主席在出席世界经济论坛 2017 年年会和访问联合国日内瓦总部时的演讲》，人民出版社 2017 年版，第 6 页。

⑤ 习近平：《顺应时代潮流　实现共同发展——在金砖国家共商论坛上的讲话》（2018 年 7 月 25 日），人民网，2018 年 7 月 26 日，http://cpc.people.com.cn/n1/2018/0726/c64094-30170246.html。

推倒重来、另起炉灶，更不是为了针对谁，而是创新完善，是对现有国际机制的有益补充和完善，旨在实现合作共赢、共同发展。

二、倡导树立共商共建共享的全球治理观

近代以来，国际政治经济秩序是由西方列强所主导的。传统的由发达国家支配国际规则制定的全球治理模式，明显不符合国际公平正义原则，越来越难以适应多极化的国际格局发展趋势和时代潮流。中国共产党从确保发展中国家公平地参与国际规则制定、维护发展中国家权益出发，主张建立以共商共建共享为核心的新的全球治理模式。

全球治理模式事关国际公平正义，涉及世界各国的切身利益。中国共产党一贯主张国家不分大小一律平等，倡导国际社会树立和践行公平正义的理念，建立平衡普惠的发展模式，努力使全球治理体制机制更加全面、均衡地反映不同国情和发展阶段的国家的意愿和利益诉求。习近平总书记2015年9月接受美国《华尔街日报》书面采访时就表示，全球治理体系是由全球共建共享的，不可能由哪一个国家独自掌握。① 2016年7月1日，习近平在庆祝中国共产党成立95周年大会上指出："什么样的国际秩序和全球治理体系对世界好、对世界各国人民好，要由各国人民商量，不能由一家说了算，不能由少数人说了算。"2016年9月，习近平在中共中央政治局第三十五次集体学习时再次强调，推动全球治理体系变革是国际社会大家的事，要坚持共商共建共享原则，使关于全球治理体系变革的主张转化为各方共识，形成一致行动。②

中国秉持共商共建共享的全球治理观，倡导国际关系民主化，支持扩大发展中国家在国际事务中的代表性和发言权。在全球治理中坚持共商共建共享是最大程度地凝聚国际社会共识、汇聚各方力量的唯一路径，有利于切实提升全

① 《中国对外开放40年》，人民出版社2018年版，第308页。

② 《习近平谈治国理政》第2卷，外文出版社2017年版，第449页。

球治理机制的合法性和有效性。

共商原则，强调世界各国是国际社会平等成员，都有平等参与国际事务的权利。主权国家构成全球治理的主体力量，共商原则主张，全球治理规则应当由世界各国在平等的基础上共同制定，只有各国获得参与全球治理的权利、机会和规则方面的平等，才可能得到发展结果的平等。2013 年 3 月，习近平主席在莫斯科国际关系学院发表演讲时就指出："世界的命运必须由各国人民共同掌握。各国主权范围内的事情只能由本国政府和人民去管，世界上的事情只能由各国政府和人民商量来办。这是处理国际事务的民主原则，国际社会应该共同遵守。"① 2017 年 1 月，在出席世界经济论坛年会和访问联合国日内瓦总部时，习近平进一步指出："国家不分大小、强弱、贫富，都是国际社会平等成员，理应平等参与决策、享受权利、履行义务。"② 他还指出，"我们要坚持主权平等，推动各国权利平等、机会平等、规则平等"；"我们要推进国际关系民主化，不能搞'一国独霸'或'几方共治'。世界命运应该由各国共同掌握，国际规则应该由各国共同书写，全球事务应该由各国共同治理，发展成果应该由各国共同分享"③。

共建原则，主张各方力量共同参与全球治理的建设，全球治理规则应当得到所有成员的公平遵守。当今世界所面临的很多挑战高度复杂，越来越需要各国通力合作加以应对。共建原则意味着各国加强政策协调，共同搭建发展平台，共同创造发展红利。中国是全球治理的积极参与者和受益者，也是建设性的贡献者。中国首倡的"一带一路"建设遵循共商共建共享原则，已经成为最受欢迎的国际公共产品和最大规模的国际合作平台。共建原则意味着国际法和国际

① 《习近平谈治国理政》第 1 卷，外文出版社 2018 年版，第 274 页。

② 《习近平主席在出席世界经济论坛 2017 年年会和访问联合国日内瓦总部时的演讲》，人民出版社 2017 年版，第 24 页。

③ 同上书，第 6 页。

规则应平等地适用于世界各国。遵守规则必须是公平的、双向的，不能采取实用主义、双重标准。习近平就提出，“以规则为基础加强全球治理是实现稳定发展的必要前提。规则应该由国际社会共同制定，而不是谁的胳膊粗、气力大谁就说了算，更不能搞实用主义、双重标准，合则用、不合则弃。”①

共享原则的核心是要求全球发展成果公平地惠及各国人民。“世界上所有国家都享有平等的发展权利，任何人都无权也不能阻挡发展中国家人民对美好生活的追求。”②每个国家在谋求自身发展的同时，应积极促进其他各国共同发展。不同国家、不同阶层、不同人群都应能够共享经济全球化的好处。中国积极推动构建平等均衡的全球发展伙伴关系，主张提升发展议题在国际经济政策协调中的地位，从发展的视角审视贸易、投资、知识产权保护、数字经济等各领域政策和规则的制定。

共商共建共享已经成为引领性的全球治理理念，得到国际社会的普遍认可。第七十二届联大主席米罗斯拉夫·莱恰克（Miroslav Lajcak）就表示，无论是人类命运共同体，还是共商共建共享等中国理念，都是站在世界人民利益的立场上考虑问题，彰显的是胸怀天下、立己达人的价值追求，体现的是和平发展、合作共赢的时代精神。③

三、维护多边主义和推动多边国际合作

坚持多边主义符合时代发展潮流，是构建人类命运共同体的内在要求。当前阶段，单边主义和多边主义的较量日趋激化，全球治理体系和多边机制受到冲击，维护多边主义已经成为稳定战后国际秩序、加强和完善全球治理的当务之急。中国将多边主义作为对外政策重要指导原则，对多边主义的积极立场赢

① 《习近平谈治国理政》第3卷，外文出版社2020年版，第459页。

② 同上书，第457页。

③ 钟声：《当中国理念成为国际共识》，《人民日报》2017年9月22日，第3版。

得国际社会的广泛赞誉。联合国秘书长安东尼奥·古特雷斯2017年5月出席“一带一路”国际合作高峰论坛时就表示，中国是多边主义的一大中心支柱。①

（一）中国的多边主义理念

多边主义是中国共产党的核心外交理念。中国的多边主义理念植根于“协和万邦”的传统文化，继承和发展了新中国优良外交传统，体现了中国对国际公平正义的理解及对构建人类命运共同体的追求。2019年11月，习近平出席金砖国家领导人第十一次会晤时指出：“要弘扬多边主义，其核心要义是，国际上的事应该由大家商量着办，不能由一国或少数几个国家说了算。”② 归纳起来，中国的多边主义理念强调包容性参与，重视联合国等国际组织的作用，主张推动国际关系民主化和国际关系法治化。

其一，包容性参与。中国主张全球治理应当吸纳各国广泛参与，并在平等的基础上通过对话和谈判来制定相关的规则。多边主义最基本的道理是，国际上的事情要由各国商量着办，要按大家同意的规矩办，要兼顾各国利益和关切。③ 在这一理念的指引下，中国坚定支持提高发展中国家在国际事务上的代表性和发言权，支持联合国全面改革，积极推动世界银行、国际货币基金组织等国际金融机构进行投票权改革。

其二，发挥联合国等国际组织的作用。联合国作为最具代表性的国际组织，是履行多边主义的最佳场所。中国认为，坚持多边主义的关键在于维护好以《联合国宪章》宗旨和原则为基础的国际关系基本准则，维护好以联合国为核心的多边体系及以世贸组织为核心的国际贸易体系。④ 在《新时代的中国与世界》

① 联合国：《“一带一路”高峰论坛：古特雷斯称赞中国为多边主义的一大中心支柱》，联合国官网，2017年5月14日，https: //www.un.org/sustainabledevelopment/zh/2017/05/at-chinas-belt-and-road-forum-un-chief-guterres-stresses-shared-development-goals/。

② 杜尚泽：《习近平出席金砖国家领导人第十一次会晤并发表重要讲话》，《人民日报》2019年11月15日，第1版。

③④ 钟声：《坚持多边主义是人间正道》，《人民日报》2019年4月12日，第2版。

白皮书中，中国政府高度强调联合国在国际体系中的重要性："联合国在当代全球治理体系中处于核心地位。《联合国宪章》是维护国际体系稳定、规范国家间行为的重要基石。"①

其三，促进国际关系民主化。中国一贯倡导国际关系民主化，主张国家不分大小、强弱、贫富一律平等。多边主义与国际关系民主化目标一致。多边主义的实现有利于增加中小国家参与国际事务的机会，从而更好地维护国际公平正义，更好地保障发展中国家的"发展权"及"和平权"。

其四，推进国际关系法治化。国际关系的法治化建设是落实多边主义的重要途径。2014 年 9 月，习近平在纪念和平共处五项原则发表 60 周年大会上就提出，推动国际关系法治化，推动各方遵守国际法和公认的国际关系基本原则。②中国认为应维护《联合国宪章》所确立的国际法原则，包括国家主权平等、不干涉内政、和平解决国际争端、禁止使用武力和履行国际义务等原则。此外，中国强调，适用法律不能搞双重标准、不能亲疏有别；达成的国际协议不能动辄退出。

（二）积极参与多边国际合作

中国高度认同多边主义理念和精神，并转化为行动上的自觉。中共十八大以来，中国成功主办二十国集团领导人杭州峰会、"一带一路"国际合作高峰论坛、亚太经合组织领导人非正式会议、金砖国家领导人厦门会晤、亚信峰会以及上海合作组织青岛峰会等重要多边会议。中国发起创办了亚洲基础设施投资银行、丝路基金、金砖国家新开发银行等一系列以发展中国家为主体的国际组织及合作机制。这些新型的全球治理平台得到越来越多国家的认同，与现有的世界银行、亚洲开发银行等形成互补关系。此外，中国还推动金砖国家、上海合作组织等机制在全球治理体系中发挥更大作用。

---

① 中华人民共和国国务院新闻办公室：《新时代的中国与世界》。

② 习近平：《弘扬和平共处五项原则，建设合作共赢美好世界》，人民出版社 2014 年版，第 11 页。

中国将联合国作为开展多边合作的主要平台，对联合国的贡献持续上升。2022年，中国在联合国常规预算中的分摊比例上升至15.25%，居于各会员国的第二位。作为安理会常任理事国，中国还承担着18.69%的联合国维和预算。不仅仅是会费分摊比例持续上升，中国相关政府机构还将按时缴纳会费纳入绩效评估的范畴之中。在联合国屡屡因个别会员国拖欠会费而面临财政危机压力的情况下，中国的做法是对联合国工作的有力支持。此外，中国在力所能及的范围内积极向联合国系统各机构提供自愿捐款。2015年9月，习近平在第70届联合国大会上宣布设立为期10年、总额10亿美元的中国—联合国和平与发展基金。这是近年来联合国收到的最大一笔捐款，有力地支持了联合国的工作和促进了多边合作事业。中国还是联合国维和人员的重要贡献国，是联合国安理会常任理事国中派出维和人员最多的国家。2015年9月，习近平出席联合国维和峰会时宣布，为支持改进和加强维和行动，中国将加入新的联合国维和能力待命机制，率先组建常备成建制维和警队，并建设8000人规模的维和待命部队。

中国积极参与各领域的全球治理机制，展示了负责任大国的担当。中国秉持人类命运共同体理念认真履行应对气候变化的《巴黎协定》。与个别国家退出《巴黎协定》程序的倒退做法形成鲜明对比的是，中国不仅坚持百分百兑现减排承诺，而且提前兑现了部分承诺。① 中国高度重视海洋生态文明建设，全面参与了联合国框架内海洋治理机制和相关规则的制定与实施，持续加强海洋环境污染防治，保护海洋生物多样性，致力于实现海洋资源有序开发利用。中国还积极推进新疆域的全球治理。近年来，网络、极地、深海、外空已经成为人类生存和可持续发展的全球新疆域。随着人们在这些新兴领域活动的快速增加，国家间围绕规则主导权的竞争加剧，治理碎片化和治理机制滞后的问题也越来

① 刘瑾：《中国已提前三年落实〈巴黎协定〉部分承诺》，中国政府网，2018年11月27日，http://www.gov.cn/xinwen/2018-11/27/content_5343609.htm。

越突出。十八大以来，中国积极参与制定新疆域全球治理规则，秉持和平、主权、普惠、共治原则，致力于把深海、极地、外空、互联网等领域打造成各方合作的新疆域，而不是相互博弈的竞技场。①

第四节　推动构建新型国际关系

中共十八大以来，以习近平同志为核心的党中央提出构建新型国际关系的重要思想，成为引导21世纪国际关系发展的重要理念。构建新型国际关系的实质是要走出一条国与国交往的新路，并为构建人类命运共同体开辟道路和创造条件。新型国际关系思想与人类命运共同体思想同根同源，均立足于全球化时代的国际关系现实，均致力于促进世界持久和平与共同发展，充分展示了中国同世界各国同呼吸、共命运的世界情怀和大国担当。

一、新型国际关系理念的提出和发展

新型国际关系理念是中国共产党对战后国际秩序和当前国际关系深刻反思后提出的重要国际主张。第二次世界大战后，世界各国携手创建了以联合国为核心、以《联合国宪章》的宗旨和原则为基础的国际秩序，翻开了国际关系发展新的历史篇章，世界总体保持了和平稳定，人类发展事业更是取得了前所未有的进步。然而世界并不太平，地区冲突此起彼伏，国际发展不平衡问题依然突出。

当前阶段，伴随着全球化在世界范围深入发展，国家间的相互联系日益紧密，利益共生不断深化。然而，当今世界仍然面临着深刻的规则危机、信任危机、秩序危机。尤其是，一些在长期国际实践中形成且被各国普遍认同和遵守

① 中共中央党史和文献研究院编：《习近平关于总体国家安全观论述摘编》，中央文献出版社2018年版，第246页。

的规则规范和道德观念被抛弃和践踏，一些事关战略稳定和全球福祉的国际条约和协定得不到履行甚至被撕毁和破坏；个别国家漠视国际公理，公然侵犯他国主权、干涉他国内政，动辄以大欺小、恃强凌弱。面对国际关系现实，很多国家和个人给出各种“处方”：有人提出“霸权稳定论”，主张打造一个无所不能的超级大国来统领国际事务；有人提出“全球治理论”，主张各国弱化主权，制定共同的规则来管理世界；有人提出“普世价值论”，主张推广某种自认为“先进”的价值观和社会制度来一统天下。①

中国共产党在深刻总结历史经验和当代现实后主张，面对动荡不安的国际局势，各国应遵守规则、增进信任、维护秩序，构建新型国际关系，走对话不对抗、结伴不结盟的国与国交往新路，使地球村成为共谋发展的大舞台，而不是相互角力的竞技场。②2013 年 3 月，习近平总书记在俄罗斯莫斯科国际关系学院演讲时首次明确提出建立以合作共赢为核心的新型国际关系。他指出：“世界潮流，浩浩荡荡，顺之则昌，逆之则亡。要跟上时代前进步伐，就不能身体已进入 21 世纪，而脑袋还停留在过去，停留在殖民扩张的旧时代里，停留在冷战思维、零和博弈的老框框内。”“面对国际形势的深刻变化和世界各国同舟共济的客观要求，各国应该共同推动建立以合作共赢为核心的新型国际关系，各国人民应该一起来维护世界和平、促进共同发展。”③ 2014 年 6 月，习近平总书记出席和平共处五项原则发表 60 周年纪念大会并发表主旨讲话。在谈到如何在新形势下坚持和弘扬和平共处五项原则、推动建立新型国际关系和美好世界时，习近平指出，主权和领土完整不容侵犯，各国应该尊重彼此核心利益和重大关切；合作共赢应该成为各国处理国际事务的基本政策取向；公平正义是世界各国人民在国际关系领域追求的崇高目标。④

① 王毅：《构建以合作共赢为核心的新型国际关系》，《国际问题研究》2015 年第 3 期。

② 中华人民共和国国务院新闻办公室：《新时代的中国与世界》，人民出版社 2019 年版，第 44—45 页。

③ 《习近平谈治国理政》第 1 卷，外文出版社 2018 年版，第 273 页。

④ 习近平：《弘扬和平共处五项原则 建设合作共赢美好世界——在和平共处五项原则发表 60 周年纪念大会上的讲话》，人民出版社 2014 年版。

构建以合作共赢为核心的新型国际关系是中国共产党对外工作的重要目标。2014 年 11 月，习近平总书记在中央外事工作会议上将构建以合作共赢为核心的新型国际关系确定为党的对外工作理论和实践创新的重要内容。习近平总书记强调指出："我们要坚持合作共赢，推动建立以合作共赢为核心的新型国际关系，坚持互利共赢的开放战略，把合作共赢理念体现到政治、经济、安全、文化等对外合作的方方面面。"①2017 年 10 月，作为新时代中国特色社会主义思想的组成部分，推动构建新型国际关系被正式写入党的十九大报告。报告指出，中国将高举和平、发展、合作、共赢的旗帜，恪守维护世界和平、促进共同发展的外交政策宗旨，坚定不移地在和平共处五项原则基础上发展同各国的友好合作，推动建设相互尊重、公平正义、合作共赢的新型国际关系。2022 年 10 月，党的二十大报告进一步指出："中国坚持在和平共处五项原则基础上同各国发展友好合作，推动构建新型国际关系，深化拓展平等、开放、合作的全球伙伴关系，致力于扩大同各国利益的汇合点。"

新型国际关系理念坚持了马克思主义关于恪守尊重民族生存和主权平等、尊重正义与良知的国际关系的道德和正义准则，体现了中华优秀传统文化"己所不欲，勿施于人""己欲立而立人，己欲达而达人""丈夫贵兼济，岂独善一身"的思想境界，也进一步发展了新中国对外工作的优良传统。新型国际关系是构建人类命运共同体的基础和基本途径，是面对"国际关系向何处去"这一时代命题的中国方案，旨在走出一条国与国交往的新路，为构建人类命运共同体创造条件。新型国际关系理念已经成为新时代中国共产党国际观的重要标志之一。

二、新型国际关系思想的本质要求

新型国际关系理念以相互尊重为首要前提、以公平正义为价值取向、以合

① 《习近平谈治国理政》第 2 卷，外文出版社 2017 年版，第 443 页。

作共赢为基本原则。这一理念符合和平共处五项原则及《联合国宪章》中主权平等、和平解决国际争端、促进国际合作等宗旨和原则，契合当今时代发展潮流。从根本上讲，新型国际关系理念，超越了零和博弈、冷战思维等旧的观念，是对弱肉强食、丛林法则的根本否定。概括起来，新型国际关系的“新”集中体现在，以合作取代对抗，以共赢取代独占，不再搞零和博弈和赢者通吃那一套。①

第一，构建新型国际关系要求将相互尊重作为处理国际关系的首要前提。新型国际关系理念主张各国在求同存异的基础上相互尊重、平等协商，不断凝聚和扩大共同利益，实现不同社会制度、不同发展道路、不同文化传统的国家和平共处、和谐共生。正如《新时代的中国与世界》白皮书所言，相互尊重，就是坚持国家不分大小、强弱、贫富一律平等，各国应尊重彼此的政治制度，尊重彼此自主选择发展道路的权利，尊重彼此利益关切，反对干涉别国内政，反对强权政治和霸凌主义。②

世界各国的政治制度和发展道路各不相同，既不能定于一尊，也不能生搬硬套。相互尊重原则要求尊重各国人民根据本国的不同历史文化传统和发展阶段等特点自主选择发展道路的权利。2017 年 1 月，习近平主席在联合国日内瓦总部的演讲中指出：“主权平等，是数百年来国与国规范彼此关系最重要的准则，也是联合国及所有机构、组织共同遵循的首要原则。主权平等，真谛在于国家不分大小、强弱、贫富，主权和尊严必须得到尊重，内政不容干涉，都有权自主选择社会制度和发展道路。”③

第二，构建新型国际关系要求将公平正义作为处理国际关系的价值取向。公平正义，就是各国应摒弃单纯的物质主义取向和竞争至上法则，确保资源禀

① 王毅：《构建以合作共赢为核心的新型国际关系》，《国际问题研究》2015 年第 3 期。

② 中华人民共和国国务院新闻办公室：《新时代的中国与世界》，人民出版社 2019 年版，第 45 页。

③ 《习近平谈治国理政》第 2 卷，外文出版社 2017 年版，第 539 页。

赋和发展水平不同的国家能够获得平等的发展权利和机会，缩小彼此发展差距；为此，国家间交往应遵循义利相兼、以义为先的义利观，实现自身获益与国际贡献的有机统一。①

建设新型国际关系要求坚持正确义利观。“国不以利为利，以义为利”。大国与小国相处，要平等相待，义利相兼，义重于利。2013 年 10 月，习近平在周边外交工作座谈会上明确提出，要找到利益共同点和交汇点，坚持正确义利观，有原则、讲情谊、讲道义，多向发展中国家提供力所能及的帮助。②

建设新型国际关系要求反对霸权主义。新型国际关系倡导推进国际关系民主化，摒弃“弱肉强食”法则。大国是维护世界和平稳定的重要力量，是构建新型国际关系的关键因素。大国对小国要平等相待，不搞唯我独尊、强买强卖的霸道。中国主张，大国之大，不在于体量大、块头大、拳头大，而在于胸襟大、格局大、担当大。

第三，构建新型国际关系要求将合作共赢作为处理国际关系的原则。合作共赢，就是各国应摒弃一味谋求自身更大相对利益的理念，纠正“赢者通吃”的过时做法。新型国际关系理念以整体而非割裂的眼光看待和处理国际关系，倡导各国在追求本国利益时兼顾各国合理关切，在谋求本国发展时促进各国共同发展，在维护本国安全时尊重各国安全，变压力为动力、化危机为机遇、化冲突为合作。③

新型国际关系倡导以对话取代对立、以合作取代对抗，协力应对日益增多的全球性挑战，解决关乎世界发展和人类进步的重大问题。冲突对抗没有赢家，和平合作没有输家。④ 当今世界面临诸多全球性挑战，单打独斗维护不了自身

① 中华人民共和国国务院新闻办公室：《新时代的中国与世界》，人民出版社 2019 年版，第 45 页。

② 《习近平谈治国理政》第 1 卷，外文出版社 2018 年版，第 299 页。

③ 中华人民共和国国务院新闻办公室：《新时代的中国与世界》，人民出版社 2019 年版，第 45 页。

④ 同上书，第 44 页。

安全，以邻为壑、结盟对抗更没有出路。中国相信，同舟共济、共享机遇、共迎挑战是各国处理相互关系的唯一正确选择。

新型国际关系倡导以双赢、多赢、共赢为目标。世界要实现稳定和发展，就不能建立在一些国家越来越富裕而另一些国家却长期贫穷落后的基础之上。在国际关系中实现合作共赢，就是要扩大共同利益，不要损人利己；要加强对话合作，不要对立对抗；要实现多赢共赢，不要零和博弈；要打造命运共同体，不要分裂分化。①

第四，构建新型国际关系要求世界各国共同走和平发展之路。和平发展道路是中国共产党深刻把握世界发展大势后作出的战略抉择。同时，中国认为和平发展道路应当成为世界各国的共同信念。习近平总书记明确指出，“中国走和平发展道路，其他国家也都要走和平发展道路，国与国才能和平相处”②。

倡导新型国际关系理念，绝不意味着放弃维护本国正当权益。国家间应尊重彼此核心利益和重大关切，摒弃冷战思维，超越零和博弈，共同走和平发展之路。国家间存在矛盾和分歧是正常现象，应相互尊重彼此的核心利益和重大关切，坚持通过对话协商以和平方式解决国家间的分歧和争端。习近平总书记多次在国内外重要场合指出：中国不觊觎他国权益，不嫉妒他国发展，但决不放弃我们的正当权益。中国人民不信邪也不怕邪，不惹事也不怕事，任何外国不要指望我们会拿自己的核心利益做交易，不要指望我们会吞下损害我国主权、安全、发展利益的苦果。在庆祝中国共产党成立 100 周年大会上，习近平总书记强调指出：“中国人民从来没有欺负、压迫、奴役过其他国家人民，过去没有，现在没有，将来也不会有。同时，中国人民也绝对不允许任何外来势力欺负、压迫、奴役我们，谁妄想这样干，必将在 14 亿多中国人民用血肉筑成的钢铁长城

① 王毅：《构建以合作共赢为核心的新型国际关系——对“21 世纪国际关系向何处去”的中国答案》，《学习时报》2016 年 6 月 30 日，第 1 版。

② 《习近平谈治国理政》第 1 卷，外文出版社 2018 年版，第 249 页。

面前碰得头破血流！”①

对美关系是当前阶段影响我国外部环境的关键因素之一。美国政府面对新兴国家的崛起和霸权地位相对衰落，对国际秩序的认识固执地停留在保持实力地位和充当世界领袖的窠臼之中。2017 年特朗普政府上台后，美国将中国、俄罗斯视为战略竞争对手，挑起对华贸易摩擦，在各领域实施对华打压和遏制，严重损害了中美合作基础。拜登政府于 2021 年 1 月上台以来，渲染与中国的意识形态分歧，炮制所谓“中国制度威胁论”，试图通过加强与盟国友邦的关系对中国施压。② 对此，中方多次提醒美方“中美合作是唯一的正确选择”。2021 年 2 月 11 日农历除夕，习近平主席应约同美国新任总统拜登通电话时指出，中美合则两利、斗则俱伤，合作是双方唯一正确选择。中美合作可以办成许多有利于两国和世界的大事，中美对抗对两国和世界肯定是一场灾难。对于两国分歧，中方强调，中美在一些问题上有不同看法，关键是要相互尊重、平等相待，以建设性方式妥善管控和处理。③

三、构建全球伙伴关系网络

中共十八大以来，中国高举和平、发展、合作旗帜，致力于将新型国际关系理念贯彻到政治、经济、安全、文化等对外合作各个方面，形成遍布全球的伙伴关系网络。2014 年 11 月，习近平在中央外事工作会议上提出，要在坚持不结盟原则的前提下广交朋友，形成遍布全球的伙伴关系网络。④ 中共十九大

① 习近平：《在庆祝中国共产党成立 100 周年大会上的讲话（2021 年 7 月 1 日）》，人民出版社 2021 年版，第 17 页。

② 王帆：《拜登政府的对华战略：竞争性共存与新平衡》，载《和平与发展》2021 年第 4 期。

③ 中共中央宣传部、中华人民共和国外交部：《习近平外交思想学习纲要》，人民出版社、学习出版社 2021 年版，第 126—127 页。

④ 中共中央党史和文献研究院编：《习近平关于总体国家安全观论述摘编》，中央文献出版社 2018 年版，第 8 页。

报告进一步指出：中国积极发展全球伙伴关系，扩大同各国的利益交汇点，推进大国协调和合作，构建总体稳定、均衡发展的大国关系框架，按照亲诚惠容理念和与邻为善、以邻为伴周边外交方针深化同周边国家关系。①党的二十大报告指出：深化拓展平等、开放、合作的全球伙伴关系；促进大国协调和良性互动，推动构建和平共处、总体稳定、均衡发展的大国关系格局；坚持亲诚惠容和与邻为善、与邻为伴周边外交方针；秉持真实亲诚理念和正确义利观加强同发展中国家团结合作。②

第一，构建和平共处、总体稳定、均衡发展的大国关系框架。“大国是维护世界和平稳定的重要力量，是构建新型国际关系的关键因素”。③中国重视大国在国际关系中的地位和作用。进入新时代以来，中国秉持相互尊重、公平正义、合作共赢的新型国际关系理念，积极发展同世界各大国的全方位合作关系。

近年来，一些西方学者提出所谓的“修昔底德陷阱”，认为新兴大国和守成大国之间的冲突不可避免。这种观点无益于大国之间保持稳定关系，也无益于大国合作促进世界和平与发展。中国共产党反对将“修昔底德陷阱”理论作为处理大国关系的依据，主张大国加强协调合作，构建不冲突、不对抗的大国关系。习近平总书记就指出，世界上本无“修昔底德陷阱”，但大国之间一再发生战略误判，就可能给自己造成“修昔底德陷阱”。④为此，大国应客观理性地看待彼此的战略意图，坚持通过沟通和协商有效管控矛盾分歧。习近平提出：“大国要尊重彼此核心利益和重大关切，管控矛盾分歧，努力构建不冲突不对抗、相互尊重、合作共赢的新型关系。只要坚持沟通、真诚相处，‘修昔底德陷阱’

---

① 习近平：《决胜全面建成小康社会　夺取新时代中国特色社会主义伟大胜利——在中国共产党第十九次全国代表大会上的报告》，人民出版社 2017 年版，第 59—60 页。

② 习近平：《高举中国特色社会主义伟大旗帜　为全面建设社会主义现代化国家而团结奋斗——在中国共产党第二十次全国代表大会上的报告》（2022 年 10 月 16 日），人民出版社 2022 年版，第 61 页。

③ 中华人民共和国国务院新闻办公室：《新时代的中国与世界》，人民出版社 2019 年版，第 46 页。

④ 习近平：《习近平在对美国进行国事访问时的讲话》，人民出版社 2015 年版，第 20 页。

就可以避免。”①

积极推进中俄新时代全面战略协作伙伴关系。中俄关系是世界上最重要的双边关系之一。中俄两国都处在国家发展和民族复兴的关键阶段，在一系列重大国际和地区问题上立场相同或相近，拥有广泛共同利益。在习近平总书记和普京总统达成的重要共识指引下，中俄成功走出一条正确的大国、邻国相处之道，树立起新型国际关系典范。在新时代，中国致力于增强中俄政治互信，努力培养中俄关系内生动力和独立价值，积极构建全方位、深层次、多领域的中俄互利合作新格局。

努力推动中美关系健康稳定发展。中美作为世界上最大的发展中国家和最大的发达国家，世界上前两大经济体和联合国安理会常任理事国，中美关系保持健康稳定发展，不仅符合两国人民根本利益，也是国际社会普遍期待。中国始终从战略高度和长远角度看待和运筹中美关系，主张两国正确看待和妥善处理彼此关系，形成和而不同的相处之道，致力于在相互尊重基础上管控分歧，在互利互惠基础上拓展合作。2013 年至 2016 年，习近平总书记同奥巴马总统就发展中美关系、共同致力于构建新型大国关系达成重要共识。2017 年 1 月特朗普政府上台后，中美关系面临新的复杂和不确定因素，中方以最大诚意维持与美关系稳定。2021 年 2 月，习近平总书记同美国新任总统拜登通电话时指出，中美关系正处于重要关口，两国应该共同努力、相向而行，秉持不冲突不对抗、相互尊重、合作共赢的精神，聚焦合作，管控分歧，推动中美关系健康稳定发展。②

积极打造中欧和平、增长、改革、文明四大伙伴关系。③中国和欧盟都是世界多极化和经济全球化进程的重要参与者和塑造者。中国始终从战略高度和长

① 习近平:《习近平主席在出席世界经济论坛 2017 年年会和访问联合国日内瓦总部时的演讲》，人民出版社 2017 年版，第 25 页。

② 中共中央宣传部、中华人民共和国外交部:《习近平外交思想学习纲要》，人民出版社、学习出版社 2021 年版，第 126—127 页。

③《习近平谈治国理政》第 2 卷，外文出版社 2017 年版，第 455 页。

远角度看待和发展中欧关系。习近平总书记指出，中欧都处于发展的关键时期，都面临前所未有的机遇和挑战，双方要共同努力在亚欧大陆架起一座友谊和合作之桥，共同努力建造和平、增长、改革、文明四座桥梁，把中欧两大力量、两大市场、两大文明连接起来，建设更具全球影响力的中欧全面战略伙伴关系。

第二，秉持亲、诚、惠、容的周边外交理念，打造周边命运共同体。中国将周边视为安身立命之所、发展繁荣之基。进入新时代，以习近平同志为核心的党中央更加突出周边在我国发展大局和外交全局中的重要作用。习近平主席在一系列国际场合深刻阐释我国的周边外交方针政策，强调中国始终将周边置于外交全局的首要位置，视促进周边和平、稳定、发展为己任。

中国的周边外交坚持与邻为善、以邻为伴的基本方针，坚持睦邻、安邻、富邻总体目标。亲、诚、惠、容已经成为新时代中国开展周边外交的核心理念：致力于发展睦邻友好关系，使周边国家对中国更友善、更亲近、更认同、更支持；坚持诚心诚意对待周边国家，争取更多朋友和伙伴；本着互惠互利原则同周边国家开展合作，建设更加紧密的利益共同体；倡导包容思想，强调亚太之大容得下大家共同发展，以更加开放的胸襟和更加积极的态度促进地区合作。

进入新时代，我国积极深化同周边国家的互利合作，加快共建“一带一路”，发起创建亚洲基础设施投资银行，推动构建区域经济一体化新格局；坚持共同、综合、合作、可持续的亚洲安全观，推进同周边国家的安全合作，主动参与区域和次区域安全合作，增进战略互信；高度重视东盟、上海合作组织、亚信会议等周边重要区域合作组织机制的地位和作用，引领了区域合作机制建设，推进了周边命运共同体建设。

第三，秉持正确义利观和真实亲诚理念，加强同发展中国家团结合作。中国是发展中国家的一员，进入新时代，中国高度重视与发展中国家间的团结合作，致力于永远做发展中国家的可靠朋友和真诚伙伴。习近平指出，广大发展中国家是我国在国际事务中的天然同盟军，要坚持正确义利观，做好同发展中国家团结合作的大文章。妥善处理国家间关系中的义和利，要求在政治上主持公道、伸张正义，经济上互利共赢、共同发展，国际事务中讲信义、重情义、扬正义、树道义，做到义利兼顾、义利平衡。①

中共十八大以来，中国同发展中国家的伙伴关系和团结协作不断增强。习近平提出真实亲诚对非工作方针，强调，中非双方同心同向、守望相助，走出了一条特色鲜明的合作共赢之路。中非全面战略合作伙伴关系内涵更加充实，中非合作论坛约翰内斯堡峰会和中非合作论坛北京峰会顺利举行。中国同阿拉伯国家是共建“一带一路”的天然合作伙伴。习近平指出，双方应该坚持共商共建共享原则，打造中阿利益共同体和命运共同体。进入新时代，中国致力于同拉美和加勒比海国家，以及同太平洋岛国，建立和发展伙伴关系。双方共同努力构建政治上真诚互信、经贸上合作共赢、人文上互学互鉴、国际事务中密切协作的全面合作伙伴关系和全面战略伙伴关系。在正确义利观和真实亲诚理念指引下，中国的“朋友圈”必将越来越大，伙伴必将越来越多。

第五节　建设新型政党关系推动人类文明进步

党的对外工作是党的一条重要战线，也是国家总体外交的重要组成部分。建党百年特别是新中国成立七十多年来，党的对外工作充分发挥政党交往带动辐射作用，在引领我国对外关系发展方向、夯实国家间关系政治基础、培育知华友华力量、优化国际舆论环境等诸多方面发挥了不可或缺的重要的作用。在中国特色社会主义建设新时代，中国共产党坚持独立自主、完全平等、相互尊重、互不干涉内部事务的党际交往原则，超越意识形态藩篱，立足于新的时代背景，倡导建

① 中共中央宣传部、中华人民共和国外交部：《习近平外交思想学习纲要》，人民出版社、学习出版社 2021 年版，第 137—138 页。

立以求同存异、相互尊重、互学互鉴为内涵的新型政党关系。建设新型政党关系是新时代中国共产党国际观的重要内容，也是中国特色大国外交的重要体现。

一、发挥政党的政治引领作用

中国共产党的对外工作以服务党的事业和国家总体外交为目标，以他国政党和政党国际组织为主要交往对象，以政党外交、民间外交和公共外交为多层载体，涵盖政治对话、经贸合作、文化交流等多种对外交往活动。① 中国共产党历来强调从服务党和国家中心任务的高度看待党的对外工作。习近平总书记指出，党的对外工作是我们党的一条重要战线，也是国家总体外交的重要组成部分。他强调，党的对外工作做得怎么样、其作用和成效大不大，要放到服务国家总体外交的实践中来衡量，最终要放到服务党的中心任务的实践中来衡量。② 在新的历史时期，以习近平同志为核心的党中央从促进人类命运共同体建设的高度审视中国共产党与世界其他政党的关系，倡导建立新型政党关系。

（一）政党合作是推进人类命运共同体建设的重要渠道

政党是现代政治生活中的重要行为体，它既是国家发展战略的制定者，也是社会大众参与政治生活的组织者。习近平总书记指出："政党在国家政治生活中发挥着重要作用，也是推动人类文明进步的重要力量。"③ 随着全球化和全球治理不断深化发展，政党角色和政党政治突破传统范畴，日益走向国际政治的前沿和深入参与到全球治理之中。促进政党国际化水平，提升政党开展国际对话和进行国际合作及处理国际事务的基本能力，创新政党进入国际空间的机制，

---

① 吴志成、刘培东：《中国共产党对外工作的百年探索与思考》，载《当代世界与社会主义》2021年第4期。

② 宋涛：《深入学习贯彻习近平总书记党的对外工作重要思想》，《求是》2017年第7期。

③ 习近平：《携手建设更加美好的世界——在中国共产党与世界政党高层对话会上的主旨讲话》，第2页。

成为新的时代要求。①

党的十八大以来，中国共产党紧密配合国家间的双边和多边合作机制，充分发挥政党交往在“一带一路”和人类命运共同体建设中的独特作用。2015年3月，中国政府发布的《推动共建丝绸之路经济带和21世纪海上丝绸之路的愿景与行动》明确提出要“充分发挥政党、议会交往的桥梁作用，加强沿线国家之间立法机构、主要党派和政治组织的友好往来”。“一带一路”倡议涉及众多国家，不同国家具有不同的政治制度、发展模式和发展战略，在国家间政策协调中，政党交往是一个独特的渠道。

为更好地推进“一带一路”建设，中国共产党发起创建了“亚洲政党丝绸之路专题会议”等党际多边交流平台。2015年10月举行的“亚洲政党丝绸之路专题会议”邀请30多个国家的60多个政党和政党组织以及工商界、媒体界人士400多人与会。会议以“重塑丝绸之路，促进共同发展”为主题，下设“政治引领：丝路政党新共识”“民心相通：丝路文明新对话”“经济融合：丝路国家发展新动力”三个分议题。会议特别举办了媒体论坛和工商界对话会。会议通过的《北京倡议》提出，丝路沿线各国应共同参与、共同规划、共同建设，把“一带一路”的宏伟愿景变为美好现实；应加强政策沟通和协调，推动各自发展战略与规划有机衔接，实现各国之间深度融合与联动发展，应加强在基础设施开放、地区经贸合作、区域资金融通、民间友好交流、文明互学互鉴等领域的合作。②党际合作已经成为推动落实“一带一路”倡议和人类命运共同体思想的重要方式。

2017年11月30日至12月3日，中国共产党与世界政党高层对话会在北京举行。这是中国共产党首次与全球各类政党举行高层对话，来自世界120多

---

① 郑长忠：《推动构建人类命运共同体理念下的新型政党关系》，《当代世界》2018年第1期。

② 张凯：《发挥政党在“一带一路”建设中的引领作用——亚洲政党丝绸之路专题会议侧记》，《当代世界》2015年11月。

个国家近300个政党和政治组织的领导人共600多名中外代表出席对话会。会议以“构建人类命运共同体；政党的责任”为主题，就“新时代中国：新发展、新理念”“创新世界、中国贡献”“加强政党建设：政党的挑战和未来”“建设美好国家：政党的实践和经验”“共建‘一带一路’：政党的参与和贡献”等议题进行深入讨论并达成许多重要共识。①

习近平总书记在会上发表题为《携手建设更加美好的世界》的主旨演讲，全面阐述中国共产党关于构建人类命运共同体、建设更加美好世界的主张，站在构建人类命运共同体的高度审视政党的国际角色，将政党视为推进人类命运共同体的重要力量。习近平指出：“面向未来，中国共产党愿同世界各国政党加强往来，分享治党治国经验，开展文明交流对话，增进彼此战略信任，同世界各国人民一道，推动构建人类命运共同体，携手建设更加美好的世界！”②会议通过的成果文件《北京倡议》，呼吁世界各国政党同中国共产党一道维护世界和平，推动全球发展，维护国际秩序，践行和遵守联合国宪章的原则，确保国际法的公平性和一致性。此次政党对话会是推进落实人类命运共同体倡议的重要举措，为中国共产党与各国政党开展合作指明了方向。

（二）建立新型政党关系是构建人类命运共同体的必然要求

习近平总书记在2017年举行的首届中国共产党与世界政党高层对话会上指出：“不同国家的政党应该增进互信、加强沟通、密切协作，探索在新型国际关系的基础上建立求同存异、相互尊重、互学互鉴的新型政党关系，搭建多种形式、多种层次的国际政党交流合作网络，汇聚构建人类命运共同体的强大力量。”③

之所以提出建设新型政党关系，就是为了更好地应对人类发展面临的全球

① 《中国共产党与世界政党高层对话会北京倡议》，《人民日报》2017年12月4日第3版。

② 习近平：《携手建设更加美好的世界——在中国共产党与世界政党高层对话会上的主旨讲话》，人民出版社2017年版，第11页。

③ 同上书，第7页。

性问题，其立足点在于发挥政党在促进人类进步事业中的积极作用，为推动构建人类命运共同体贡献政党的智慧和力量。建设新型政党关系是中国共产党为促进世界政党交流合作而提出的中国方案，展现出中国共产党主动分享、积极探索、敢于担当的国际形象。因此，建设新型政党关系，是中国共产党旨在通过党际交往渠道推动构建人类命运共同体的重要举措。

具体而言，新型政党关系要求坚持求同存异、相互尊重、互学互鉴的原则。求同存异，是指政党之间超越意识形态、理念、民族、文化的差异，凝聚不同民族、不同信仰、不同文化、不同地域人民的共识，共同构建人类命运共同体。相互尊重原则的核心是坚持各国政党独立自主，坚持无论大小、强弱一律平等，互不干涉内部事务。互学互鉴原则，强调在相互尊重、求同存异的基础上加强政党之间的对话和交流，提升治国理政水平，同时反对输出制度模式和反对强加于人。在建立新型政党关系的过程中，求同存异是基础，相互尊重是关键，互学互鉴是目的，三者相辅相成、有机统一，共同致力于构建人类命运共同体，建设更加美好的世界。①

二、加强治国理政经验交流

中国共产党所做的一切，就是为中国人民谋幸福、为中华民族谋复兴、为人类谋和平与发展。中国共产党是中国各项事业发展进步的领导力量，在中国国家形象塑造和传播中占有重要地位。伴随中国日益走近世界舞台中央，在国际关系和全球治理中扮演日益重要的角色，国际社会对中国共产党的了解和交往需求日益增长。党的十八大以来，中国共产党将分享治国理政经验作为对外工作的重要内容，致力于凝聚人类命运共同体建设共识，促进世界和平与发展，增进了国际社会对中国发展道路的了解和认同。

① 彭修彬：《新型政党关系：内涵与建设路径》，《国际问题研究》2018 年第 3 期。

治国理政经验交流是为了更好地促进世界和平与发展。作为中国特色社会主义事业的领导核心，中国共产党日益成为世界瞩目的焦点。越来越多的国家和政党看重中国共产党的大国大党地位，希望借鉴中国共产党的治国理政经验，期待中国共产党更多发挥政治引领作用。①中国特色社会主义建设是中国共产党对人类社会发展规律的探索。习近平总书记指出，我们要通过推动中国发展给世界创造更多机遇，通过深化自身实践探索人类社会发展规律并同世界各国分享。②

治国理政经验交流也是中国共产党发挥政治引领作用的重要抓手。中共十八大以来，党的对外工作积极通过“讲好中国故事”“贡献中国方案”发挥“政治引领”作用。政治引领，就是要求通过交往、交流、交心，向世界提供中国智慧和中国方案，引导各国政党、政要和政治组织等理解、尊重、认同中共的价值理念和方针政策，并深入探寻中国内外政策背后的优秀传统文化内涵，一道推进世界和平发展与人类文明进步事业。③

治国理政经验交流是在平等基础上的互学互鉴。中国共产党在成长的过程中始终坚持学习借鉴世界一切优秀文明成果，在分享本党的治国理政经验时，也始终秉持独立自主、完全平等、相互尊重、互不干涉内部事务的党际交往原则。习近平总书记就强调指出，中国不“输入”外国模式，也不“输出”中国模式，不会要求别国“复制”中国的做法。④

中国共产党准确把握国际社会对华重大关切，通过多样化方式全面客观介绍党的执政理念和政策主张。例如，2014 年至 2016 年，中国共产党连续举办三届中国共产党与世界对话会。会议主题分别为“中国改革：执政党的角

---

①③　吴绮敏等：《发挥政治引领作用　开创党的对外工作新局面——中联部部长宋涛谈 2016 年党的对外工作》，《人民日报》2016 年 12 月 29 日第 3 版。

②④　习近平：《携手建设更加美好的世界——在中国共产党与世界政党高层对话会上的主旨讲话》，人民出版社 2017 年版，第 8 页。

色”“从严治党：执政党的使命”和“全球经济治理创新：政党的主张和作为”。中共中央对外联络部还通过组织“中国共产党的故事”系列专题宣介会和推出《面向世界的中国共产党》专题片等多方面活动，向国际社会尤其是世界其他政党宣介社会主义市场经济发展模式、反腐斗争等治国理政经验，让世界更好地了解中国共产党和中国，展示了自信和开放的国际形象。在 2017 年 11 月举行的首届中国共产党与世界政党高层对话会上，习近平指出，中国共产党将以开放的眼光、开阔的胸怀对待世界各国人民的文明创造，愿意同世界各国人民和各国政党开展对话和交流合作，支持各国人民加强人文往来和民间友好。习近平还宣布，未来五年，中国共产党将向世界各国政党提供 1.5 万人来华交流的机会。① 此外，2018 年 5 月 25 日至 6 月 3 日，在庆祝马克思诞辰 200 周年和中国改革开放 40 周年之际，中国共产党邀请来自 50 个国家和地区 70 多个共产党、工人党的 100 余位领导人和代表访华，出席在深圳举办的纪念马克思诞辰 200 周年专题研讨会，参加在“中国改革第一村”安徽省凤阳县小岗村举办的以“改革发展与国家治理现代化”为主题的第十九届万寿论坛，并在广东、北京和安徽等地参观考察。如此大规模地邀请以国外共产党、工人党为代表的世界社会主义力量访华，是中国改革开放以来的第一次，在中国共产党对外交往史上具有重要意义。

中国的发展道路和中国共产党治国理政经验引起国外政党的共鸣和积极评价。通过面向国外政党举办宣讲会、执政理念交流会、智库专家座谈会等方式，推动了外国政党政要和媒体、智库更加全面客观地评价中国共产党执政以来中国取得的历史性成就，了解中国共产党以人为本的执政理念，同时表明中国共产党维护世界和平、促进共同发展的真诚愿望。这些活动的开展增进了国际社

① 习近平：《携手建设更加美好的世界——在中国共产党与世界政党高层对话会上的主旨讲话》，人民出版社 2017 年版，第 10—11 页。

会对中国共产党和中国特色社会主义制度的了解、尊重和认同，推动国际社会深入思考“中国共产党为什么能”“中国特色社会主义为什么好”，使党的理念、党的故事、党的贡献日益深入人心。例如，2019 年 11 月，老挝人革党中央政治局委员、中央书记处书记、中宣部部长坎潘，蒙古民主党主席额尔登等外国政党代表，在中共中央对外联络部主办的中国共产党十九届四中全会精神宣介会上就表示，中共关于推进国家治理体系和治理能力现代化的决定，展现了中国制度的优越性，为中国取得进步和发展提供了制度动力，也为世界和平与发展提供了“中国方案”。①

新冠肺炎疫情暴发后，国际舆论出现质疑中国疫情防控效果、指责中国防控措施的声音，我国的国际舆论环境出现恶化。中国共产党通过致信 60 多个国家的 110 多个政党领导人、举办了百余场视频交流研讨会等方式，向世界介绍了我国将人民生命安全和身体健康放在第一位的理念以及我国的疫情防控形势和机制措施等，既分享了经验、提供了借鉴、回应了关切，又改善和提升了我们党和国家的国际形象，收到良好效果。

三、搭建国际政党交流合作网络

党执政七十多年来，对外工作模式不断完善，对外交往范围不断扩大。逐步形成全方位、多渠道、宽领域、深层次的政党外交格局，夯实了国家间关系的政治基础，为党长期执政营造了有利的全球伙伴关系网络。

进入新时代，中国加强与世界各国政党和政治组织的联系，“与 160 多个国家和地区的 600 多个政党和政治组织建立了不同形式的关系”，搭建起多形式、多层次的国际政党交流合作网络。

一方面，政党交流的层次性更加清晰。其中包括：持续拓展同大国大党的

① 《中联部面向外国政党举办四中全会精神宣介会》，人民网—中国共产党新闻网，2019 年 11 月 21 日，http: //cpc.people.com.cn/n1/2019/1121/c164113-31465970.html。

交流与对话，推动实现交往机制化全覆盖；持续丰富与社会主义国家执政党交往的方式和内涵，从战略高度和长远角度深入做工作；持续巩固同周边国家政党关系，夯实周边战略依托；持续拓展与发展中国家政党传统友好关系，打造新合作空间，维护好对外关系的战略基础。

另一方面，政党交流的机制日渐多样化。既包括中俄执政党对话机制、中美政党对话、中日执政党交流机制、中英政党对话等双边对话机制，也包括中国共产党与世界政党高层对话会、中欧政党高层论坛、中国—中亚政党论坛、上合组织政党论坛、中拉政党论坛、中非政党理论研讨会、中国共产党与东南亚国家政党对话会等多边对话机制。

中俄执政党对话机制会议和中俄政党论坛，是中国共产党和统一俄罗斯党作为两国执政党，就共同关系的国际地区形势、两党两国关系、自身党建和务实合作等问题定期开展的高级别对话。习近平主席在写给第十届中俄执政党对话机制会议的贺信中指出，两党保持密切的机制化交往，对加强两党自身建设、增进双边战略互信、助推两国务实合作、维护世界和平发展发挥了积极作用。① 2017 年 12 月和 2019 年 11 月，第十届和第十一届中美政党对话在北京举行，双方就执政理念、政策主张和发展战略交换看法。2018 年 4 月，第十届中英政党对话在北京举行。2019 年 5 月，中国共产党与德国基民盟举行第 11 次政党对话会。同年 7 月，德国社民党总书记克林贝尔率领的代表团访华。2009 年一度中断的中日执政党交流机制于 2015 年得到恢复，交流机制会议推动各领域交流。

中国共产党还充分利用多边政党外交机制，通过亚洲政党国际会议、非洲国家政党研修班等平台加强与亚洲、非洲各国政党的交流合作。进入新时代，中国共产党还发起创建了多个多边政党交流机制，加强与世界各国政党的往

① 《对外交往故事：中俄执政党机制化交往的故事》，人民网—中国共产党新闻网，2019 年 9 月 24 日，http: //cpc.people.com.cn/n1/2019/0924/c429805-31370384.html。

来。例如，2013 年发起创立“中国与中东欧青年政治家论坛”，2015 年举办首届“中非政党理论研讨会”，2015 年举办首届“亚洲政党丝绸之路专题会议”，2016 年发起“中国—中东欧政党对话会”，2016 年首次举办“中国与湄公河国家政党对话会”，2016 年举办首届“中拉政党论坛”，2016 年举办首届“中国—阿拉伯国家政党对话会”，2017 年举办首届“金砖国家政党、智库和民间社会组织论坛”，2018 年举办首届“上海合作组织政党论坛”。[①] 2017 年底，习近平总书记倡议，将中国共产党与世界政党高层对话会机制化，使之成为具有广泛代表性和国际影响力的高端政治对话平台。2023 年 3 月，中国共产党与世界政党高层对话会将主题确定为“现代化道路：政党的责任”。习近平总书记在主旨讲话中提出全球文明倡议，主张共同倡导尊重世界文明多样性，弘扬全人类共同价值，重视文明传承和创新，加强国际人文交流合作。习近平指出：“我们愿同各国政党和政治组织深化交往，不断扩大理念契合点、利益交汇点，以建立新型政党关系助力构建新型国际关系，以夯实完善全球政党伙伴关系助力深化拓展全球伙伴关系。”[②]

政党交往是党对外工作的主渠道和依托，通过立体化政党外交格局的构建，中国共产党与其他国家政党的政治互信明显加深，有力地补充和提升了中国与世界各国和各地区间的政府间合作，为实现“两个一百年”奋斗目标和巩固党的执政地位发挥了不可或缺的重要作用。

---

① 余科杰：《新时代政党外交的历史超越》，载《中国国际共运史学会 2018 年年会论文集》，2018 年 10 月 24 日。

② 习近平：《携手同行现代化之路——在中国共产党与世界政党高层对话会上的主旨讲话》（2023 年 3 月 15 日），《人民日报》2023 年 3 月 16 日。

结束语

建党一百年来，中国共产党坚持马克思主义基本原理，汲取中华优秀传统文化和世界优秀文明成果的有益成分，形成了一整套具有鲜明特色的国际观。中国共产党人以辩证唯物主义和历史唯物主义为自己的世界观和方法论，对国际问题的分析具有突出的历史性、辩证性和时代性的特点。一百年来，中国共产党人坚持实事求是的工作作风，从对外工作实践中总结经验教训，不断丰富和发展自身的国际观，对时代特征和国际局势的认知水平不断提升，对外工作不断取得丰硕成果。当今的中国正前所未有地走近世界舞台中心，是世界和平的建设者、全球发展的贡献者、国际秩序的维护者。展望未来，中国共产党必将带领中国人民向着实现中华民族伟大复兴奋勇前进，中华民族必将与世界各国人民结成更加紧密的命运共同体。

一、历史使命和世界意义

中国共产党是为中国人民谋幸福的政党，也是为人类进步事业而奋斗的政党。一百年来，中国共产党领导中国人民开展了艰苦卓绝的民族自救和波澜壮阔的伟大复兴。党的百年国际观，正是在争取民族独立和复兴的进程中、在积极为人类作出新的更大贡献的使命感召下不断丰富和发展起来的。

（一）历史使命

马克思指出："人的思维是否具有客观的真理性，这不是一个理论的问题，而是一个实践的问题。人应该在实践中证明自己思维的真理性，即自己思维的现实性和力量，自己思维的此岸性。”[①] 正确判断时代特征，准确把握发展趋势，科学制定目标和任务，是关系到马克思主义政党前途命运的重大问题。

中国共产党百年国际观具有较强连贯性，归纳起来，党关于国际问题的基本立场主要包括：坚持国家主权平等原则，主张国家不分大小、强弱一律平等，尊重各国人民自主选择发展道路的权利；坚定维护国际公平正义，反对霸权主义和强权政治，支持多边主义和推进国际关系民主化；认同世界多极化趋势，主张提升发展中国家在国际事务上的代表性和发言权；支持开放型世界经济体系建设，积极引导经济全球化朝着开放、包容、普惠、平衡、共赢的方向发展；秉持为人类进步事业贡献力量的崇高理想，坚持将维护自身利益与促进人类共同发展相结合；发挥政党的政治引领作用，建立独立自主、完全平等、相互尊重、互不干涉内部事务的党际关系。

中国共产党的国际观及其实践始终服从和服务于党和国家的中心工作。回顾中国共产党百年国际观的发展演变，我们发现，党始终立足于客观的国情世情，将对外工作与那一时期的党和国家的中心工作和总体战略紧密联系。

在新民主主义革命时期，中国共产党立足于中国的半殖民地半封建状态，从世界革命浪潮的角度来审视中国的革命任务，逐步形成观察国际问题的独特视角和观念。反对帝国主义和殖民主义，是这一时期党的国际观的主要内容。1922 年 7 月召开的中共二大宣言指出，革命的任务和目标是打倒军阀，推翻国际帝国主义的压迫，实现中华民族的独立和中国统一。在反帝反封建的革命任务的指导下，中国共产党积极支持开展国民革命和要求废除列强在华特权。1931 年九一八事变后，随着日本对华持续侵略，中国共产党坚定反对民族压迫，反对侵略战争，主张世界上一切爱好和平、反对法西斯侵略的民族和国家

① 马克思：《关于费尔巴哈的提纲》（1845 年），《马克思恩格斯选集》第 1 卷，人民出版社 1995 年版，第 55 页。

团结起来，结成国际反法西斯统一战线。① 此外，这一时期，中国共产党明确提出，中国革命是世界革命的一部分，是无产阶级社会主义世界革命的一部分的观点，确立了世界进入战争和革命的时代的基本看法。1940 年 7 月，毛泽东在《团结到底》一文中阐述了对国际形势的判断："目前的国际形势，是帝国主义战争正向世界范围内扩大，由帝国主义战争所造成的极端严重的政治危机和经济危机，将必然引起许多国家革命的爆发。我们是处于战争和革命的新时代。"② 第二次世界大战后，在美苏陷入冷战状态、美国公开支持蒋介石政权的背景下，中国共产党最终作出"一边倒"的战略决策。

在社会主义革命和建设时期，党的国际观建构的基础和实施目标是，争取为社会主义建设创造良好稳定的环境，争取国际友好力量的支持，打破帝国主义封锁。新中国成立后即加入社会主义阵营，西方国家层层封锁企图扼杀新生的人民共和国，党面临着以斗争求生存的艰巨任务。在国际上，广大亚非拉殖民地国家掀起风起云涌的民族解放运动，中国革命的成功鼓舞了所有被压迫民族的斗争。毛泽东延续了世界无产阶级革命的总判断，认为"新的世界大战的危险依然存在，各国人民必须有所准备。但是，当前世界的主要倾向是革命"。③ 这一时期，新中国倡导将和平共处五项原则作为指导国家间关系的基本准则，是冷战格局下中国共产党国际观的重要创新和突破，也是我国对国际关系理论和实践的重要贡献。"三个世界划分"理论，是中国共产党对世界格局演进和新中国国际交往实践的深刻总结，党开始有意识地参与和引导国际格局的发展变化。中国共产党在这一时期的国际观还鲜明地体现为反对霸权主义和推动建立国际新秩序。期间曾受"左"倾思想影响，正常的对外工作受到了干扰。在总结经验教训的基础上，党及时作出调整，在 20 世纪 70 年代显著改善了所

① 中共中央党史研究室：《中国共产党历史》第 1 卷下册，中共党史出版社 2011 年版，第 474 页。

② 《毛泽东选集》第 2 卷，人民出版社 1991 年版，第 761 页。

③ 《毛泽东外交文选》，中央文献出版社、世界知识出版社 1994 年版，第 584 页。

处的国际环境。

在社会主义改革开放新时期，中国共产党的国际观更加丰富和成熟，对外工作蓬勃发展。十一届三中全会后，党和国家的工作“从以阶级斗争为纲转到以四化建设为中心，从停滞封闭转到改革开放”[①]。努力争取世界和平，为国内经济建设创造一个良好的外部环境，成为党和国家对外工作总的指导方针。[②]党的对外工作的指导方针和主要任务发生巨大变化，从而促使中共中央对国际局势及中国与世界的关系的看法作出重大调整。这一时期，中国共产党根据世界局势的深刻变化，认识到社会主义与资本主义长期竞争共处，逐步调整了对时代特征的认识。改革开放的总设计师邓小平提出“和平与发展是当代世界的两大问题”[③]，认为“在较长时间内不发生大规模的世界战争是有可能的，维护世界和平是有希望的”[④]。从1987年中共十三大开始，党的历届全国代表大会报告都重申和平与发展是（世界）时代主题的论断，显示了这一认识经受住了时间的考验，具有极强的生命力。和平与发展是时代主题的论断已成为改革开放以来中国共产党国际观的核心内容，对中国的外交理念和外交实践产生着深远的影响。这一时期，中国共产党的国际观是在和平与发展成为时代主题，世界多极化和经济全球化深入发展，中国持续推进对内改革和对外开放的新的历史条件下逐步形成的。党的国际观超越意识形态藩篱，突出国家利益的基础性地位，积极支持世界多极化和经济全球化，推动建立国际政治经济新秩序和实现国际关系民主化，形成了维护世界多样性、构建和谐世界等一系列新的思想理念，引领了国际社会的发展方向。

中共十八大以来，中国特色社会主义进入新时代。经过几代人的不懈努力，

---

① 《邓小平文选》第3卷，人民出版社1993年版，第283页。

② 当代中国研究所:《中华人民共和国简史（1949—2019）》，当代中国出版社2019年版，第81页。

③ 《邓小平文选》第3卷，人民出版社1993年版，第96页。

④ 同上书，第127页。

当今的中国正前所未有地走近世界舞台中心，前所未有地接近实现中华民族伟大复兴的目标，前所未有地具有实现这个目标的能力和信心。中国共产党正带领全国人民努力实现“两个一百年”奋斗目标和中华民族伟大复兴的中国梦。中国对世界的影响，从未像今天这样全面、深刻、长远；世界对中国的关注，也从未像今天这样广泛、深切、聚集。这一时期，中国共产党更加强调用全面、辩证和发展的方法来分析和处理国际问题，展现了鲜明的全球视野和国际担当。以习近平同志为核心的党中央，坚持和平与发展是时代主题的论断，作出“当今世界正经历百年未有之大变局”的战略判断。在准确把握和平、发展、合作、共赢的时代潮流的基础上，积极倡导构建人类命运共同体，实施共建“一带一路”倡议。面对单边主义和保护主义给世界带来的巨大冲击，中国共产党坚定支持世界多极化和经济全球化，坚持多边主义，以公平正义为理念推进全球治理体系改革。

（二）世界意义

建党百年，中国共产党领导中国人民通过不懈的努力使中华民族从站起来、富起来向强起来迈进。中国追求将自身的发展与世界各国的发展相结合，从而使中国共产党的国际观及其实践具有广泛的世界意义。

其一，准确把握人类历史发展规律，开创世界社会主义运动新篇章。中国是社会主义国家，也是世界上最大的发展中国家。中国坚定不移走和平发展道路，集中力量办好自己的事，让国家更富强、人民更幸福，为复杂多变的世界注入稳定性和确定性，对世界和平与发展作出巨大贡献。2012 年以来，中国全面打响脱贫攻坚战，经过 8 年持续努力，2021 年中国现行标准下农村贫困人口已经全部脱贫，贫困县已经全部摘帽，近 1 亿农村人口实现脱贫，为全球减贫事业作出巨大贡献，脱贫人数占世界脱贫人数的 80%。2020 年，中国提前 10 年实现消除绝对贫困的目标。[①] 在世界社会主义运动发展的历史行程中，中国

① 《习近平：中国即将提前 10 年实现消除绝对贫困目标》，http: //cjrb.cjn.cn/html/2020-11/23/content_189351.htm。

共产党人不断深化关于社会主义与资本主义、中国革命与世界革命的关系。新中国成立以来，中国共产党领导全国人民经过艰辛探索和不断实践，走出一条建设有中国特色社会主义的康庄大道。正如邓小平指出的，“我们的改革不仅在中国，而且在国际范围内也是一种试验，我们相信会成功。如果成功了，可以对世界上的社会主义事业和不发达国家的发展提供某些经验”。① 习近平总书记也强调指出：“中国共产党人和中国人民完全有信心为人类对更好社会制度的探索提供中国方案。”② 中国特色社会主义道路越走越宽广，拓展了发展中国家走向现代化的途径，给世界上那些既希望加快发展又希望保持自身独立性的国家和民族提供了全新的选择。中国式现代化的理念和实践为人类文明进步指引未来，为人类共同发展开辟更加广阔的前景。

其二，积极贡献思想理论，引领国际关系正确发展方向。中国共产党历来重视思想理论建设，先后提出和平共处五项原则、“三个世界划分”理论、和平与发展时代主题论断等一系列具有世界意义的思想和理念，为国际社会超越强权政治落后逻辑、构建公正合理的国际新秩序发挥了重要引领作用。党的十八大以来，中共中央提出和发展了人类命运共同体、新型国际关系、“一带一路”、正确义利观等一系列重要理念和倡议。这些思想理论既是中国对国际关系发展的重要贡献，也是构建新时代中国与世界关系的指南。中国理念和倡议得到世界上大多数国家的积极支持，多次写入联合国文件。例如，2017 年 2 月 10 日，人类命运共同体理念写入联合国社会发展委员会“非洲发展新伙伴关系的社会层面决议”；3 月 17 日，写入联合国安理会关于阿富汗问题的 2344 号决议；3 月 23 日，写入联合国人权理事会“经济、社会、文化权利”和“粮食权”两个决议；11 月 2 日，写入联合国大会“防止外空军备竞赛进一步切实措施”和“不首先在外空放置武器”两份决议，等等。这充分显示出，中国共产党的国际

① 《邓小平文选》第 3 卷，人民出版社 1993 年版，第 135 页。

② 《习近平谈治国理政》第 2 卷，外文出版社 2017 年版，第 37 页。

观顺应了和平、发展、合作、共赢的时代潮流，立足于世界各国人民对和平、发展的美好生活的向往，引起国际社会广泛共鸣。

其三，做负责任大国，为世界和平与发展注入正能量。当前，单边主义、保护主义甚嚣尘上，世界发展面临巨大的不确定性，中国成为国际秩序的重要稳定力量。中国致力于维护以联合国宪章宗旨和原则为核心的国际秩序和国际体系，成为多边主义的重要支柱和国际秩序的稳定力量。中国已经是联合国第二大会费缴纳国，第二大维和行动摊款国，是五个安理会常任理事国中派出维和力量最多的国家。中国积极落实联合国2030年可持续发展议程，进一步加强国际减贫发展合作，支持联合国、世界银行等继续在国际减贫事业中发挥重要作用，推动建立以合作共赢为核心的新型国际减贫交流合作关系。此外，中国以实际行动支持应对气候变化国际合作，积极参与新疆域治理。这些都充分彰显了中国作为负责任大国为世界和平与发展作出的巨大贡献。

二、主要挑战和努力方向

当今世界正经历百年未有之大变局，新一轮科技革命和产业变革深入发展，国际力量对比深刻调整，和平与发展仍然是时代主题，人类命运共同体理念深入人心，同时国际环境日趋复杂，不稳定性不确定性明显增加。2020年10月，中共十九届五中全会分析了我国发展环境面临的深刻复杂变化，认为当前和今后一个时期，我国发展仍然处于重要战略机遇期，但机遇和挑战都有新的发展变化。会议同时指出，全党要统筹中华民族伟大复兴战略全局和世界百年未有之大变局，深刻认识我国社会主要矛盾变化带来的新特征新要求，深刻认识错综复杂的国际环境带来的新矛盾新挑战，增强机遇意识和风险意识，立足社会主义初级阶段基本国情，保持战略定力，办好自己的事，认识和把握发展规律，发扬斗争精神，树立底线思维，准确识变、科学应变、主动求变，善于在危机中育先机、于变局中开新局，抓住机遇，应对挑战，趋利避害，奋勇前进。[1]这次会议是在我国发展的关键时期召开的重要会议，为丰富和提升国际观指明了方向。

（一）主要挑战

在世界动荡变革期，国际格局深刻调整，和平赤字、发展赤字、治理赤字、信任赤字问题有增无减，单边主义、保护主义甚嚣尘上，世界发展的不稳定不确定因素明显增多，我国面对的国际环境更为复杂多变。

第一，世界进入动荡变革期。2020年8月24日，习近平总书记在经济社会领域专家座谈会上指出，世界进入动荡变革期。这是继提出百年未有之大变局后，党中央对世界局势作出的另一重要判断。他指出，当今世界正经历百年未有之大变局，新冠肺炎疫情全球大流行使这个大变局加速变化，保护主义、单边主义上升，世界经济低迷，全球产业链供应链因非经济因素而面临冲击，国际经济、科技、文化、安全、政治等格局都在发生深刻调整，世界进入动荡变革期。基于此判断，习近平指出："今后一个时期，我们将面对更多逆风逆水的外部环境，必须做好应对一系列新的风险挑战的准备。"[2] 2020年新冠肺炎疫情的全球蔓延对国际形势发展产生了重要影响，它具有超级转换器的功能，即能够触发系统突变的一种超级媒介，其产生的影响具有颠覆性、联动性、突发性的特征。我们尤其需要重视，南北差距重新拉大、世界经济重新大分化等发展态势对我国的深远影响。[3]

第二，中国在崛起的过程中所面临的国内和国际环境更加复杂，干扰和平发展的因素在增多。当今世界已经开启了"后西方中心"国际秩序的建设进程。

① 《中国共产党第十九届中央委员会第五次全体会议公报》（2020年10月29日），人民网，http://cpc.people.com.cn/n1/2020/1030/c64094-31911721.html。

② 《习近平主持召开经济社会领域专家座谈会并发表重要讲话》（2020年8月24日），中国政府网，http://www.gov.cn/xinwen/2020-08/24/content_5537091.html。

③ 陈东晓：《新冠已重置和重建安全叙事》，澎湃新闻，2020年9月22日，http://www.thepaper.cn/newsDetail_forward_9263035。

在这个过程中，一方面中国持续崛起、日益走近世界舞台中心，另一方面国际上对社会主义中国的疑虑依然强大，特别是守成国仍旧顽固地维护旧的不平等的国际秩序。近年来，美国政府明确将中国定性为“战略竞争对手”，在经济、科技、人文、多边等各领域展开对中国的围堵和打压。美国为首的西方国家开始炒作新一轮“中国威胁论”，污蔑我国对国际制度和国际秩序的消极影响，在西方世界进行广泛动员和对我国实施打压。美国等西方国家在联合国等国际平台公开抵制中国提出的理念。① 此外，国际上出现强化所谓的西方自由主义同盟的迹象。一些西方人认为，西方盟国之间的凝聚力是二战后多边体系的核心，为此需要强化在意识形态领域的同盟体系。在认识到美国的所谓世界领导力正在衰弱的情况下，一些西方国家提出建立封闭性的小集团，即所谓的限制成员的志同道合者联盟。在这一背景下，我国对外工作的突出任务是，继续团结多边主义支持力量，努力扩大在广大中间地带，包括新兴经济体、广大发展中国家和发达地区的发展空间和战略支撑。

第三，全球科技革命和产业变革加速演进带来巨大挑战。当今世界，以自动化、人工智能、物联网、大数据等为代表的新一轮科技革命方兴未艾，正在深刻地改变着国际产业格局、创新格局和投资格局。世界正从工业经济时代加速进入数字经济时代，联合国贸发会议等组织预测，数字经济在全球生产总值中的比重将持续上升。这为发展中国家实现跨越式发展提供更多机遇，但数字鸿沟也加大国际发展的不平衡性。失去这个机遇，南北鸿沟、发展失衡将进一步扩大。美国为阻挠中国发展，发起对华科技“脱钩”和遏制。我国需要积极应对数字经济时代产业生态环境的重大变化及其所带来的冲击，提升我国在全球生产体系价值链、产业链、供应链中的位置，塑造开放、合作的国内国际生态环境。

---

① 联合国文件，A/73/PV.105，2019 年 9 月 10 日，https: //undocs.org/zh/A/73/PV.105。

第四，当今世界处于新型全球化和逆全球化相互并存、相互激荡的时期。经济全球化的推动力量正在发生角色转换。西方世界在全球化和科技革命的冲击下出现诸多制度性困境，全球化的原有驱动系统失灵。发展和收入不公平、社会认同分裂等经济社会文化矛盾上升，导致西方世界的右翼民粹主义和保护主义的泛滥。以中国为代表的发展中国家，主张推动建设开放、包容、普惠、平衡、共赢的新型经济全球化，致力于克服国际发展不平衡和全球经济治理滞后等制约全球化发展的突出问题。新冠肺炎疫情无疑给经济全球化带来新的冲击。未来一段时间，逆全球化和新型全球化将处于并存和相互较量的状态，全球治理体系也将因此受到巨大冲击。

（二）努力方向

中国的崛起已经极大地改变国际格局，推动中国与世界互动关系的调整，成为世界百年大变局的重要变量。在从富起来迈向强起来的历史进程中，我们要坚持正确的历史观、大局观、角色观，立足于世情国情的发展变化，统筹国内国际两个大局，更加重视中国与国际体系的双向塑造关系。展望未来，我国坚持对外开放基本国策，推动建设开放型世界经济，推动构建人类命运共同体，已经成为多边主义的重要支柱，是国际秩序的重要维护者、建设者和贡献者。

第一，保持战略定力，着力提升国家实力。发展经济和提升综合国力，是中国参与和引领国际体系发展方向的重要基础。2016 年 9 月，习近平总书记在中共中央政治局第三十五次集体学习时就指出：“全球治理格局取决于国际力量对比，全球治理体系变革源于国际力量对比变化。我们要坚持以经济发展为中心，集中力量办好自己的事情，不断增强我们在国际上说话办事的实力。”①同时，实现国际格局的根本变化和新旧国际秩序的更替，不会是线性的和一蹴而就的，而总是在曲折中螺旋上升的。在前进道路上，中国应始终坚持正确的发

① 《习近平谈治国理政》第 2 卷，外文出版社 2017 年版，第 449 页。

展方向，保持战略耐性和战略定力。

国际力量对比总体向着更趋均衡的方向发展不会根本改变。中国等新兴市场国家和发展中国家的群体性崛起是进入21世纪以来国际格局演变的突出特征，国际权力对比将朝着更加均衡的方向发展。21世纪以来，发达国家在世界产出中的份额开始下降，由2000年的77.4%下降到2016年的57.9%。并且主要发达经济体在全球经济中的占比同期也出现下降，美国由2000年的30.9%下降至2018年的24.0%，欧盟由2000年的26.5%下降至2018年的21.8%。根据国际货币基金组织公布的数据，2018年新兴市场和发展中经济体的GDP占全球的40%，若按购买力平价计算则近60%。该组织预计，到2035年，发展中国家的GDP规模将超过发达经济体，在全球经济和投资中的比重接近60%。① 按照世界经济的这一发展趋势，中国在世界经济格局中的地位将会得到显著提升。

新冠疫情进一步推进国际格局及以此为基础的国际秩序的加速演进。此次疫情是对国家实力、治理能力及国际领导权的一次综合考验。中国在应对疫情的过程中展示出强大的制度优势和负责任大国的担当，增强了制度吸引力，进而推动国际观念力量的分布更加均衡。此次疫情也进一步推动中国在经济全球化进程中发挥引领者的作用。受疫情影响，经济全球化面临新一轮保护主义和经济民族主义的压力。中国坚信，经济全球化是历史发展的趋势和潮流。中国在经济全球化进程中的引领者角色将会得到彰显。对此，新加坡前外交官马凯硕就表示，新冠疫情将推动“从以美国为中心的全球化转向更以中国为中心的全球化”。②

第二，努力塑造良好的国际环境。中国共产党国际观建设应重点理解和处

① 张占斌主编：《稳中求进的中国经济》，人民出版社2020年版，第18—19页。

② Kishore Mahbubani, “A More China-Centric Globalization,” in “How the World Will Look After the Coronavirus Pandemic,” *Foreign Policy*, March 20, 2020.

理好中国自身成长理念和崛起模式的关系，以及理解和处理好中国与世界的关系，从而更好地统筹国内国际两个大局，确保中国实现经济社会持续健康发展和国家总体安全。[①] 历史上，大国在与小国交往时经常会强力推行一些符合自己的价值、规范和制度的政策，从而造成对弱国的主权的侵犯。而这点在美国的对外政策中表现得尤为明显。[②] 中国奉行独立自主和平外交政策，坚定地走和平发展道路，倡导建立相互尊重、公平正义、合作共赢的新型国际关系，必将走出一条国与国交往的新路。中国共产党致力于在和平共处五项原则基础上推动建立国际政治经济新秩序。展望未来，中国共产党国际观建设应更加注重引导国际关系发展方向，努力塑造中国与世界的良性互动关系，克服中国崛起过程中面临的各种意识形态和价值观差异造成的障碍。

塑造良好的国际环境，应努力建设和平相处、总体稳定、均衡发展的大国关系。大国是影响国际体系发展的最重要的变量，大国关系往往会对中国的国际环境产生全局性影响。面对美国挑起的战略竞争，我国应坚决反对所谓的“修昔底德陷阱”和“脱钩论”，防止“新冷战”和新的两大阵营的全面对抗。当前，应继续努力通过定期首脑会晤和高水平对话磋商机制等方式，加强大国之间的合作和管控好重大分歧，充分利用现有的大国协调机制和国际合作机制，增加共同解决问题的能力。

塑造良好的国际环境，要坚定维护广大发展中国家的合法权益。发展不平衡不是简单的经济问题，而是当今世界诸多矛盾热点的根源所在。中国高度重视发展议题的重要性，强调当今世界面临的很多问题，归根到底都和发展问题相关。为此，应通过推动世界经济增长为发展中国家创造更多机遇，通过加强国际发展合作为发展中国家提供更多支持。反对西方国家动辄实施武力干涉和制裁，主张“发展是解决一切问题的总钥匙”，强调通过加强南南合作和南北对

① 姜安：《马克思的国际观及其当代价值》，《中国社会科学》2017年第11期。

② 朱明权：《国际安全与军备控制》，上海人民出版社2011年版，第43页。

话、加大发展援助、改革全球经济治理结构等手段，促进发展中国家与发达国家之间的均衡发展、提升发展中国家在经济全球化中的获得感。中国主张只有在促进经济发展的基础上，才能实现可持续的和平和真正提升人权状况。2015年9月，习近平主席在联合国发展峰会上强调："唯有发展，才能消除冲突的根源。唯有发展，才能保障人民的基本权利。唯有发展，才能满足人民对美好生活的热切向往。"①

塑造良好的国际环境，还应积极提供国际公共产品，为人类进步事业贡献力量。中国是促进世界和平与发展的积极力量，中国共产党始终将促进国际和平与共同发展，实现世界大同，作为自己的理想和使命，同时根据自身国力现实地看待所承担的国际责任和义务。1978年5月，邓小平在会见马达加斯加政府经济贸易代表团时表示，"我们现在还很穷，在无产阶级国际主义义务方面，还不可能做得很多，贡献还很小。到实现了四个现代化，国民经济发展了，我们对人类特别是对第三世界的贡献可能会多一点"②。改革开放以来，中国社会发展取得长足进步。"我们用几十年时间走完了发达国家几百年走过的发展历程，创造了世界发展的奇迹。"③正如习近平所指出的，不仅要看到我国发展对世界的要求，也要看到国际社会对我国的期待。中国正以更加自信、包容和开放的态度维护和拓展国家的发展利益，积极承担相适应的国际责任和义务，在与世界的互动过程中促进中国与世界各国的共同发展。

第三，着力提升中国共产党国际观的国际影响力。国际观需要在国际交流中提升其生命力和影响力。在中华民族伟大复兴的征程中，应加强同世界上不同思想理念的交流、交锋和交融，不断丰富和提升国际观的内涵和国际影响力。

---

① 习近平：《谋共同永续发展做合作共赢伙伴——在联合国发展峰会上的讲话》（2015年9月27日），人民网，http: //politics.people.com.cn/n/2015/0927/c1024-27638350.html。

② 《邓小平文选》第2卷，人民出版社1994年版，第112页。

③ 《习近平谈治国理政》第2卷，外文出版社2017年版，第247页。

中国共产党历来强调加强人文交流，积极开展与国外的交流互鉴，并倡导建立求同存异、相互尊重、互学互鉴的新型政党关系。这深刻体现了中国共产党人的道路自信、理论自信、制度自信和文化自信，也充分展现了中国共产党愿意向世界学习、向各国人民学习，学习人类创造的一切文明成果的海纳百川的胸怀和开放包容的态度。

中国共产党高度重视在国际交流中提升塑造国际规范的能力。2015 年 10 月，习近平总书记在中共中央第二十七次集体学习时指出，要推动全球治理理念创新发展，积极发掘中华文化中积极的处世之道和治理理念同当今时代的共鸣点，继续丰富打造人类命运共同体等主张，弘扬共商共建共享的全球治理理念。要加强能力建设和战略投入，加强对全球治理的理论研究，高度重视全球治理方面的人才培养。2016 年 9 月，习近平总书记在中共中央政治局第三十五次集体学习时再次强调，要提高我国参与全球治理的能力，着力增强规则制定能力、议程设置能力、舆论宣传能力、统筹协调能力。参与全球治理需要一大批熟悉党和国家方针政策、了解我国国情、具有全球视野、熟练运用外语、通晓国际规则、精通国际谈判的专业人才。要加强全球治理人才队伍建设，突破人才瓶颈，做好人才储备，为我国参与全球治理提供有力人才支撑。

提升国际观的影响力，应着重争取话语体系的国际共鸣。关于话语体系建设，有国内学者提出，如果能够以自己的话语体系冲破西方的话语霸权，能够为人类面临的共同难题给出一个中国的思路，那么西方的话语霸权地位终将消失，西强我弱的话语格局终将终结。① 同时，不少研究发现，在新型国际关系等理念问题上，国内外学术界缺少对话。这既可能是国外学术界和政界对中国外交新理念视而不见、充耳不闻或助长错误认知所致，又反映了中西在意识形态和政治文化方面的明显差异，以及“中国威胁论”以不同形式长期存在。②

---

① 陈曙光：《多元话语中的“中国模式”论争》，《马克思主义研究》2014 年第 4 期。

② 卢黎歌主编：《新时代推进构建人类命运共同体研究》，人民出版社 2019 年版，第 274—275 页。

还有研究指出，目前中国的一些对外政策阐释，仍然存在不同程度的语言生硬、难以理解的情况，有些西方国家媒体带着意识形态上的偏见，利用中外话语表达方面的差异，曲解中国政策，损害中国形象。① 为此，我们应把争取话语体系的国际共鸣作为提升国际观影响力的一项重点工作。

提升国际观的影响力，还应积极回应时代需要。随着全球化的深入发展，国家间的相互依存也将空前紧密，利益共生将不断深化，构建人类命运共同体的条件将更加成熟。新型冠状病毒肺炎是近百年来人类遭遇的影响范围最广的全球性大流行病，对全世界是一次严重危机和严峻考验。这次疫情再次证明人类命运共同体理念具有前瞻性和引领性。疫情暴发后，中国本着依法、公开、透明、负责任态度，第一时间向国际社会通报疫情信息，毫无保留同各方分享防控和救治经验。截至 2020 年 6 月，中国共产党同 110 多个国家的 240 个政党发出共同呼吁，呼吁各方以人类安全健康为重，秉持人类命运共同体理念，携手加强国际抗疫合作。② 当前阶段，维护多边主义已经成为推进人类命运共同体倡议的突破口，应在维护和加强多边主义的过程中提升国际社会对共同体建设的认同感。

中国共产党始终把实现中华民族伟大复兴和为人类作出新的更大贡献作为自己的使命。中国共产党的国际观充分体现了中国人的“世界大同，天下一家”的主张和愿望。

---

① 马俊峰、马乔恩：《构建人类命运共同体的历史性研究》，人民出版社 2019 年版，第 172 页。

② 中华人民共和国国务院新闻办公室：《抗击新冠肺炎疫情的中国行动》，http: //www.scio.gov.cn/zfbps/ndhf/42312/Document/1682143/1682143.htm。（2020 年 6 月）

主要参考文献

一、文献资料

1.《马克思恩格斯全集》第1—35卷，人民出版社1995年版。

2.《马克思恩格斯选集》第1—4卷，人民出版社2012年版。

3.《列宁选集》第1—4卷，人民出版社2012年版。

4.《毛泽东文集》第1—8卷，人民出版社1993、1996、1999年版。

5.《毛泽东选集》第1—4卷，人民出版社1991年版。

6.《毛泽东外交文选》，中央文献出版社、世界知识出版社1995年版。

7.《邓小平文选》第1—3卷，人民出版社1993、1994年版。

8.《江泽民文选》第1—3卷，人民出版社2006年版。

9.《胡锦涛文选》第1—3卷，人民出版社2016年版。

10.《习近平谈治国理政》第1—3卷，外文出版社2017、2018、2020年版。

11.《周恩来选集》，人民出版社1980年版。

12.《周恩来外交文选》，中央文献出版社1990年版。

13.《周恩来政论选》，中央文献出版社、人民日报出版社1998年版。

14.《十二大以来重要文献选编》(上中下)，人民出版社1986、1988年版。

15.《十三大以来重要文献选编》(上中下)，人民出版社1991、1993年版。

16.《十四大以来重要文献选编》(上中下)，人民出版社 1996、1997、1999 年版。

17.《十五大以来重要文献选编》(上中下)，人民出版社 2000、2001、2003 年版。

18.《十六大以来重要文献选编》(上中下)，中央文献出版社 2005、2006、2008 年版。

19.《十七大以来重要文献选编》(上中下)，中央文献出版社 2009、2011、2013 年版。

20.《十八大以来重要文献选编》(上中下)，中央文献出版社 2014、2016、2018 年版。

21. 习近平:《论坚持推动构建人类命运共同体》，中央文献出版社 2018 年版。

22. 习近平:《论中国共产党历史》，中央文献出版社 2021 年版。

23. 中共中央党史研究室:《中国共产党历史》第 1—2 卷，中共党史出版社 2011 年版。

24. 中共中央党史研究室第一研究部编:《共产国际、联共(布)与中国革命文献资料选辑》(1917—1925)，北京图书馆出版社 1997 年版。

25. 中共中央文献研究室编:《江泽民思想年编》，中央文献出版社 2010 年版。

26. 中共中央文献研究室编:《毛泽东思想年编：1921—1975》，中央文献出版社 2011 年版。

27. 中共中央文献研究室编:《周恩来年谱(1949—1976)》，中央文献出版社 1997 年版。

28. 中共中央文献研究室编:《改革开放三十年重要文献选编》，中央文献出版社 2008 年版。

29. 中共中央宣传部编:《习近平总书记系列重要讲话读本》,人民出版社2016年版。

30. 中华人民共和国国务院新闻办公室:《新时代的中国与世界》,人民出版社2019年版。

二、中文著述

1. 当代中国研究所:《中华人民共和国简史(1949—2019)》,当代中国出版社2019年版。

2. 国家发展和改革委员会国际合作中心对外开放课题组:《中国对外开放40年》,人民出版社2018年版。

3. 郭业洲主编:《长风破浪会有时——中国共产党对外工作九十年纪实》,当代世界出版社2016年版。

4. 李慎明主编:《马克思主义国际问题基本原理》,社会科学文献出版社2008年版。

5. 李延明、刘青建、杨海蛟:《马克思恩格斯政治学说研究》,人民出版社2002年版。

6. 李颖编:《从一大到十七大(1921—2007)》,中央文献出版社2007年版。

7. 罗燕明、姜晓德主编:《中共中央在延安十三年史(15):外交工作史》,中共党史出版社2019年版。

8. 齐鹏飞主编:《中国共产党与当代中国外交(1949—2009)》,中共党史出版社2010年版。

9. 秦亚青主编:《中国学者看世界》(国际秩序卷),新世界出版社2007年版。

10. 全国干部培训教材编审指导委员会:《全面推进中国特色大国外交》,

党建读物出版社、人民出版社 2019 年版。

11. 谭荣邦:《世界社会主义运动中国际联合问题研究》,人民出版社 2009 年版。

12. 王公龙等:《构建人类命运共同体思想研究》,人民出版社 2019 年版。

13. 王家瑞主编:《中国共产党对外交往 90 年》,当代世界出版社 2013 年版。

14. 杨洁勉等:《中国共产党和中国特色外交理论与实践》,东方出版中心 2011 年版。

15. 杨洁勉:《中国特色大国外交的理论探索和实践创新》,世界知识出版社 2019 年版。

16. 俞新天等:《国际体系中的中国角色》,中国大百科全书出版社 2008 年版。

17. 张中云、林德山、赵绪生:《马克思主义国际政治理论发展史研究》,重庆出版社 2011 年版。

18. 赵可金、倪世雄:《中国国际关系理论研究》,复旦大学出版社 2007 年版。

19. 郑必坚:《中国和平发展与构建和谐世界》,人民出版社 2012 年版。

20. 中共中央宣传部、中华人民共和国外交部:《习近平外交思想学习纲要》,人民出版社、学习出版社 2021 年版。

重要活动和文献节点

1921 年

7 月 23 日 中国共产党第一次全国代表大会在上海法租界望志路 106 号开幕，最后一天的会议转移到浙江嘉兴南湖举行。大会通过中国共产党的第一个纲领和决议，选举产生中央局。中共一大宣告中国共产党成立，从此中国出现以马克思列宁主义为行动指南的统一的无产阶级政党。这是中国历史上开天辟地的大事变。

后来，7 月 1 日被确定为中国共产党诞生纪念日。

1922 年

1 月 21 日—2 月 2 日 共产国际在莫斯科、彼得格勒召开远东各国共产党及民族革命团体第一次代表大会。张国焘等 14 名中国共产党党员出席会议。大会根据列宁关于民族和殖民地问题的理论，阐明被压迫民族所面临的反帝反封建的历史任务，对中国共产党制定民主革命纲领起到重要作用。

7 月 16 日—23 日 中国共产党第二次全国代表大会在上海举行。大会明确提出反帝反封建的民主革命纲领，区分最高纲领和最低纲领。大会制定第一部《中国共产党章程》，通过《中国共产党第二次全国大会宣言》《中国共产党加入第三国际决议案》等文件。

1923 年

6 月 12 日—20 日 中国共产党第三次全国代表大会在广州举行。

1924 年

1 月 20 日—30 日 在孙中山主持下，中国国民党在广州举行第一次全国代表大会，通过共产党人参加起草的以反帝反封建为主要内容的宣言，实际确立联俄、联共、扶助农工三大政策。大会的召开标志着第一次国共合作正式形成。

1925 年

1 月 11 日—22 日 中国共产党第四次全国代表大会在上海举行。

12 月 1 日 毛泽东发表《中国社会各阶级的分析》。

1927 年

4 月 27 日—5 月 9 日 中国共产党第五次全国代表大会在武汉举行。

1928 年

6 月 18 日—7 月 11 日 中国共产党第六次全国代表大会在莫斯科举行。

1931 年

11 月 7 日—20 日 中华苏维埃第一次全国代表大会在中央革命根据地的瑞金举行。

1934 年

1 月 22 日—2 月 1 日 中华苏维埃第二次全国代表大会在瑞金举行。

1935 年

7 月 25 日—8 月 20 日　共产国际第七次代表大会在莫斯科举行，提出建立最广泛的反法西斯统一战线的基本策略，并决定将工作重点转移到制定国际工人运动的基本政治、策略路线，一般不直接干涉各国共产党内部组织事务。

8 月 1 日　中共驻共产国际代表团起草了《为抗日救国告全体同胞书》。

10 月 1 日　以中国苏维埃政府和中国共产党中央的名义在巴黎《救国报》正式发表，号召全国人民团结起来，停止内战，抗日救国，组织国防政府和抗日联军。

12 月　中共中央政治局在瓦窑堡召开会议，确定抗日民族统一战线的策略方针。

1936 年

12 月　毛泽东撰写《中国革命战争的战略问题》。

1937 年

7 月 7 日　日本制造卢沟桥事变，标志着日本发动了全面侵华战争，也标志着中国人民抗日战争的全面爆发，即全国抗战的开始。中国的全民族抗战在世界东方开辟了第一个大规模反法西斯战场。

7 月—8 月　毛泽东撰写《辩证法唯物论（讲授提纲）》中的《实践论》和《矛盾统一法则》(后改为《矛盾论》)。

8 月 22 日—25 日　中共中央政治局在陕北洛川召开扩大会议，通过《关于目前形势与党的任务的决定》《抗日救国十大纲领》等文件，阐明党的全面抗战路线和党在抗战时期的基本政治主张，指明坚持长期抗战、争取最后胜利的具体道路。

9 月 22 日　国民党中央通讯社发表《中共中央为公布国共合作宣言》。

23 日，蒋介石发表谈话，实际上承认了中国共产党的合法地位。国共两党实现第二次合作，以国共合作为主体的抗日民族统一战线正式形成。

1938 年

5 月下旬—6 月上旬　毛泽东发表《论持久战》和《抗日游击战争的战略问题》，阐明持久抗战的战略总方针和抗日游击战争的战略地位以及人民战争的战略战术，成为指导抗战的军事理论纲领。

9 月 29 日—11 月 6 日　中共扩大的六届六中全会在延安召开，确定党在抗日战争战略相持阶段的基本方针和任务，重申必须独立自主地领导人民进行抗战。会议基本上纠正王明的右倾错误，进一步确立毛泽东在全党的领导地位；坚持马克思列宁主义和中国革命实际相结合的原则，提出马克思主义中国化的命题。

1939 年

7 月 7 日　中共中央发表《为抗战两周年纪念对时局宣言》，提出坚持抗战、反对投降，坚持团结、反对分裂，坚持进步、反对倒退三大政治口号。

1940 年

1 月　毛泽东作《新民主主义的政治与新民主主义的文化》演讲（后改为《新民主主义论》），系统阐述新民主主义理论。

1941 年

12 月 8 日　太平洋战争爆发。9 日，中国共产党发表宣言，倡导建立太平洋一切抗日民族的统一战线。同日，中国正式对日宣战，同时对德、意宣战。翌年 1 月 1 日，美、苏、英、中等 26 国签署《联合国家宣言》，国际反法西斯统一战线正式形成。

1943 年

5 月 15 日 共产国际执行委员会主席团作出《关于提议解散共产国际的决定》。6 月 10 日共产国际正式解散，中国共产党随之解除对共产国际章程、决议所承担的义务。

1944 年

7 月—8 月 中缅印战区美军司令部派遣美军观察组进驻延安。观察组部分成员曾到晋绥、晋察冀等抗日根据地考察。1947 年 3 月，观察组撤离延安。

8 月 18 日 中共中央发出《关于外交工作指示》，阐明党的外交工作的性质、内容和民族立场。全国抗日战争后期，党已经开始“半独立性的外交”工作。

9 月 美国政府派赫尔利以总统私人代表身份来华，后任命其为驻华大使。11 月，赫尔利到延安，与中共领导人共同拟定《延安协定草案——中国国民政府、中国国民党与中国共产党协定》。

1945 年

4 月 23 日—6 月 11 日 中国共产党第七次全国代表大会在延安举行。

4 月 25 日—6 月 26 日 联合国制宪会议在美国旧金山举行，通过联合国宪章。包括中共代表董必武在内的中国代表团参加会议，并在宪章上签字。

8 月 9 日 毛泽东发表《对日寇的最后一战》声明。

9 月 2 日 日本投降签字仪式在停泊于东京湾的密苏里号巡洋舰举行，中国人民抗日战争和世界反法西斯战争胜利结束。9 月 9 日，中国战区日军投降签字仪式在南京举行。10 月 25 日，台湾地区日军投降仪式在台北举行，台湾结束日本50年的殖民统治，回到祖国怀抱。中国人民抗日战争是近代以来中国反抗外敌入侵第一次取得完全胜利的民族解放战争。中国人民抗日战争的胜利，成为中华民族走向复兴的历史转折点。

1946年

6月26日 国民党撕毁停战协定和政协协议，以约30万人军队大举围攻中原解放区，新的全面内战爆发。全国解放战争正式开始。

8月上旬 毛泽东同美国记者安娜·路易斯·斯特朗谈话时提出“一切反动派都是纸老虎”的论断，阐明从战略上蔑视敌人、从战术上重视敌人的思想。

1949年

1月31日—2月7日 毛泽东、刘少奇、朱德、周恩来、任弼时等与抵达西柏坡的联共（布）代表、联共（布）中央政治局委员米高扬举行多次会谈，阐明中国革命发展形势、新中国的政权性质及内政外交政策，争取苏联对中国革命的理解和支持。毛泽东在会见米高扬时提出“打扫干净屋子再请客”和“另起炉灶”的方针，后又提出“一边倒”原则，由此奠定新中国外交政策基础。

6月30日 毛泽东发表《论人民民主专政》，系统阐述人民民主专政理论，提出新中国内政外交的基本政策。

6月—8月 刘少奇率中共代表团秘密访问苏联，会见联共（布）领导人斯大林、莫洛托夫、马林科夫、米高扬等，向联共（布）中央通报中国革命战争即将取得胜利并将召开新的政治协商会议，成立联合政府。双方就将来的外交关系、苏联对中国经济和国防建设的援助等问题交换意见，初步达成部分协议。

9月21日—30日 中国人民政治协商会议第一届全体会议在北平举行。

中国人民政治协商会议的召开，标志着中国新民主主义革命取得全国性胜利。

10 月 1 日　中华人民共和国中央人民政府成立。中华人民共和国的成立，标志着中国人民从此站起来了，中华民族进入发展进步的历史新纪元，中国共产党成为领导人民掌握全国政权的执政党。

10 月 2 日　苏联政府决定同新中国建立外交关系。3 日，周恩来复电表示热忱欢迎。中苏正式建交并互派大使。至 1951 年底，新中国先后与保加利亚、罗马尼亚、匈牙利、朝鲜、捷克斯洛伐克、波兰、蒙古、民主德国、阿尔巴尼亚、越南、印度、印度尼西亚、瑞典、丹麦、缅甸、瑞士、列支敦士登、芬兰、巴基斯坦等 20 个国家建立外交关系。

12 月 16 日　毛泽东抵达莫斯科对苏联进行为期两个月的访问。翌年 2 月 14 日，中苏两国政府全权代办周恩来、维辛斯基签署《中苏友好同盟互助条约》和《关于中国长春铁路、旅顺口及大连的协定》《关于贷款给中华人民共和国的协定》。

1950 年

1 月 6 日　北京市军事管制委员会颁布布告，宣布收回在京的外国兵营地产，征用兵营及其他建筑。天津、上海等地也先后收回、征用外国兵营地产。帝国主义国家在中国大陆的驻军权被彻底取消。

6 月 25 日　朝鲜内战爆发。美国随即进行武装干涉，并派遣海军第七舰队侵入中国台湾海峡。28 日，中国政府发表声明，对美国侵略行径进行严厉谴责和抗议。

10 月上旬　应朝鲜党和政府的请求，中共中央作出抗美援朝、保家卫国的战略决策。10 月 8 日，毛泽东发布命令，组成中国人民志愿军，任命彭德怀为司令员兼政治委员。10 月 19 日，中国人民志愿军入朝作战。全国掀起大规模的抗美援朝运动。1953 年 7 月 27 日，朝鲜停战协定在板门店签订。至 1958 年

10 月，中国人民志愿军分三批全部撤出朝鲜回国。

1951 年

3 月 20 日 中共中央发出通知，下发《关于加强理论教育的决定（草案）》，要求全体党员系统学习马克思列宁主义、毛泽东思想。

10 月 12 日 《毛泽东选集》第一卷出版。第二、三、四卷分别于 1952 年 4 月、1953 年 4 月、1960 年 9 月出版。

1953 年

5 月 15 日 中苏两国政府签订《关于苏维埃社会主义共和国联盟政府援助中华人民共和国中央人民政府发展中国国民经济的协定》。

1954 年

4 月 26 日—7 月 21 日 周恩来率中国代表团参加讨论和平解决朝鲜问题和恢复印度支那和平问题的日内瓦会议。这是新中国首次以五大国之一的身份参加国际会议。

6 月 28 日、29 日 周恩来在访问印度、缅甸期间分别与印度总理尼赫鲁和缅甸总理吴努发表《联合声明》，共同倡导和平共处五项原则。此前，周恩来 1953 年 12 月 31 日接见参加中印有关问题谈判的印度代表团时首次提出和平共处五项原则，并于 1954 年 4 月 29 日写进有关协定中。

9 月 15 日—28 日 第一届全国人民代表大会第一次会议举行。通过第一部《中华人民共和国宪法》，选举毛泽东为中华人民共和国主席，朱德为副主席，刘少奇为全国人民代表大会常务委员会委员长，宋庆龄等为副委员长，决定周恩来为国务院总理。人民代表大会制度作为中国的根本政治制度正式建立。

1955 年

4 月 18 日—24 日 周恩来率中国代表团出席在印度尼西亚万隆举行的有 29 个国家参加的亚非会议。这是第一次由亚非国家发起和参加的大型国际会议。中国代表团本着“求同存异”的方针，同其他与会国家一起，为会议的成功作出贡献，共同倡导形成“万隆精神”。通过这次会议，中国打开与亚非国家普遍交往的大门。

5 月 13 日 周恩来在一届全国人大常委会第十五次扩大会议上作《关于亚非会议的报告》，提出争取用和平方式解放台湾的思想。

1956 年

3 月 6 日—15 日 中央军委举行扩大会议，确立积极防御的战略方针。

12 月 《马克思恩格斯全集》中译本开始分卷出版。全集共 50 卷，至 1985 年出齐。

1960 年

1 月 28 日 中缅两国总理签订《中华人民共和国和缅甸联邦政府关于两国边界问题的协定》和《中华人民共和国和缅甸联邦之间的友好和互不侵犯条约》。这是新中国与亚洲邻国签订的第一个边界条约。此后，中国陆续与尼泊尔、蒙古、巴基斯坦和阿富汗等国签订了边界协定或条约。

6 月 24 日—26 日 彭真率中共代表团参加在布加勒斯特举行的社会主义国家共产党和工人党代表会议。中共代表团与带头对中国共产党进行围攻的苏共代表团展开针锋相对的斗争。

7 月 16 日 苏联政府照会中国外交部，单方面决定召回在华工作的苏联专家。随后又废除 200 多个科技合作项目的协定。8 月底，苏联专家基本撤完。

11 月 10 日—12 月 1 日 刘少奇为团长、邓小平为副团长的中共代表团参加在莫斯科举行的八十一国共产党、工人党代表会议。苏共代表团与中共代表团进行激烈争论。会议通过《各国共产党和工人党代表会议声明》(即“莫斯科声明”)。

1963 年

4 月 6 日 中国向阿尔及利亚派出第一支援外医疗队。此后，中国向亚、非、拉、欧和大洋洲近 70 个国家和地区派遣数百支医疗队、组，累计诊治患者 2.6 亿多人次。

6 月 14 日 中共中央发表《关于国际共产主义运动总路线的建议》，阐述中共在国际共产主义运动一系列重大问题上的原则立场。9 月 6 日至翌年 7 月 14 日，又连续发表总称为《关于国际共产主义运动总路线的论战》的九篇文章(通称“九评”)。中苏两党之间的论战达到高潮。

1964 年

1 月 27 日 中法两国政府发表建立外交关系的联合公报。法国成为第一个与中国建立正式外交关系的西方大国。

10 月 16 日 中国第一颗原子弹爆炸成功。中国政府发表声明：在任何时候、任何情况下，都不会首先使用核武器。中国掌握核武器，完全是为了防御。

11 月 5 日—14 日 周恩来率中国党政代表团赴苏联参加十月革命 47 周年庆祝活动并举行中苏两党会谈。由于双方分歧很大，中苏关系未能改善。

1967 年

9 月 5 日 中国政府和坦桑尼亚、赞比亚两国政府在北京签订关于修建坦桑尼亚—赞比亚铁路的协定。中国先后派出工程技术人员 5 万多人参与援建。1976 年 7 月，坦赞铁路建成通车，全长 1860 公里。

1971 年

4 月 7 日　根据毛泽东的决定，中国有关方面正式邀请在日本名古屋参加第三十一届乒乓球锦标赛的美国乒乓球队访华。14 日，周恩来在北京接见美国乒乓球队全体成员。“乒乓外交”打开中美两国人民友好往来的大门。

7 月 9 日—11 日　美国总统尼克松的国家安全事务助理基辛格秘密访问中国。周恩来同基辛格在北京举行会谈。16 日，中美双方发表公告宣布，尼克松总统应邀将于 1972 年 5 月以前的适当时间访问中国。

10 月 25 日　第二十六届联合国大会以压倒多数的票数通过 2758 号决议，恢复中华人民共和国在联合国的一切合法权利，并立即把蒋介石集团的代表从联合国及其所属一切机构中驱逐出去。11 月 15 日，中华人民共和国代表团首次出席联合国大会。

1972 年

2 月 21 日—28 日　美国总统尼克松访问中国。毛泽东会见尼克松，周恩来同尼克松举行会谈。28 日，中美双方在上海发表《联合公报》，标志着两国关系正常化进程的开始。

9 月 25 日—30 日　日本国内阁总理大臣田中角荣应邀访问中国。29 日，中日两国政府发表《联合声明》，宣布即日起建立外交关系。

1974 年

2 月 22 日　毛泽东在会见来访的赞比亚总统卡翁达时，提出“三个世界”划分的思想。

4 月 6 日—19 日　邓小平率中国代表团出席联合国大会第六届特别会议。10 日，邓小平在联大会议上发言，全面阐述中国的对外政策。

1975 年

11 月 26 日 中国成功发射一颗返回式遥感人造地球卫星，并按计划顺利回收，成为继美、苏之后第三个掌握卫星回收技术的国家。

1976 年

1 月 8 日 周恩来逝世。11 日下午，首都百万群众在十里长街送别周恩来。15 日，周恩来追悼大会在人民大会堂隆重举行。

4 月 7 日 中共中央政治局根据毛泽东提议，任命华国锋为中共中央第一副主席、国务院总理。

7 月 6 日 朱德逝世。11 日，朱德追悼大会在人民大会堂隆重举行。

9 月 9 日 毛泽东逝世。18 日，首都百万群众在天安门广场隆重举行追悼大会。

1977 年

8 月 30 日—9 月 8 日 南斯拉夫总统、南共联盟主席铁托访问中国，中南两党恢复正常关系。

1978 年

8 月 12 日 《中日和平友好条约》在北京签订，自 10 月 23 日起生效。

11 月 10 日—12 月 15 日 中共中央工作会议召开，讨论从 1979 年起把全党工作着重点转移到社会主义现代化建设上来等问题。12 月 13 日，邓小平作《解放思想，实事求是，团结一致向前看》的讲话，实际上成为随后召开的十一届三中全会的主题报告，是开辟新时期新道路的宣言书。

12 月 16 日 中美发表建交联合公报，决定自 1979 年 1 月 1 日起两国建立外交关系。同日，美国宣布断绝同台湾的外交关系。

12 月 18 日—22 日 中国共产党第十一届中央委员会第三次会议在北京举行，会议从根本上冲破了长期“左”倾错误的严重束缚，作出把党和国家的工作重心转移到社会主义现代化建设上来和实行改革开放的战略决策，实现了建国以来党的历史上具有深远意义的伟大转折，开启了我国改革开放和社会主义现代化建设历史新时期。

1979 年

1 月 29 日—2 月 5 日 邓小平应美国总统卡特的邀请访问美国。这是中华人民共和国成立后中国领导人首次对美国的访问。

2 月 6 日—2 月 8 日 邓小平对日本进行访问。

2 月 8 日 中国和葡萄牙建立外交关系。

2 月 14 日 中共中央发出《关于对越进行自卫反击、保卫边疆战斗的通知》。从 2 月 17 日起，中国边防部队开始对越进行自卫反击。3 月 5 日，中国政府宣布，边防部队完成预期目的，从即日起撤回中国境内。3 月 16 日，边防部队全部撤回。

4 月 1 日—3 日 五届全国人大常委会举行第七次会议，一致通过关于不延长中苏友好同盟互助条约的决议。

10 月 15 日—11 月 6 日 国务院总理华国锋访问法国、联邦德国、英国、意大利。这是中华人民共和国成立 30 年来，中国政府首脑对西欧国家进行的第一次国事访问。

1980 年

1 月 16 日 邓小平在中共中央召集的干部会议上作《目前的形势和任务》的讲话明确提出 80 年代的三大任务：一是在国际事务中反对霸权主义，维护世界和平；二是台湾回归祖国，实现祖国统一；三是加紧四个现代化建设。

1 月 30 日 中国外交部发表题为《中国对西沙群岛和南沙群岛的主权无可争辩》的文件，证明中国对西沙和南沙享有无可争辩的主权。

2 月 7 日 中国和哥伦比亚建立外交关系。

4 月 15 日—23 日 邓小平、胡耀邦会见意大利共产党总书记恩里科·贝林格率领的意共中央代表团，首次提出党际交往的基本原则。1982 年中共十二大提出处理党际关系的独立自主、完全平等、互相尊重和互不干涉内部事务四项原则。在此之前，中共中央办公厅于 3 月 22 日转发《关于中国共产党与意大利共产党恢复关系的通报》。

4 月 17 日 国际货币基金组织正式恢复中国在该组织的代表权。

4 月 18 日 中国和津巴布韦建立外交关系。

6 月 3 日 中国加入世界知识产权组织。

6 月 25 日 中国和基里巴斯共和国建立外交关系。

7 月 21 日 中国外交部发言人就苏联和越南签订所谓的"越南南方大陆架"合作勘探、开采石油和天然气协定一事发表声明：重申西沙群岛、南沙群岛和东沙群岛、中沙群岛一样，历来就是中国领土的一部分，中华人民共和国对这些岛屿及其附近海域享有无可争辩的主权。

11 月 8 日 中共中央发出《关于认真做好对外援助工作的几点意见》。

12 月 1 日—16 日 以中央总书记班比斯·德拉科普洛斯维团长的希腊共产党（国内派）代表团访问中国。中共与希共正式建立两党关系。

1981 年

1 月 30 日—2 月 2 日 赵紫阳访问缅甸、泰国。

6 月 1 日—8 日 赵紫阳访问巴基斯坦、尼泊尔、孟加拉国。

8 月 6 日—13 日 赵紫阳访问菲律宾、马来西亚、新加坡。

10 月 22 日 赵紫阳在墨西哥坎昆举行的关于合作与发展的国际会议上发

言指出，当今世界存在紧密相关的两大问题，一个是维护和平，一个是促进发展。

1982 年

1 月 11 日 邓小平会见美国华人协会主席李耀滋，首次提出“一个国家两种制度”的概念。邓小平 6 月 26 日会见美国新泽西州西东大学教授杨力宇时，提出实现大陆和台湾和平统一的六条方针。

3 月 26 日 中国和瓦努阿图共和国建立外交关系。

8 月 17 日 中美两国政府就分步骤直到最终彻底解决美国向台湾出售武器问题发表《中华人民共和国和美利坚合众国联合公报》(通称“八一七公报”)。这是中美两国政府继 1972 年上海公报和 1979 年建交公报之后发表的第三个关于中美关系的重要公报。

9 月 1 日—11 日 中国共产党第十二次全国代表大会举行。邓小平在致开幕词时提出，把马克思主义的普遍真理同中国的具体实际结合起来，走自己的道路，建设有中国特色的社会主义。

9 月 22 日—26 日 英国首相玛·希·撒切尔夫人访问中国。24 日，邓小平会见撒切尔夫人一行，阐述了中国解决香港问题的基本立场。双方同意在这次访问后就香港问题通过外交途径进行商谈。

10 月 14 日—26 日 由乔治·马歇总书记率领的法国共产党中央代表团访问中国。访问期间，胡耀邦总书记同乔治·马歇总书记一致同意正式恢复自 1965 年中断的两党关系。

12 月 20 日—1983 年 1 月 17 日 国务院总理赵紫阳访问埃及、阿尔及利亚、摩洛哥、几内亚、加蓬、扎伊尔、刚果、赞比亚、津巴布韦、坦桑尼亚、肯尼亚。赵紫阳在达累斯萨拉姆举行的记者招待会上宣布中国同非洲国家开展经济技术合作的四项原则。

1983 年

1 月 1 日 中国同安提瓜和巴布达建立外交关系。

1 月 8 日 中国共产党和墨西哥统一社会党决定正式建立友好关系。由总书记戈麦斯率领的墨西哥统一社会党代表团 1 月 7 日至 15 日访问中国。

3 月 1 日 中国外交部发表声明，就解决柬埔寨问题提出五点建议。

3 月 2 日 中国同象牙海岸（后改名为科特迪瓦共和国）建立外交关系。

3 月 18 日 中国共产党和日本社会党正式建立关系。

4 月 13 日—23 日 赵紫阳总理访问新西兰和澳大利亚。

4 月 26 日 胡耀邦总书记同由南布迪里巴德总书记率领的印度共产党（马克思主义）中央代表团举行会谈，双方一致同意恢复和发展自 1967 年中断的两党关系。

4 月 30 日 中国同莱索托建立外交关系。

9 月 7 日—15 日 彭真率领中国党政代表团访问朝鲜。

9 月 18 日 中国被接纳为世界能源会议国家执行理事会会员国。

9 月 28 日 邓小平会见美国国防部长温伯格时指出，中美之间有共同点，但也确实有必要解决分歧。三年来，中美之间的关系有一个曲折的过程，但核心问题还是台湾问题。

10 月 5 日 第五届世界旅游组织新德里大会接纳中国加入该组织。

10 月 11 日 国际原子能机构第二十七届大会一致通过决议，接受中国为该机构成员国。1984 年 1 月 1 日起，中国正式取得在该机构的成员国资格。

1984 年

9 月 26 日 中英两国政府在北京草签《中华人民共和国政府和大不列颠及北爱尔兰联合王国政府关于香港问题的联合声明》，确认中国政府于 1997 年

7 月 1 日对香港恢复行使主权。12 月 19 日，联合声明正式签署。

1985 年

3 月 4 日 邓小平在会见外宾时提出和平与发展是当代世界的两大问题。

5 月 23 日—6 月 6 日 邓小平在中央军委扩大会议上提出对国际形势的新判断和中国对外政策的两个重要转变。

1987 年

3 月 26 日 中葡两国政府草签关于澳门问题的联合声明。声明确认，中华人民共和国政府将于 1999 年 12 月 20 日对澳门恢复行使主权。4 月 13 日，两国政府总理在北京正式签署这一联合声明。

10 月 25 日—11 月 1 日 中国共产党第十三次全国代表大会举行。大会报告阐述了社会主义初级阶段理论，提出了党在社会主义初级阶段的"一个中心、两个基本点"的基本路线，制定了到 21 世纪中叶分三步走、实现现代化的发展战略。

1988 年

9 月 5 日 邓小平在会见外宾时提出"科学技术是第一生产力"的重要论断。

1989 年

5 月 16 日 邓小平会见来访的苏联最高苏维埃主席团主席、苏共中央总书记戈尔巴乔夫，宣布中苏关系实现正常化。

9 月 4 日 邓小平针对国际局势的剧变提出冷静观察、稳住阵脚、沉着应付的对外工作指导方针。后来，江泽民将邓小平提出的战略方针概括为："冷静观察，稳住阵脚，沉着应付，韬光养晦，善于守拙，决不当头，有所作为。”

1990 年

9 月 22 日—10 月 7 日　第十一届亚洲运动会在北京举行。这是中国第一次承办的综合性国际体育大赛。

1992 年

10 月 12 日—18 日　中国共产党第十四次全国代表大会在北京举行。

1993 年

1 月 13 日—19 日　中央军委扩大会议制定新时期积极防御的军事战略方针，要求把军事斗争准备的基点放在打赢现代技术特别是高科技条件下的局部战争上。

4 月 27 日—29 日　海峡两岸关系协会会长汪道涵和台湾海峡交流基金会董事长辜振甫在新加坡举行会谈并签订《汪辜会谈共同协议》等四项协议。

12 月 26 日　毛泽东诞辰 100 周年纪念大会举行。江泽民在会上发表重要讲话，高度评价毛泽东思想的重要地位和指导意义。

1995 年

1 月 30 日　江泽民在中共中央台湾工作办公室等单位举办的新春茶话会上，就现阶段发展两岸关系、推进祖国和平统一进程提出八项主张。

9 月 4 日—15 日　联合国第四次世界妇女大会在北京举行。会议通过《北京宣言》和《行动纲领》。

1996 年

4 月 25 日　江泽民与俄罗斯总统叶利钦在北京签署中俄联合声明，宣布两国发展平等信任的、面向 21 世纪的战略协作伙伴关系。

1997 年

2 月 19 日 邓小平逝世。中共中央、全国人大常委会、国务院、全国政协、中央军委在北京人民大会堂隆重举行追悼大会。

6 月 30 日午夜至 7 月 1 日凌晨 中英两国政府香港政权交接仪式在香港举行，宣告中国政府对香港恢复行使主权，中华人民共和国香港特别行政区成立。

9 月 12 日—18 日 中国共产党第十五次全国代表大会举行。大会报告着重阐述了邓小平理论的历史地位和指导意义；提出党在社会主义初级阶段的基本纲领。大会通过关于《中国共产党章程修正案》的决议，把邓小平理论确立为党的指导思想并载入党章。

10 月 26 日—11 月 3 日 江泽民对美国进行国事访问。

12 月 16 日 江泽民与东盟国家首脑在马来西亚首都吉隆坡签署联合声明，确定中国与东盟建立面向 21 世纪的睦邻互信伙伴关系。

1998 年

4 月 2 日 中欧领导人举行首次会晤并签署联合声明，决定建立面向 21 世纪的长期稳定的建设性伙伴关系。2003 年第六次中欧领导人会晤期间，双方决定建立中欧全面战略伙伴关系。

10 月 5 日 中国签署《公民权利和政治权利国际公约》。

11 月 25 日—30 日 江泽民对日本进行国事访问。两国发表联合宣言，宣布建立致力于和平与发展的友好合作伙伴关系。

1999 年

12 月 19 日午夜至 20 日凌晨 中葡两国政府举行澳门政权交接仪式，宣告中国政府对澳门恢复行使主权，中华人民共和国澳门特别行政区成立。

2001 年

2 月 26 日—27 日 博鳌亚洲论坛筹委会暨成立大会在海南博鳌举行。翌年 4 月 12 日至 13 日，博鳌亚洲论坛首届年会举行。

6 月 15 日 上海合作组织成员国元首会议在上海举行。中国、俄罗斯、哈萨克斯坦、吉尔吉斯斯坦、塔吉克斯坦、乌兹别克斯坦六国元首共同签署《上海合作组织成立宣言》，宣告上海合作组织诞生。

11 月 10 日 在卡塔尔首都多哈举行的世界贸易组织第四届部长级会议通过中国加入世界贸易组织的决定。12 月 11 日，中国正式成为世贸组织成员，标志着中国对外开放进入新的阶段。

2002 年

11 月 8 日—14 日 中国共产党第十六次全国代表大会举行。

2004 年

8 月 22 日 邓小平诞辰 100 周年纪念大会举行。胡锦涛在会上发表重要讲话，全面阐述邓小平理论和“三个代表”重要思想的指导意义。

2005 年

4 月 22 日 胡锦涛在雅加达亚非峰会上提出，推动不同文明友好相处、平等对话、发展繁荣、共同构建一个和谐世界。9 月 15 日，胡锦涛在联合国成立 60 周年首脑会议上提出与国际社会共同建设持久和平、共同繁荣的和谐世界。

4 月 29 日 胡锦涛在北京与中国国民党主席连战举行正式会谈。会后双方共同发布“两岸和平发展共同愿景”。5 月 12 日，胡锦涛与亲民党主席宋楚瑜举行正式会谈。7 月 12 日，胡锦涛会见新党主席郁慕明率领的访问团。

8 月 1 日　中美首次战略对话在北京举行。至 2008 年 12 月，中美共举行六次战略对话。2006 年 12 月至 2008 年 12 月，中美还举行五次战略经济对话。

9 月 3 日　纪念中国人民抗日战争暨世界反法西斯战争胜利 60 周年大会举行。

2006 年

8 月 21 日—23 日　中央外事工作会议召开。胡锦涛发表讲话，提出在中国与世界关系发生历史性变化的新形势下，要统筹国内国际两个大局，加强和改进对外工作，并强调高举和平、发展、合作旗帜，坚持独立自主的和平外交政策，坚持走和平发展道路，坚持互利共赢的开放战略，坚持推动建设和谐世界。

11 月 4 日—5 日　中非合作论坛北京峰会举行。会议通过《中非合作论坛北京峰会宣言》和《中非合作论坛——北京行动计划（2007 年至 2009 年）》。

12 月 14 日—15 日　首次中美战略经济对话在北京举行。

2007 年

10 月 15 日—21 日　中国共产党第十七次全国代表大会举行。大会报告强调坚定不移地高举中国特色社会主义伟大旗帜，坚持中国特色社会主义道路和中国特色社会主义理论体系；全面阐述科学发展观的科学内涵、精神实质和根本要求；提出实现全面建设小康社会奋斗目标的新要求。

11 月 18 日—21 日　温家宝对新加坡进行正式访问，并出席在新加坡举行的第十一次东盟与中日韩（10+3）领导人会议、第十一次中国与东盟（10+1）领导人会议、第三届东亚峰会及第八次中日韩领导人会晤。

2008 年

4 月 24 日—26 日 欧盟委员会主席巴罗佐对中国进行正式访问。25 日，首次中欧经贸高层对话在北京举行。

5 月 6 日—10 日 胡锦涛对日本进行国事访问。双方发表《中日关于全面推进战略互惠关系的联合声明》。

5 月 23 日—24 日 俄罗斯总统梅德韦杰夫对中国进行国事访问。胡锦涛同梅德韦杰夫举行会谈并签署《中俄关于重大国际问题的联合声明》。

6 月 19 日—20 日 第五届亚欧议会伙伴会议在北京举行。

7 月 7 日—9 日 胡锦涛出席在日本北海道举行的八国集团同发展中国家领导人对话会议，以及中国、印度、巴西、南非、墨西哥发展中五国领导人集体会晤，经济大国能源安全和气候变化领导人会议。

7 月 21 日 中国和俄罗斯两国政府签署《关于中俄国界线东段的补充叙述议定书》及其附件。至此，中俄长达 4300 多公里的边界全线勘定。

8 月 8 日—9 月 17 日 第二十九届奥运会、第十三届残奥会在北京举办。

10 月 24 日—25 日 第七届亚欧首脑会议在北京举行。

11 月 5 日 中国政府首次正式发表《中国对拉丁美洲和加勒比政策文件》。

11 月 15 日 胡锦涛出席在美国首都华盛顿举行的二十国集团领导人金融市场和世界经济峰会并发表重要讲话。

12 月 13 日 温家宝出席在日本福冈举行的首次 10+3 框架外中日韩领导人会议。三国领导人签署联合声明，决定建立面向未来、全方位合作的伙伴关系。

2009 年

1 月 27 日—2 月 2 日 温家宝对瑞士、德国、西班牙、英国和欧盟总部进行访问。1 月 28 日，在瑞士达沃斯出席世界经济论坛 2009 年年会。

4 月 1 日—2 日 胡锦涛出席在英国伦敦举行的二十国集团领导人第二次金融峰会。

5 月 26 日 胡锦涛同中国国民党主席吴伯雄会谈，提出在新的起点上进一步推动两岸关系向前发展的六点意见。

6 月 14 日—20 日 胡锦涛出席在俄罗斯叶卡捷琳堡举行的上海合作组织成员国元首理事会第九次会议和金砖四国领导人首次正式会晤，并对俄罗斯、斯洛伐克、克罗地亚进行国事访问。

7 月 17 日—20 日 第十一次驻外使节会议召开。胡锦涛、温家宝讲话。胡锦涛指出，要高举和平、发展、合作旗帜，坚持统筹国内国际两个大局，不断提高外交工作能力和水平，努力使我国在政治上更具影响力、经济上更具竞争力、形象上更具亲和力、道义上更具感召力，为全面建设小康社会、加快推进社会主义现代化营造良好国际环境和外部条件。

7 月 27 日—28 日 首轮中美战略与经济对话在美国华盛顿举行。

9 月 21 日—25 日 胡锦涛出席在美国纽约举行的联合国气候变化峰会、第六十四届联合国大会一般性辩论、安理会核不扩散与核裁军峰会和在美国匹兹堡举行的二十国集团领导人第三次金融峰会。

11 月 6 日—8 日 温家宝对埃及进行正式访问，并出席在埃及沙姆沙伊赫举行的中非合作论坛第四届部长级会议开幕式，发表《全面推进中非新型战略伙伴关系》的讲话，宣布对非合作八项新举措。

11 月 10 日—15 日 胡锦涛对马来西亚、新加坡进行国事访问，并出席在新加坡举行的亚太经济合作组织第十七次领导人非正式会议。

11 月 15 日—18 日 美国总统奥巴马对中国进行国事访问。胡锦涛同奥巴马举行会谈，双方发表《中美联合声明》，重申致力于建设 21 世纪积极合作全面的中美关系，并将采取切实行动稳步建立应对共同挑战的伙伴关系。

2010 年

1 月 1 日 中国—东盟自由贸易区正式全面启动。

3 月 20 日—30 日 习近平对俄罗斯、白俄罗斯、芬兰、瑞典进行正式访问。23 日，出席在莫斯科举行的中俄执政党对话机制第二次会议开幕式并发表讲话。

3 月 31 日—4 月 1 日 首届中美政党高层对话在北京举行，中国共产党与美国民主、共和两党机制化交往正式启动。

4 月 12 日—15 日 胡锦涛出席在美国华盛顿举行的核安全峰会以及在巴西巴西利亚举行的金砖四国领导人第二次会晤，并对巴西进行访问。

5 月 1 日—10 月 31 日 中国 2010 年上海世界博览会举行。这是中国首次举办的综合性世界博览会，也是第一次在发展中国家举行的注册类世界博览会。

5 月 13 日—14 日 中国—阿拉伯国家合作论坛第四届部长级会议在天津举行，发表《天津宣言》，宣示在论坛框架内建立全面合作、共同发展的中阿战略合作关系。

5 月 24 日—25 日 首届中欧政党高层论坛在北京举行。

6 月 9 日—12 日 胡锦涛出席在乌兹别克斯坦塔什干举行的上海合作组织成员国元首理事会第十次会议，并对乌兹别克斯坦、哈萨克斯坦进行国事访问。

6 月 23 日—27 日 胡锦涛对加拿大进行国事访问，并出席在加拿大多伦多举行的二十国集团领导人第四次峰会。

7 月 7 日—20 日 吴邦国对法国、塞尔维亚、瑞士进行正式友好访问，并出席在日内瓦举行的第三次世界议长大会。

7 月 15 日—18 日 德国总理默克尔对中国进行正式访问。双方就全面推进中德战略伙伴关系达成重要共识。

8 月 13 日—14 日 全国援外工作会议召开。

9 月 21 日—23 日 温家宝出席在纽约联合国总部举行的联合国千年发展

目标高级别会议和第六十五届联合国大会一般性辩论。

11 月 4 日—7 日 胡锦涛对法国、葡萄牙进行国事访问。中法两国决定建设互信互利、成熟稳定、面向全球的新型全面战略伙伴关系；中葡两国一致同意共同努力推动全面战略伙伴关系全面深入发展。

11 月 11 日—14 日 胡锦涛出席在韩国首尔举行的二十国集团领导人第五次峰会和在日本横滨举行的亚太经济合作组织第十八次领导人非正式会议。

11 月 12 日—27 日、12 月 12 日—19 日 第十六届亚运会、首届亚残会在广州举办。

11 月 13 日—14 日 中国—葡语国家经贸合作论坛第三届部长级会议在澳门举行。

本年度 中国成为世界第二大经济体。

2011 年

1 月 18 日—21 日 胡锦涛对美国进行国事访问。两国发表联合声明，确认双方将共同努力建设相互尊重、互利共赢的中美合作伙伴关系。

4 月 14 日 金砖国家领导人第三次会晤在海南三亚举行。此前，中国、巴西、俄罗斯、印度金砖四国领导人分别于 2009 年 6 月、2010 年 4 月在俄罗斯和巴西举行两次会晤。2010 年 12 月，金砖四国吸收南非作为正式成员加入金砖国家合作机制，金砖四国由此更名为“金砖国家”。

6 月 12 日—20 日 胡锦涛对哈萨克斯坦、俄罗斯、乌克兰进行国事访问，并出席在哈萨克斯坦阿斯塔纳举行的上海合作组织成员国元首理事会第十一次会议、在俄罗斯圣彼得堡举行的第十五届圣彼得堡国际经济论坛。成员国元首签署《上海合作组织十周年阿斯塔纳宣言》。中俄决定致力于发展平等信任、相互支持、共同繁荣、世代友好的全面战略协作伙伴关系。

10 月 10 日—14 日 胡锦涛出席在美国夏威夷举行的亚太经济合作组织第

十九次领导人非正式会议并发表讲话。

2012 年

3 月 25 日—4 月 2 日　胡锦涛出席在韩国首尔举行的核安全峰会、在印度新德里举行的金砖国家领导人第四次会晤，并对柬埔寨进行国事访问。

6 月 6 日—7 日　上海合作组织成员国元首理事会第十二次会议在北京举行。成员国元首签署《关于构建持久和平、共同繁荣地区的宣言》等文件。

6 月 20 日—26 日　温家宝出席在巴西里约热内卢举行的联合国可持续发展大会，并对巴西、乌拉圭、阿根廷、智利进行正式访问。

7 月 19 日—20 日　中非合作论坛第五届部长级会议在北京举行。

9 月 6 日—9 日　胡锦涛出席在俄罗斯符拉迪沃斯托克举行的亚太经济合作组织第二次领导人非正式会议。

9 月 10 日　中国政府发表《关于钓鱼岛及其附属岛屿领海基线的声明》。

9 月 19 日—20 日　温家宝出席在比利时布鲁塞尔举行的第十五次中欧领导人会晤，并对比利时进行正式访问。

11 月 8 日—14 日　中国共产党第十八次全国代表大会举行。

2013 年

3 月 22 日—30 日　习近平对俄罗斯、坦桑尼亚、南非、刚果共和国进行国事访问，并出席在南非德班举行的金砖国家领导人第五次会晤。23 日，在俄罗斯莫斯科国际关系学院发表演讲，提出人类命运共同体理念，呼吁建立以合作共赢为核心的新型国际关系。25 日，在坦桑尼亚尼雷尔国际会议中心发表演讲，阐述真实亲诚的对非政策理念。27 日，在金砖国家领导人德班会晤上发表讲话，提出建立贸易投资大市场、货币金融大流通、基础设施大联通、人文大交流的四大目标。

4 月 6 日—8 日　博鳌亚洲论坛 2013 年年会在海南博鳌举行。习近平出席开幕式并发表《共同创造亚洲和世界的美好未来》的主旨演讲。

4 月 15 日 中国与冰岛签署自贸协定。此后，中国相继与瑞士、韩国、澳大利亚、格鲁吉亚签署自贸协定。

4 月 25 日 法国总统奥朗德对中国进行国事访问。习近平同奥朗德会谈，双方决定进一步深化中法新型全面战略伙伴关系。

5 月 19 日—27 日 李克强对印度、巴基斯坦、瑞士、德国进行正式访问。

5 月 31 日—6 月 8 日 习近平对特立尼达和多巴哥、哥斯达黎加、墨西哥进行国事访问，在特多同加勒比 9 个建交国领导人举行会晤并在美国举行中美元首会晤。6 月 7 日至 8 日，在美国加利福尼亚州同美国总统奥巴马会晤，双方同意共同构建中美新型大国关系，相互尊重，合作共赢，造福两国人民和世界人民。

6 月 13 日 习近平会见中国国民党荣誉主席吴伯雄，提出坚持从中华民族整体利益的高度把握两岸关系大局、坚持在认清历史发展趋势中把握两岸关系前途等四点意见。

9 月 3 日—13 日 习近平对土库曼斯坦、哈萨克斯坦、乌兹别克斯坦、吉尔吉斯斯坦进行国事访问，并出席在俄罗斯圣彼得堡举行的二十国集团领导人第八次峰会、在吉尔吉斯斯坦比什凯克举行的上海合作组织成员国元首理事会第十三次会议。5 日，在二十国集团领导人峰会上发表《共同维护和发展开放型世界经济》的主旨讲话。7 日，在哈萨克斯坦纳扎尔巴耶夫大学发表演讲，提出共同建设“丝绸之路经济带”的倡议。

10 月 2 日—8 日 习近平对印度尼西亚、马来西亚进行国事访问，并出席在印度尼西亚巴厘岛举行的亚太经合组织第二十一次领导人非正式会议。2 日，在雅加达同印度尼西亚总统苏西洛会谈，倡议筹建亚洲基础设施投资银行。3 日，在印度尼西亚国会发表演讲，提出共同建设“21 世纪海上丝绸之路”的倡议。

10 月 24 日—25 日　中共中央首次召开周边外交工作座谈会。习近平强调，要坚持与邻为善、以邻为伴，突出体现亲、诚、惠、容的理念，为我国发展争取良好周边环境。

11 月 20 日—21 日　第十六次中国—欧盟领导人会晤在北京举行。

2014 年

2 月 7 日　习近平出席在俄罗斯索契举行的第二十二届冬奥会开幕式，这是中国国家主席首次出席在境外举行的大型国际体育赛事开幕式。

2 月 18 日　习近平会见中国国民党荣誉主席连战，希望两岸双方秉持“两岸一家亲”理念，共圆中华民族伟大复兴的中国梦。5 月 7 日，习近平会见亲民党主席宋楚瑜。

3 月 22 日—4 月 1 日　习近平出席在荷兰海牙举行的第三届核安全峰会，对荷兰、法国、德国、比利时进行国事访问，并访问联合国教科文组织总部、欧盟总部。24 日，在核安全峰会上首次提出理性、协调、并进的核安全观。31 日，在欧盟总部访问时提出共同打造中欧和平、增长、改革、文明四大伙伴关系。

5 月 4 日—11 日　李克强对埃塞俄比亚、尼日利亚、安哥拉、肯尼亚四国和非洲联盟总部进行正式访问，并出席在尼日利亚阿布贾举行的第二十四届世界经济论坛非洲峰会全会。

5 月 21 日　亚洲相互协作与信任措施会议第四次峰会在上海举行。

6 月 5 日　中国—阿拉伯国家合作论坛第六届部长级会议在北京举行。

6 月 28 日　和平共处五项原则发表 60 周年纪念大会在北京举行。习近平发表主旨讲话，强调要弘扬和平共处五项原则，建设合作共赢美好世界。

7 月 3 日—4 日　习近平对韩国进行国事访问。

7 月 9 日　第六轮中美战略与经济对话和第五轮中美人文交流高层磋商在

北京举行。习近平在开幕式上发表《努力构建中美新型大国关系》的致辞。

7月15日—23日 习近平出席在巴西福塔莱举行的金砖国家领导人第六次会晤，对巴西、阿根廷、委内瑞拉和古巴进行国事访问，并出席中国—拉美和加勒比国家领导人会晤。15日，在金砖国家领导人会晤时决定成立金砖国家新开发银行并将总部设在上海，建立金砖国家应急储备。17日，在中国—拉美和加勒比国家领导人会晤时决定成立中国—拉美和加勒比国家共同体论坛。

8月21日—22日 习近平对蒙古进行国事访问。21日，在乌兰巴托同蒙古总统额勒贝格道尔吉会谈，一致决定将中蒙关系提升为全面战略伙伴关系。

9月11日—19日 习近平出席在塔吉克斯坦杜尚别举行的上海合作组织成员国元首理事会第十四次会议，并对塔吉克斯坦、马尔代夫、斯里兰卡、印度进行国事访问。

9月24日 习近平出席纪念孔子诞辰2565周年国际学术研讨会暨国际儒学联合会第五届会员大会，强调从延续民族文化血脉中开拓前进，推进人类各种文明交流交融、互学互鉴。

9月28日 《习近平谈治国理政》以中、英、法、俄、阿、西、葡、德、日9个语种、10个版本向全球出版发行。

10月9日—18日 李克强在德国柏林主持第三轮中德政府磋商并对德国进行正式访问，对俄罗斯进行正式访问并举行中俄总理第十九次定期会晤，对意大利进行正式访问，访问联合国粮农组织总部并出席第十届亚欧首脑会议。

11月8日 加强互联互通伙伴关系对话会在北京举行。习近平主持并讲话，强调要深化亚洲国家互联互通伙伴关系，共建发展和命运共同体；宣布中国出资400亿美元成立丝路基金，为"一带一路"项目建设提供投融资支持。

11月10日—12日 美国总统奥巴马对中国进行国事访问。习近平同奥巴马会谈，强调把不冲突不对抗、相互尊重、合作共赢的原则落到实处，提出进一步推进新型大国关系建设。

11 月 11 日 亚太经合组织第二十二次领导人非正式会议在北京举行。习近平主持并讲话，倡导深入推进区域经济一体化，共建互信、包容、合作、共赢的亚太伙伴关系。

11 月 14 日—23 日 习近平出席在澳大利亚布里斯班举行的二十国集团领导人第九次峰会，对澳大利亚、新西兰、斐济进行国事访问并同建交太平洋岛国领导人举行集体会晤。

11 月 28 日—29 日 中央外事工作会议举行。

2015 年

1 月 8 日—9 日 中国—拉美和加勒比国家共同体论坛首届部长级会议在北京举行。

1 月 20 日—22 日 李克强出席在瑞士达沃斯举行的世界经济论坛 2015 年年会，并对瑞士进行工作访问。

3 月 26 日—29 日 博鳌亚洲论坛 2015 年年会在海南博鳌举行。习近平出席开幕式并发表《迈向命运共同体，开创亚洲新未来》的主旨演讲。

4 月 20 日—24 日 习近平对巴基斯坦进行国事访问并出席在印度尼西亚举行的亚非领导人会议和万隆会议 60 周年纪念活动。

5 月 4 日 习近平会见中国国民党主席朱立伦，就维护两岸关系和平发展进程、携手建设两岸命运共同体提出五点主张。

5 月 7 日—12 日 习近平出席俄罗斯纪念卫国战争胜利 70 周年庆典并访问俄罗斯、哈萨克斯坦、白俄罗斯。

6 月 28 日—7 月 2 日 李克强出席在比利时布鲁塞尔举行的第十七次中国—欧盟领导人会晤并顺访比利时，对法国进行正式访问并访问经济合作与发展组织总部。

7 月 8 日—10 日 习近平出席在俄罗斯乌法举行的金砖国家领导人第七次会晤和上海合作组织成员国元首理事会第十五次会议。

9 月 22 日—28 日 习近平对美国进行国事访问并出席联合国成立 70 周年系列峰会。25 日，同奥巴马举行会晤，强调要推动中美新型大国关系不断向前发展。26 日，出席联合国发展峰会，倡导公平、开放、全面、创新的发展理念。28 日，出席第七十届联合国大会一般性辩论，强调要继承和弘扬联合国宪章宗旨和原则，构建以合作共赢为核心的新型国际关系，打造人类命运共同体。

10 月 19 日—23 日 习近平对英国进行国事访问。21 日，同英国首相卡梅伦会谈，决定共同构建中英面向 21 世纪全球全面战略伙伴关系，开启持久、开放、共赢的中英关系“黄金时代”。

10 月 29 日—30 日 德国总理默克尔对中国进行正式访问。习近平会见默克尔，双方同意保持中德全方位战略伙伴关系健康、稳定、持续向前发展。

10 月 31 日—11 月 2 日 李克强访问韩国，并出席在首尔举行的第六次中日韩领导人会议。

11 月 5 日—7 日 习近平对越南、新加坡进行国事访问。

11 月 7 日 习近平同台湾方面领导人马英九在新加坡会面，就进一步推进两岸关系和平发展交换意见。这是 1949 年以来两岸领导人首次会面。

11 月 14 日—19 日 习近平出席在土耳其安塔利亚举行的二十国集团领导人第十次峰会和在菲律宾马尼拉举行的亚太经合组织第二十三次领导人非正式会议。

11 月 24 日—25 日 第四次中国—中东欧国家领导人会晤在江苏苏州举行。

11 月 29 日—12 月 5 日 习近平出席在法国巴黎举行的气候变化巴黎大会，对津巴布韦、南非进行国事访问并主持中非合作论坛约翰内斯堡峰会。

12 月 25 日 亚洲基础设施投资银行正式成立。

2016 年

1 月 13 日 中国政府发布首份《中国对阿拉伯国家政策文件》。

1 月 19 日—23 日 习近平对沙特、埃及、伊朗进行国事访问。21 日，在阿拉伯国家联盟总部发表《共同开创中阿关系的美好未来》的演讲。

3 月 17 日 中国与冈比亚恢复外交关系。12 月 26 日，中国与圣多美和普林西比恢复外交关系。2017 年 6 月 13 日，中国与巴拿马建立外交关系。

3 月 18 日—27 日 张德江出席在赞比亚卢萨卡举行的各国议会联盟第一百三十四届大会并对赞比亚、卢旺达、肯尼亚进行正式友好访问。这是中国全国人大常委会委员长首次出席议联会议。

3 月 23 日 澜沧江—湄公河合作首次领导人会议在海南三亚举行。

3 月 28 日—4 月 1 日 习近平对捷克进行国事访问，并出席在美国华盛顿举行的第四届核安全峰会。4 月 1 日，在核安全峰会上发表《加强国际核安全体系，推进全球核安全治理》的讲话。

4 月 22 日 张高丽作为习近平主席特使出席在纽约联合国总部举行的《巴黎协定》高级别签署仪式，代表中国签署《巴黎协定》。

6 月 17 日—24 日 习近平对塞尔维亚、波兰、乌兹别克斯坦进行国事访问，并出席在塔什干举行的上海合作组织成员国元首理事会第十六次会议。

6 月 25 日 俄罗斯总统普京对中国进行国事访问。习近平同普京会谈，两国元首强调要坚定不移致力于深化中俄全面战略协作伙伴关系。

7 月 22 日 李克强在北京同世界银行、国际货币基金组织、世界贸易组织、国际劳工组织、经济合作与发展组织、金融稳定理事会等主要国际经济金融机构负责人举行首次“1+6”圆桌对话会。

9 月 4 日—5 日 二十国集团领导人第十一次峰会在浙江杭州举行。习近平主持并致开幕辞、闭幕辞，强调二十国集团要与时俱进、知行合一、共建共享、同舟共济，推动世界经济强劲、可持续、平衡、包容增长。会议通过

《二十国集团领导人杭州峰会公报》。

9月6日—9日 李克强出席在老挝万象举行的第十九次中国—东盟（10+1）领导人会议暨中国—东盟建立对话关系25周年纪念峰会、第十九次东盟与中日韩（10+3）领导人会议和第十一届东亚峰会，并对老挝进行正式访问。

9月18日—28日 李克强出席在纽约联合国总部举行的第七十一届联合国大会系列高级别会议，并对加拿大和古巴进行正式访问。

10月13日—15日 “2016中国共产党与世界对话会”在重庆举行。刘云山出席开幕式并发表《为完善全球经济治理贡献政党智慧和力量》的主旨讲话。

10月13日—17日 习近平对柬埔寨、孟加拉国进行国事访问并出席在印度果阿举行的金砖国家领导人第八次会晤。

11月1日 习近平会见中国国民党主席洪秀柱。

11月2日—9日 李克强对吉尔吉斯斯坦进行正式访问并出席在比什凯克举行的上海合作组织成员国政府首脑（总理）理事会第十五次会议，对哈萨克斯坦进行正式访问，对拉脱维亚进行正式访问，对俄罗斯进行正式访问。

11月17—23日 习近平对厄瓜多尔、秘鲁、智利进行国事访问并出席在秘鲁利马举行的亚太经合组织第二十四次领导人非正式会议。

2017年

1月15日—18日 习近平对瑞士进行国事访问、出席在瑞士达沃斯举行的世界经济论坛2017年年会并访问联合国日内瓦总部、世界卫生组织、国际奥委会。17日，在世界经济论坛年会开幕式上发表主旨演讲，强调要引导好经济全球化走向，推动实现经济全球化进程的再平衡，打造世界经济增长、合作、治理、发展新模式。18日，访问联合国日内瓦总部并出席“共商共筑人类命运共同体”高级别会议，强调要建设一个持久和平、普遍安全、共同繁荣、开放包容、绿色低碳的世界。此后，“构建人类命运共同体”理念被载入联合国多项决议。

5月14日—15日 首届“一带一路”国际合作高峰论坛在北京举行。习近平出席开幕式并发表主旨演讲，强调要将“一带一路”建成和平之路、繁荣之路、开放之路、创新之路、文明之路。

6月7日—10日 习近平对哈萨克斯坦进行国事访问，并出席上海合作组织成员国元首理事会第十七次会议和阿斯塔纳专项世博会开幕式。

7月3日—9日 习近平对俄罗斯、德国进行国事访问并出席在汉堡举行的二十国集团领导人第十二次峰会。

7月12日—19日 刘云山对罗马尼亚、捷克进行正式友好访问，并出席在布加勒斯特举行的“2017中国—中东欧政党对话会”。

9月3日—5日 金砖国家领导人第九次会晤在福建厦门举行。习近平主持会晤并发表讲话，强调要积极推动全球经济治理改革，提高新兴市场国家和发展中国家代表性和发言权，为解决南北发展失衡、促进世界经济增长提供新动力。

10月18日—24日 中国共产党第十九次全国代表大会举行。大会通过的报告《决胜全面建成小康社会，夺取新时代中国特色社会主义伟大胜利》，作出中国特色社会主义进入新时代、我国社会主要矛盾已经转化为人民日益增长的美好生活需要和不平衡不充分的发展之间的矛盾等重大政治论断，确立了习近平新时代中国特色社会主义思想的历史地位，提出了新时代坚持和发展中国特色社会主义的基本方略，确定了决胜全面建成小康社会、开启全面建设社会主义现代化国家新征程的目标。

11月30日—12月3日 中国共产党与世界政党高层对话会在北京举行。12月1日，习近平在出席对话会开幕式发表主旨讲话时指出，不同国家的政党应该增进互信、加强沟通、密切协作，探索在新型国际关系的基础上建立求同存异、相互尊重、互学互鉴的新型政党关系，搭建多种形式、多种层次的国际政党交流合作网络，汇聚构建人类命运共同体的强大力量。

2018 年

6 月 9 日—10 日 上海合作组织青岛峰会举行。10 日，习近平主持会议并发表讲话，强调要提倡创新、协调、绿色、开放、共享的发展观，践行共同、综合、合作、可持续的安全观，秉持开放、融通、互利、共赢的合作观，树立平等、互鉴、对话、包容的文明观，坚持共商共建共享的全球治理观，不断改革完善全球治理体系，推动各国携手建设人类命运共同体。

6 月 22 日 习近平在中央外事工作会议上讲话指出，把握国际形势要树立正确的历史观、大局观、角色观。当前，我国处于近代以来最好的发展时期，世界处于百年未有之大变局，两者同步交织、相互激荡。要深入分析世界转型过渡期国际形势的演变规律，准确把握历史交汇期我国外部环境的基本特征，统筹谋划和推进外交工作。这次会议总结并阐述了习近平外交思想。

9 月 3 日—4 日 中非合作论坛北京峰会举行。习近平主持峰会并在开幕式上发表主旨讲话，提出中非要携手打造责任共担、合作共赢、幸福共享、文化共兴、安全共筑、和谐共生的中非命运共同体。

11 月 5 日—10 日 首届中国国际进口博览会在上海举行。5 日，习近平出席开幕式并发表主旨演讲。中国国际进口博览会是迄今为止世界上第一个以进口为主题的国家级展会，是中国推动建设开放型世界经济、支持经济全球化的实际行动。

2019 年

1 月 2 日 习近平在《告台湾同胞书》发表 40 周年纪念会上发表《为实现民族伟大复兴、推进祖国和平统一而共同奋斗》讲话。

4 月 26 日 第二届“一带一路”国际合作高峰论坛在北京举行。习近平发表《齐心开创共建“一带一路”美好未来》主旨演讲，强调一个更加开放的中国，将同世界形成更加良性的互动，带来更加进步和繁荣的中国和世界。

5月15日—22日 首届亚洲文明对话大会在北京举行。习近平发表《深化文明交流互鉴，共建亚洲命运共同体》主旨演讲，呼吁坚持相互尊重、平等相待，美人之美、美美与共、开放包容、互学互鉴，与时俱进、创新发展，共同创造亚洲文明和世界文明的美好未来。

6月20日—21日 习近平对朝鲜民主主义人民共和国进行国事访问。在平壤同朝鲜劳动党委员长、国务委员会委员长金正恩会谈，双方一致同意，在新的历史起点上，中朝双方愿不忘初心、携手前进，共同开创两党两国关系的美好未来。

10月1日 中华人民共和国成立70周年。70年来，中国人民奉行独立自主的和平外交政策，坚持和平发展道路，坚持在和平共处五项原则基础上发展同各国的友好合作，为推动构建人类命运共同体、推动人类和平与发展的崇高事业作出了重大贡献。

11月5日 习近平出席第二届中国国际进口博览会并发表题为《开放合作　命运与共》的主旨演讲，重申中国开放的大门只会越开越大，中国坚持以开放促改革、促发展、促创新，持续推进更高水平的对外开放。

11月14日 习近平出席金砖国家领导人巴西利亚峰会，强调新兴市场国家和发展中国家的崛起势头不可逆转，为全球经济治理体系变革注入强劲动力。

2020年

3月26日 习近平在二十国集团领导人特别峰会上发表《携手抗疫，共克时艰》的讲话，指出重大传染性疾病是全人类的敌人，国际社会应坚定信心、齐心协力、团结应对。

9月21日 习近平出席联合国成立75周年纪念峰会，就后疫情时代联合国发挥作用提出主持公道、厉行法治、促进合作、聚焦行动等四点建议。

9月22日 习近平在第75届联合国大会一般性辩论上发表讲话强调，要树立命运共同体意识和合作共赢理念，坚定不移构建开放型世界经济，树立新发展理念，坚持走多边主义道路，改革完善全球治理体系。宣布中国二氧化碳排放力争于2030年前达到峰值，努力争取2060年前实现碳中和。

10月14日 习近平在深圳经济特区建立40周年庆祝大会上指出，当前，世界经济面临诸多复杂挑战，我们绝不能被逆风和回头浪所阻，要站在历史正确的一边，坚定不移全面扩大开放，推动建设开放型世界经济，推动构建人类命运共同体。

11月4日 习近平出席第三届国际进口博览会，强调中国将坚定不移全面扩大开放，愿同世界分享市场机遇。

11月12日 习近平出席浦东开发开放30周年庆祝大会，强调经济全球化遇到一些回头浪，但世界绝不会退回到相互封闭、彼此分割的状态，对外开放是中国的基本国策，任何时候都不能动摇。

11月15日 中国与东盟十国和日本、韩国、澳大利亚及新西兰共同签署《区域全面经济伙伴关系协定》(RCEP)，这是区域经济一体化的重要成果。

11月18日 习近平出席金砖国家领导人第十二次会晤，强调要坚持多边主义、团结协作、开放创新、民生优先、绿色低碳，守望相助共克疫情，携手同心推进合作。

11月21日和22日 习近平出席二十国集团领导人第十五次峰会，强调中国将始终做世界和平的建设者、全球发展的贡献者、国际秩序的维护者，期待二十国集团在后疫情时代国际秩序和全球治理方面发挥更大引领作用。

2021年

1月25日 习近平出席世界经济论坛"达沃斯议程"对话会并发表特别致

辞，提出我们要解决这个时代面临的四大课题：加强宏观经济政策协调，共同推动世界经济强劲、可持续、平衡、包容增长；摒弃意识形态偏见，共同走和平共处、互利共赢之路；克服发达国家和发展中国家发展鸿沟，共同推动各国发展繁荣；携手应对全球性挑战，共同缔造人类美好未来。解决问题的出路在于维护和践行多边主义，推动构建人类命运共同体。

2月20日　党史学习教育动员大会召开。习近平讲话指出，在全党开展党史学习教育，是党中央立足党的百年历史新起点、统筹中华民族伟大复兴战略全局和世界百年未有之大变局、为动员全党全国满怀信心投身全面建设社会主义现代化国家而作出的重大决策。

4月22日　习近平出席领导人气候峰会并发表讲话，阐明构建人与自然生命共同体理念，强调要坚持人与自然和谐共生，坚持绿色发展，坚持系统治理，坚持以人为本，坚持多边主义，坚持共同但有区别的责任原则。

5月21日　习近平出席全球健康峰会并发表讲话，强调要坚定不移推进抗疫国际合作，共同推动构建人类卫生健康共同体，共同守护人类健康美好未来。

5月31日　中共中央政治局就加强中国国际传播能力建设进行集体学习。习近平主持学习时强调，讲好中国故事，传播好中国声音，展示真实、立体、全面的中国，是加强中国国际传播能力建设的重要任务。

7月1日　庆祝中国共产党成立100周年大会在北京天安门广场隆重举行。中共中央总书记、国家主席、中央军委主席习近平发表重要讲话。习近平总书记重要讲话回顾了中国共产党团结带领中国人民开辟伟大道路、创造伟大事业、取得伟大成就的百年历程，深刻揭示中国共产党的精神之源和政治品格，坚定表明前进征程上不断创造新的历史伟业、争取更大光荣的决心和信心。

后　记

为迎接中国共产党成立100周年，2019年下半年我领衔组成课题组向上海市哲学社会科学规划办公室申请《中国共产党百年国际观研究》项目，并获得立项。除我之外，课题组还包括上海国际问题研究院的毛瑞鹏研究员，复旦大学马克思主义学院的肖存良副教授、朱潇潇副教授三位。之所以选择申请这个课题，是因为我们认识到，在中国共产党诞生百年的历史进程中，其坚持中国化的马克思主义基本原理，将强烈的民族复兴意识与广阔的国际视野相结合，形成了中国共产党的国际观，不仅指导了中国的独立自主和平外交不断取得胜利，而且作为中国特色外交理论体系的重要组成部分，在新时代为推进构建新型国际关系和人类命运共同体的建设，发挥了精神底盘和思想航标的作用。中国共产党百年国际观是中国共产党重要思想的一笔重要的精神财富，需要从历史纵深、思想渊源、实践推进、理论深化等多个视角不断加深理解。更全面深入地理解中国共产党的国际观，也是帮助我们自己以及广大读者开启认识这个百年大党重要思想体系的又一把钥匙，有助于我们深化理解为什么中国共产党能够领导中国人民取得民族独立，能够在风云激荡的国际变局中提高中国维护国家主权、安全和发展利益的能力，并不断推进人类和平发展合作的崇高事业。

本着这样的共识和责任感，尽管课题组成员手头上都有不少其他科研和教学任务，但大家都全力以赴地参与到这项研究中来。书稿写作期间又遇到新冠疫情的暴发乃至全球蔓延，大家不仅面临病毒的威胁，还得克服无法面对面交流、无法查阅纸质书籍和档案资料的诸多不便。但是大家齐心协力，克服了各种困难，并充分依靠数字通信时代的优势，经常进行视频交流，探讨课题研究和书稿写作中遇到的问题，按时提交了课题各章节初稿。在书稿修改过程中，我们根据有关专家的审读意见，结合党的二十大报告精神，对相关章节进行了补充完善。本书是课题组集体努力的成果。其中，毛瑞鹏负责初稿的绪论以及第一、第四、第五章及结论的撰写，肖存良负责初稿的第二章、朱潇潇负责初稿的第三章撰写，我负责课题的大纲设计并确定书稿的篇章结构并对书稿做最后统稿和修订。

我们认识到，如果要比较完整、准确地认识中国共产党的百年国际观的深刻内涵及其丰富实践，须以百年历史时间轴为经，以重大事件及政策调整为纬，方能勾勒出百年来中国共产党国际观的思想渊源、历史演变、特征范式、立场原则以及发展方向。从时间轴上，我们把中国共产党百年国际观形成和发展沿着新民主主义革命时期、社会主义革命和建设时期、改革开放时期、中国特色社会主义新时代等四个主要阶段来展开研究。我们对每一个阶段里中国共产党对外工作中的重大事件和重要政策进行阐述，分析它们在特定的历史时空下对中国共产党国际观的发生、形成、发展所产生的影响。各时期的论述既有鲜明阶段特征又相互关联贯通，从而帮助读者更清晰地了解中国共产党百年国际观的思想脉络及其形塑轨迹。

同时我们认为，中国共产党作为中国革命和社会主义事业的领导核心，百年来所形成并不断丰富发展的国际观，其渊源不仅来自中国共产党领导下的中国政府与其他国家的外交关系，即政府外交的丰富实践，而且也来自中国共产党与国外其他政党的关系，即党际交往或政党外交的丰富实践，包括中国共产党在领导新民主主义革命时期与外部世界的联系互动，它们共同构成中国共产党百年国际观脉络的实践来源。因此，本书中我们把中国共产党百年来的党际交往、政党外交所形成的一系列理念和指导原则加以提炼总结，作为中国共产党国际观的重要组成部分。

通过课题研究和书稿写作，我们对中国共产党的国际观也有了更进一步的深切体会。首先，自觉把握世界潮流、顺应世界大势一直是中国共产党国际观的鲜明特征。正所谓“世界潮流，浩浩荡荡，顺之者昌，逆之者亡”。正确处理中国和世界的关系，是事关中国共产党事业成败的重大问题。中国共产党在领导中国人民谋求民族独立，实现伟大复兴的历史征程中，始终自觉地把国内和国际两个大局相互结合来考量和谋划，把国内新民主主义革命同世界革命进程相互结合，把社会主义建设、推进改革开放事业同维护世界和平发展、推动开放型世界经济体系相互结合，把中国特色社会主义新时代贯彻新发展理念和推动高质量发展，同致力于建设持久和平、普遍安全、共同繁荣、开放包容、清洁美丽的世界的目标相互结合，并不断审时度势、与时俱进地调整国内的战略和政策，以充分调动国际积极因素来促进民族复兴伟业，体现了中国共产党强调的“因势利导、顺势而为”的鲜明的历史观和世界观。

其次，独立自主、平等相待始终是中国共产党国际观的基本底色。独立自主、平等相待来自中国共产党领导中国人民开展民族独立、社会主义革命和建设、改革开放的百年实践、艰难探索和正反两方面的经验总结。百年的历史征程昭示出，各国国情不同，社会主义革命和建设，没有固定的模板和道路可复制，必须按照各自党情国情坚定不移地走自己的道路，同时在国际上相互尊重各自人民选择的发展道路和制度。一方面，中国共产党坚持独立自主、自力更生、坚定不移走自己的路，就是遵循了把马克思主义的普遍真理同中国具体实践相结合的实事求是的基本原则，是对马克思主义中国化的深切感悟，是中国共产党总结长期历史经验得出的基本结论。另一方面，中国共产党强调平等相待，也是基于各国、各党在国际关系和党际关系上相互尊重对方国家和政党的道路选择和制度设计，为坚持国际关系中的主权平等原则和党际关系中“不干涉内部事务”“求同存异”“互学互鉴”等原则奠定了基础。

最后，公平正义、互利合作是中国共产党国际观的根本诉求。无论在革命和战争年代，还是在改革开放时期，中国共产党始终把反对霸权主义、反对强权政治、反对在党际关系中的“老子党”作为处理国际关系和党际关系的基本准则之一。中国共产党人相信，讲公道话、办公道事是中国在国际上的政治分量不断提高的重要路径。当前，中国共产党把反对霸权主义、支持多边主义和推进国际关系民主化作为推进国际公平正义事业的中心任务。当今世界正经历百年未有之大变局，面对国际上单边主义、保护主义、集团政治、霸道霸凌霸权等对世界和平与发展的破坏，面对包括全球气候变化、重大传染病流行，颠覆性科技突破以及各种分裂和恐怖主义活动等传统和非传统安全威胁和挑战，中国共产党提出构建人类命运共同体的理念，主张把“我们生于斯、长于斯的这个星球建成一个和睦的大家庭，把世界各国人民对美好生活的向往变成现实”，体现了新时代的中国共产党为推动世界公平正义、互利合作事业作出更大贡献的历史使命和百年大党的担当。

中国共产党的国际观经过了一个世纪的实践启迪和思想淬炼，其内涵日益丰富且不断发展。中国共产党的国际观也在同国际各种思潮交流、交锋、交融中不断提升其生命力和影响力。全面梳理和阐释党的百年国际观，并在与世界的交汇中加强思想交流，是引导世界客观和正面认识中国的必要路径。我们希望本书能够为广大读者加深了解中国共产党对外工作百年的实践和理论提供一个窗口。如果能做到这一点，我们已然非常欣慰。当然，鉴于我们学识水平，书中不足甚至谬误恐在所难免，恳请大家批评指正。

陈东晓

2023 年 7 月 28 日于上海国际问题研究院

图书在版编目(CIP)数据

航标:引领中华民族复兴伟业的国际观研究/陈东晓等著. —上海:上海人民出版社,2023
(人民至上·中国共产党百年奋进研究丛书)
ISBN 978-7-208-18553-1

Ⅰ. ①航… Ⅱ. ①陈… Ⅲ. ①中国特色社会主义-社会主义建设模式-研究 Ⅳ. ①D616

中国国家版本馆 CIP 数据核字(2023)第 185573 号

责任编辑 王 吟
封面设计 汪 昊

人民至上·中国共产党百年奋进研究丛书
上海市哲学社会科学规划办公室
上海市中国特色社会主义理论体系研究中心 组编

航标
——引领中华民族复兴伟业的国际观研究
陈东晓 等 著

出　　版	上海人民出版社 (201101 上海市闵行区号景路 159 弄 C 座)
发　　行	上海人民出版社发行中心
印　　刷	商务印书馆上海印刷有限公司
开　　本	787×1092 1/16
印　　张	21.5
插　　页	2
字　　数	282,000
版　　次	2023 年 10 月第 1 版
印　　次	2023 年 10 月第 1 次印刷

ISBN 978-7-208-18553-1/D·4205

定　　价 98.00 元